Datenbanken in den Geisteswissenschaften

Ingo Jonas (Hrsg.)

Datenbanken in den Geisteswissenschaften

PETER LANG
Frankfurt am Main · Berlin · Bern · Bruxelles · New York · Oxford · Wien

Bibliografische Information der Deutschen Nationalbibliothek
Die Deutsche Nationalbibliothek verzeichnet diese Publikation in der Deutschen Nationalbibliografie; detaillierte bibliografische Daten sind im Internet über <http://www.d-nb.de> abrufbar.

Umschlagabbildung:
Organisation eines Hyperraums.
Genehmigung:

ISBN 3-631-55719-1

www.peterlang.de

Vorwort

Dieser Sammelband ist das Ergebnis eines Workshops, der am Institut für Theaterwissenschaft der Universität Leipzig Ende März 2006 stattfand. Die Organisation und die Durchführung des Workshops, welcher sich der Thematik „Sinn und Nutzen von Datenbanken in den Geisteswissenschaften" zuwandte, wurde durch die plötzliche Krankheit und das Ableben von Herrn Professor Dr. Theo Girshausen überschattet, mit dem dieser Workshop geplant wurde und dieser Sammelband herausgegeben werden sollte. Datenbanken in den Geisteswissenschaften stellen eine Methode dar, die erst eine junge Tradition besitzen. Herr Girshausen stand Forschungsvorhaben, welche sich auf Datenbanken stützen einerseits kritisch gegenüber, andererseits ermöglichte die ihm eigene offene Art, auch solche Forschungsvorhaben zu unterstützen und diesen Workshop zu planen. Ihm möchte ich auf diesem Weg für seinen Rat und seine Unterstützung danken.

Dass dieser Workshop erfolgreich organisiert werden konnte, war nur durch den ehrenamtlichen Einsatz vieler Helfer möglich. Besonders danken möchte Anja Gampe, Sabrina Böckmann, René Damm, Sebastian Göschel und Hans-Georg Unrau.
Für die logistische Unterstützung möchte ich mich bei den Sponsoren ‚Kommunikatisten GbR', ‚Kunert Business Software GmbH' und der ‚startext GmbH' bedanken, die durch ihre Hilfe wesentlich zum Gelingen des Workshops beigetragen haben.

Leipzig, August 2006
Ingo Jonas

Inhaltsverzeichnis

Teil II

Einleitung

Einen Workshop zu Datenbanken in den Geisteswissenschaften zu veranstalten, scheint in Anbetracht der Verbreitung des Computers, dessen alltäglicher Nutzung und der Involvierung in den Forschungsalltag der Wissenschaft wenige interessante Perspektiven zu eröffnen.
Die Diskussionen um Möglichkeiten der Anwendung von Datenbanken vor allem unter den Geschichtshistorikern bestehen seit den siebziger Jahren des letzten Jahrhunderts und sind durch eine Vielzahl an Publikationen beschreibbar.
Neuorientierungen innerhalb der jeweiligen Fachdisziplinen, Weiterentwicklungen der Technik von Datenbanken und immer größere/umfassendere Untersuchung von Quellen/Datenbeständen eröffneten demgegenüber ein weites Feld möglicher Einsatzgebiete von Datenbanken. So erfolgt die Erfassung und Verwaltung von Objekten, wie Büchern oder Bildern, in ungebrochener Weise durch Datenbanken. Umfangreiche Forschungsinteressen, wie zum Beispiel die Polyhierarchisierung von Thesauri, die Verknüpfung von Buchindexierungen untereinander oder die Untersuchbarkeit heterogener Quellen in interdisziplinären Forschergruppen wie auch verschiedenste Intertextualitätsstrukturen bilden Bereiche ab, in denen „information's organisation" eine immer größere Rolle zugeschrieben wird. Informationsspeicherort sind dabei Datenbanken. Visualisierungen erhobener Bestände, wie zum Beispiel animierte topographische Karten, sind nur das Ergebnis von fachlichen, zielorientierten Untersuchungen, die letztlich auf Datenbanken zurückgreifen. Visualisierungen erweitern die Forschungen innerhalb einzelner Fachgebiete, machen diese transparenter und stellen die Ergebnisse interdisziplinär zur Verfügung, wurden aber im Rahmen des Workshops weniger diskutiert.
Datenbanken als Arbeitsmittel zu betrachten und diesem Sinne als Werkzeug, mit dem die Organisation von Informationen und Materialien vorgenommen wird, um die Untersuchbarkeit des Forschungsgebietes zu erleichtern, beschreibt das Grundinteresse des stattgefundenen Workshops. Sie erlangen dadurch methodische Bedeutung, in dem sie bei der Erfassung des zu erhebenden Bestandes strukturierend eingreifen.
Ein einmal erfasster Bestand bietet vielfältige Möglichkeiten der Nutzung wie auch der Weiternutzung. So können nicht nur mehrere Wissenschaftler unterschiedlichster Fragestellungen ohne Veränderung des Datenmaterials auswerten, auch andere Fachwissenschaften können sich interdisziplinär dem Material zuwenden. Letztlich verweisen die Forschungsergebnisse auf Methodisches zurück, sind gewonnene Ergebnisse innerhalb der Forschung reliabel und können mit geringem Aufwand in die Lehre eingebunden werden. Das Feld des E-learning's beschreibt Möglichkeiten, in dem die Ergebnisse durch ihre Anwendungsorientierung in einer gewissen Weise effizient Verwendung finden,

auch die Studierenden selber können an der Erweiterung von Datenbeständen mitarbeiten und Bindungen zwischen Lehre und Forschung erhöhen.
Die Komplexität von Datenbanken, der Aufwand der Erstellung, wie auch eine langfristige Nutzung des Datenbestandes kann dabei kaum noch durch Einzelpersonen vorgenommen werden. Sie erfordern einerseits die Zusammenarbeit der Wissenschaftler einer Fachdisziplin. Andererseits erweitern sie die interdisziplinäre und internationale Zusammenarbeit und sie sichern deren breite Nutzung und langfristige Einbindung in Forschungsaspekte.
Datenbanken ermöglichen Wissenschaftlern eine neue Form der Zusammenarbeit. Thesenstellung und deren Prüfung wird bei steigender Komplexität gleichzeitig einfacher. Fachspezifisches Wissen bleibt dabei die Grundlage zur Schaffung von Datenbanken, dieses Wissen ermöglicht erst die sinnvolle Konstruktion einer Datenbank und ist gleichzeitig notwendig zum Ausbau und Erhalt der Datenbank.
Die Spezifik des „Geistes“ – seine Einzigartigkeit wie auch seine Gebundenheiten in historische und ahistorische Prozesse – scheint sich dem technischen Aspekt einer Datenbank zu entziehen. Die methodischen, theoretischen wie auch technischen Entwicklungen ermöglichen jedoch Betrachtungen, die sich dynamischen, komplexen Konstellationen annähern.
Ziel des Workshops war es aus diesem Grund, verschiedene Forscher, die mit Datenbanken arbeiten, zu Wort kommen zu lassen, um aus ihren je eigenen Perspektiven Anwendungsgebiete kennen zu lernen, Probleme diskutieren zu können und Anregungen für Weiterentwicklungen zu erhalten. Die in diesem Band enthaltenen Beiträge beschreiben somit durch ihre heterogene Auswahl Einsatzgebiete von Datenbanken in verschiedensten Wissenschaften und berichten vom jeweiligen Arbeitsstand.

Ingo Jonas

Teil I

Gewinnung Quantitativer Ergebnisse zu Archäologischen Lebensbildern

Holger Gast / Almut Mainka-Mehling

1 *Einleitung*

Der Einsatz von Datenbanken verspricht in den Geisteswissenschaften immer dort Gewinn, wo umfangreiche Sammlungen von Fakten zu einem streng eingegrenzten Themen- oder Materialgebiet gespeichert und ausgewertet werden müssen. Anstatt für jede Fragestellung zu den Quellen zurückzugehen und sie unter einem speziellen Aspekt erneut zu untersuchen, können mit einer Datenbank die relevanten Fakten in einem Arbeitsgang eingegeben und anschließend in Hinblick auf spezielle Fragestellungen weitgehend automatisch ausgewertet werden. Dass dabei jedoch die traditionellen Methoden zur Qualitätssicherung in Gefahr geraten, darf nicht übersehen werden: Ergebnisse werden nicht mehr direkt durch Analyse der Quellen belegt, sondern nur noch indirekt über die gespeicherten Daten. Darüber hinaus ist die Kommunikation der geisteswissenschaftlichen Anforderungen von Seiten der Anwender an die meist technisch orientierten Entwickler der Datenbank schwierig und fehleranfällig, und häufig sind die Anwender gezwungen, den Entscheidungen der Entwickler zu vertrauen, ohne die Implikationen für die erzielten Ergebnisse abschätzen zu können.

In diesem Aufsatz zeigen wir anhand des „Lebensbilder"-Projektes (Almut Mainka-Mehling: LebensBilder – Zur Darstellung des ur- und frühgeschichtlichen Menschen in der Archäologie, Remshalden: BAG-Verlag), wie dieser Problematik begegnet werden kann und schlagen einen konzeptuellen Rahmen für die Kommunikation zwischen Anwendern und Entwicklern vor, der einerseits auf den klassischen Entwurfstechniken für Datenbanken (Elmasri/Navathe 1994: Kapitel 4 und 12), andererseits auf Ansätzen der Softwaretechnik (Beck 1999; Sommerville 2001) basiert. Die „Lebensbilder"-Datenbank speichert detaillierte Bildbeschreibungen und erlaubt es, verlässliche quantitative Ergebnisse über Bildinhalte zu gewinnen. Darüber hinaus diskutieren wir die grundsätzliche Eignung relationaler Datenbanken in geisteswissenschaftlichen Projekten anhand ihrer charakteristischen Eigenschaften, wobei die notwendigen technischen Ausführungen konsequent in den Kontext der Anwendung gestellt werden.

1.1 Archäologische Lebensbilder

Archäologisch interessierte Menschen haben oft feste Vorstellungen über das äußere Erscheinungsbild und Verhalten unserer Vorfahren in prähistorischer Zeit. Diese Vorstellungen sind wesentlich geprägt von so genannten ‚archäologischen Lebensbildern', das sind bildliche Darstellungen, die den ur- und frühgeschichtlichen Menschen und sein Leben rekonstruieren. Tatsächlich verkörpert das bis ins Detail ausformulierte Lebensbild, wie es vor allem in der populären Archäologie-Literatur auftritt, ein unerreichbares Ideal des Archäologen, nämlich eine lückenlos rekonstruierte vergangene Realität. Leben und Verhalten prähistorischer Menschen, ihr Denken, ihre Interaktionen mit anderen Individuen und ihrer Umgebung, dies alles kann – wenn überhaupt – nur lückenhaft aus materiellen Hinterlassenschaften und zeitgenössischen oder zeitnahen Schriftquellen erschlossen werden. Um dennoch Lebensbilder schaffen zu können, werden die Lücken bewusst und unbewusst aufgefüllt – durch Analogien zu den Ergebnissen solcher Wissenschaften, die im Gegensatz zur Archäologie die Möglichkeit haben, direkt mit dem handelnden Individuum in Kontakt zu treten, wie Ethnologie, Verhaltensforschung, Psychologie oder Soziologie, aber auch durch eigene Erfahrungen und subjektive Vorstellungen.

1.2 Fragestellungen des „Lebensbilder"-Projektes

Über Lebensbilder nachzudenken ist vor allem deshalb notwendig, weil diese Illustrationsgattung das aktuelle Bild der Vergangenheit spürbar mit konstituiert. Längst überfällig ist bislang auch ein Beweis für die intuitiv bereits beschriebene, aber niemals wirklich mit quantitativen Methoden überprüfte Entwicklung dieser Bilder im 20. Jahrhundert.[1] Einen Beitrag zur Schließung dieser Lücke leistet Almut Mainka-Mehling mit ihrem Buch „LebensBilder. Zur Darstellung des ur- und frühgeschichtlichen Menschen in der Archäologie".[2] Sie untersucht die Lebensbilder aus diachroner Perspektive und benennt mögliche Gründe für die beobachteten Entwicklungen bzw. Stagnationsphasen. So werden zunächst Äußerlichkeiten wie der Veröffentlichungskontext und die bildnerischen Mittel beleuchtet. Dazu gehören unter anderem folgende Fragen: Gibt es im 20. Jahrhundert Phasen, in denen mehr oder weniger mit Lebensbildern illustriert wird? Verändern sich Position, Abdruckgröße oder Abdruckfarbigkeit der Illustrationen im Buch? Werden zu verschiedenen Zeiten unterschiedliche bildnerische Techniken bevorzugt, etwa einfache Strichzeichnungen, detailreiche Gemälde oder Fotos von Plastiken? Solche formalen Merkmale geben Aufschluss über Häufigkeit und Stellenwert dieser Illustrationen im Laufe des Jahrhunderts.
Der Hauptteil der Studie beschäftigt sich jedoch mit dem Inhalt der Bilder. Gab es im Laufe des Jahrhunderts zeitlich beschränkte Vorlieben für die Darstellung

[1] Eine ausführliche Forschungsgeschichte zu archäologischen Lebensbildern findet sich bei Mainka-Mehling (LebensBilder – Zur Darstellung des ur- und frühgeschichtlichen Menschen in der Archäologie, Remshalden: BAG-Verlag 2006: Kapitel 2).

[2] Diese Studie wurde 2003 als Dissertation an der Fakultät für Kulturwissenschaften der Eberhard-Karls-Universität Tübingen unter dem Titel „Bilder zwischen Fakten und Fiktion – Zur Visualisierung des Menschen in der Archäologie" eingereicht.

bestimmter prähistorischer Epochen, Lebensbereiche oder Tätigkeiten? Die auf den Lebensbildern abgebildete menschliche Gemeinschaft wird unter soziologischen Gesichtspunkten untersucht. Dazu gehören eine ‚Demographie der Lebensbildpopulation', Beobachtungen über Geschlechter- und Altersrollen sowie ausgewählte Aspekte des Zusammenlebens, etwa über Sozialstruktur, Partnerschaft und Familie, die dargestellte Mutter-Kind-Beziehung, Kontakte oder Emotionen. Darüber hinaus interessieren Aussagen der Lebensbilder zum Gesundheitszustand der Lebensbildbevölkerung, zu ihrer medizinischen Versorgung, ihren religiösen Praktiken und Jenseitsvorstellungen. Auch das Verhältnis des Menschen zu seiner Umgebung wird untersucht: Wie organisiert er seinen unmittelbaren Lebensraum? Wie sieht seine natürliche Umwelt aus, ist sie naturbelassen oder spiegelt sie seinen Einfluss wider?

1.3 Notwendigkeit einer Datenbank

Um diese und andere Fragen aus dem Bildmaterial heraus beantworten zu können, war eine besondere Methodik notwendig. Die Bildsammlung wurde nicht selektiv und nach Qualität der Darstellung (Detailliertheit), spezieller Thematik oder anderen Gesichtspunkten angelegt, sondern stichprobenartig: Sie fußt auf einer großen deutschen Fachbibliothek für Ur- und Frühgeschichte[3], von deren Bücherbestand beträchtliche Teile systematisch nach Lebensbildern durchsucht wurden. Grundsätzliche Aussagen zu Form und Inhalt (z. B. Epochen- und Themenschwerpunkten) sowie ein Vergleich zwischen den Illustrationen zu einzelnen ur- und frühgeschichtlichen Epochen sind möglich, weil die Bildsammlung von vornherein epochen- und themenübergreifend angelegt wurde. Die große Anzahl der Lebensbilder (2186 Stück), die in der Studie analysiert wurden, versetzt die Autorin damit nicht nur in die Lage, die Aussagen anderer Autoren zu überprüfen, sondern auch neue, eigene Ergebnisse quantitativ zu belegen.

Eine systematische Auswertung einer so umfangreichen Bildsammlung wäre ohne die Hilfe einer elektronischen Datenbank kaum zu leisten gewesen. Diese Datenbank musste nicht nur bibliographische Daten zum Bild, sondern auch eine detaillierte Bildbeschreibung enthalten, um das regelmäßige Durchsehen der Bilder weitgehend zu ersetzen und schnell quantitative Ergebnisse zu gewinnen. Gleichzeitig durfte sie aber kein starres Korsett sein, denn es war von Anfang an davon auszugehen, dass bei der intensiven Beschäftigung mit dem Bildmaterial neue Fragen aufkommen würden. Die Informationen in der Datenbank sollten also möglichst objektiv, umfassend und so detailliert sein, dass aus der Kombination einzelner Komponenten immer neue Fragen beantwortet werden konnten.

---

[3] Es handelt sich um die Bibliothek der Abteilung für jüngere Urgeschichte und Frühgeschichte des Instituts für Ur- und Frühgeschichte und Archäologie des Mittelalters der Universität Tübingen.

2 *Projektablauf beim Einsatz einer Datenbank*

Der Einsatz einer Datenbank legt den Ablauf eines Projektes zu großen Teilen fest, da die grundlegenden Schritte des Datenbankentwurfs, der Dateneingabe und der Datenauswertung zeitlich nacheinander erfolgen müssen. Abbildung 1 unterteilt diese Schritte weiter und skizziert damit das Vorgehen zur Erstellung und Verwendung der Datenbank, das im Folgenden ausgeführt wird.

2.1 Rollenverteilung zwischen Anwendern und Entwicklern

In einem Datenbankprojekt arbeiten Anwender und Entwickler zusammen, ihre Kompetenzen sind jedoch komplementär:[4] Während die Entwickler Datenban-

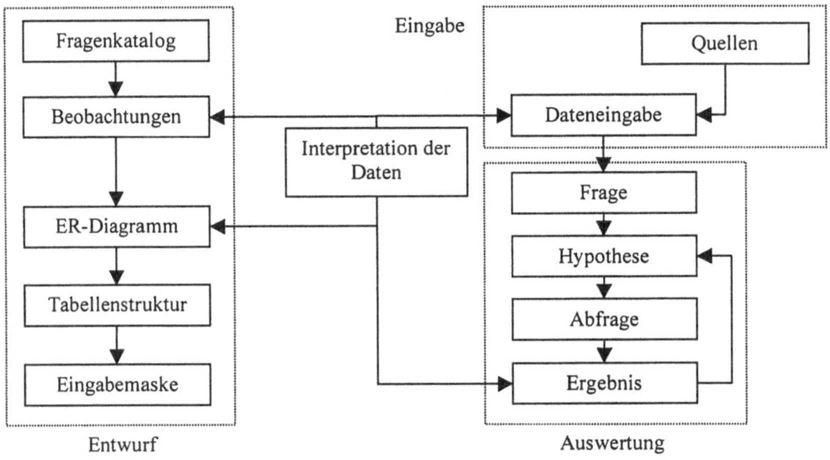

Abbildung 1: Ablauf eines Datenbankprojektes

ken als Werkzeuge beherrschen, aber mit dem Anwendungsgebiet nicht vertraut sind, liegen normalerweise die technischen Zusammenhänge außerhalb des Erfahrungsbereichs der Anwender. Diese Situation ist typisch nicht nur für geisteswissenschaftliche Datenbankprojekte, sondern für Softwareprojekte im Allgemeinen. Umgekehrt betrachtet ergänzen sich jedoch auch die spezifischen Kompetenzen der beiden Gruppen, da der Datenbankentwurf sowohl auf den Anwendungsbereich als auch auf technische Notwendigkeiten Rücksicht nehmen muss. Ein erfolgreiches Projekt führt so die gegensätzlichen Kompetenzen zusammen.

[4] Auch für den Fall, dass die Anwender ihre Datenbank selbst entwickeln, ist es sinnvoll, sich die nachfolgend geschilderten Rollen klar vor Augen zu führen: Zu unterschiedlichen Zeitpunkten nehmen die Anwender die unterschiedlichen Rollen ein und müssen die zugehörigen Aufgaben erfüllen.

Die Verteilung der Kompetenzen zwischen Anwendern und Entwicklern ergibt auch eine offensichtliche Rollenverteilung im Projekt: Die Anwender können die Anforderungen an die Datenbank in ihrer eigenen Fachterminologie formulieren und Lösungsvorschläge, die in dieser Terminologie formuliert sind, begutachten. Die Entwickler hingegen durchschauen die technischen Zusammenhänge der Realisierung, können Lösungsvorschläge auf dieser Ebene ausarbeiten und deren Implikation für die Benutzbarkeit der Datenbank evaluieren. Es ist daher ihre Aufgabe, diese technischen Schlussfolgerungen in den Kontext der Anwendung zurück zu übersetzen. Da ihre Einsicht in die Zusammenhänge des Anwendungsbereiches jedoch beschränkt ist, endet an dieser Stelle ihre Kompetenz: Die Entscheidung, welcher Lösungsvorschlag letztlich realisiert werden soll, können nur die Anwender treffen. Der Zyklus aus Anforderungsformulierung, Lösungssuche und -evaluation sowie Entscheidung kann eventuell für eine Anforderung mehrfach durchlaufen werden, wenn erst bei der Ausarbeitung der Lösung klar wird, dass die Anforderung präzisiert werden muss. Ein solches Vorgehen wird *inkrementell* (Sommerville 2001: Kapitel 3.2) genannt, da man sich in kleinen Schritten der optimalen Lösung annähert.

2.2 Entwurf

Der Datenbankentwurf überführt die Anforderungen an die Datenbank in eine Tabellenstruktur. Im „Lebensbilder"-Projekt hat es sich als sinnvoll erwiesen, die Anforderungen zunächst in Form eines Katalogs von Fragen zu formulieren, die letztlich mit der Datenbank beantwortet werden sollen. Dieser Fragenkatalog kann in allen späteren Projektphasen als Prüfstein für Entscheidungen dienen. Der nächste Schritt besteht darin, die Fragen auf die für sie relevanten Beobachtungen über die Quellen zu reduzieren. Der Nutzen einer Datenbank besteht ja gerade darin, zentrale Fakten für mehrere Fragen nutzen zu können, anstatt die Antworten auf jede einzelne Frage zu speichern. Die Auswahl geeigneter Beobachtungen ist der zentrale Punkt des Datenbankentwurfs: Sie müssen sowohl die gestellten Fragen beantworten, als auch die technische Bearbeitung mit der Datenbank erlauben. Abschnitt 4.1 diskutiert daher diese Auswahl genauer. Der Entwurf der Eingabemaske folgt konzeptuell als letzter Schritt, denn der eigentliche Erfolgsfaktor für die Datenbank ist eine klare Tabellenstruktur, und Änderungen an den Tabellen sollten nicht zurückgestellt werden, nur weil die Eingabemaske schon implementiert ist. Trotzdem darf beim gesamten Entwurfsprozess auch die Frage der Benutzerfreundlichkeit nicht vergessen werden: Wenn die Dateneingabe aufgrund einer schlechten Maske sehr viel Zeit in Anspruch nimmt, ist der Zeitgewinn durch die Datenbank wieder verloren. Die Implementierung von Prototypen für wichtige Masken hat sich bei der Entwicklung von Benutzerschnittstellen allgemein bewährt (Sommerville 2001: Kapitel 8.3).

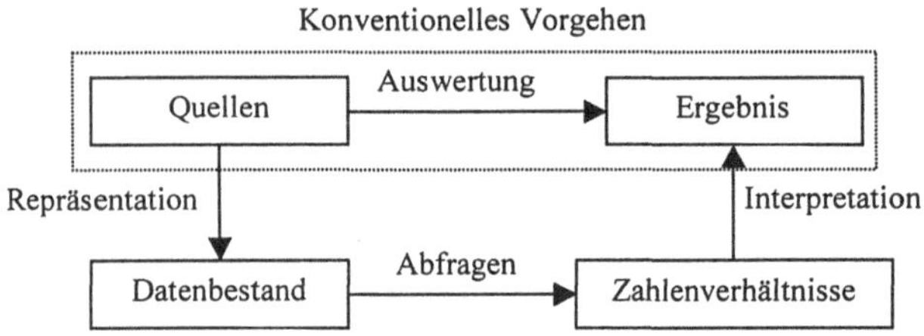

Abbildung 2: Ergebnisgewinnung mit Datenbanken

2.3 Eingabe und Auswertung

Nachdem die Datenbank funktionsfähig ist, tragen die Anwender die relevanten Beobachtungen zu den Quellen ein. Änderungen und auch Ergänzungen an der Datenbank in dieser Projektphase sind im Allgemeinen nicht oder nur unter großem Aufwand möglich, da bereits bearbeitete Quellen neu durchgesehen und breits eingegebene Daten in andere Felder überführt werden müssen. [5]
In der letzten Phase beantworten Datenbankabfragen die ursprünglichen Fragen aus dem Katalog und auch neue Fragestellungen, soweit sie durch die eingegebenen Beobachtungen abgedeckt sind. Abschnitt 3.3 zeigt, welche grundsätzlichen Möglichkeiten der Abfrage bestehen, Abschnitt 4.5 diskutiert die Validität der Abfrageergebnisse für die geisteswissenschaftlichen Fragestellungen. Bei komplexen Fragestellungen führen Anwender und Entwickler die Abfragen in enger Absprache durch.

2.4 Interpretation und Repräsentation

Im oben skizzierten Projektablauf stellt sich die Frage nach der Validität der gewonnenen Ergebnisse (Abbildung 2): Vermutungen und Aussagen werden nicht mehr unmittelbar anhand der vorliegenden Quellen geprüft, sondern ergeben sich nur indirekt aus den gespeicherten Daten. Nach der Dateneingabe geschieht die gesamte Verarbeitung auf der technischen Ebene der Datenbank, nur das Endergebnis wird schließlich interpretiert als Antwort auf eine gegebene Fragestellung. Das wichtigste Ziel beim Einsatz einer Datenbank muss es daher sein, dass die Auswertung der Daten nur solche Ergebnisse liefert, die grundsätzlich auch bei manueller Durchsicht der Quellen, eventuell mit einem höheren Zeitaufwand, hätten gewonnen werden können.
Unser Ansatz zur Sicherung der Validität besteht darin, Daten durchgängig als

---

[5] Davon ausgenommen ist die Erweiterung von kodierten Einträgen (Abschnitt 3.2): Die möglichen Fälle werden hier in einer separaten Tabelle abgespeichert, die jederzeit um neue Einträge ergänzt werden kann, solange sich keine logischen Überschneidungen mit existierenden Einträgen ergeben (vgl. Abschnitt 4.1).

frühere Beobachtungen zu interpretieren und diese Interpretation beim Datenbankentwurf schriftlich festzuhalten.[6] Abbildung 1 verdeutlicht die zentrale Stellung der Interpretation: Sie verbindet beim Entwurf die Datenstrukturen mit den gewünschten Beobachtungen, definiert, welche Beobachtungen wie in die Datenbank eingegeben werden müssen und hält schließlich fest, wie gewonnene Ergebnisse gelesen werden müssen. Wenn die Anwender bei der Dateneingabe sicherstellen, dass die gespeicherten Daten mit der einmal festgelegten Interpretation übereinstimmen, kann bei der Auswertung dieselbe Interpretation benutzt werden, um Rückschlüsse auf die Quellen zu ziehen, wie sie bei der Eingabe vorlagen.
Die geforderte Festlegung der Interpretation wird in vielen Fällen einfach sein, beispielsweise besitzen Jahreszahlen oder Namen von Autoren eine offenkundige, naheliegende Interpretation. Der vorgeschlagene konzeptuelle Rahmen hilft daher vor allem in solchen Fällen weiter, in denen die Anwender selbst eine aktive Beschreibung von Sachverhalten leisten, beispielsweise wenn sie das Thema eines Bildes aufgrund von Vorwissen und Fragestellung klassifizieren oder vom Gesichtsausdruck einer Person auf deren Gemütszustand schließen. Ein weiteres Beispiel gibt Abschnitt 4.2 mit der Unterteilung von Beziehungen zwischen Personen in Kontakte und Gruppen. Die Erfahrungen des „Lebensbilder"-Projektes lassen erkennen, dass es in geisteswissenschaftlichen Datenbankprojekten nur selten eine einzige naheliegende Interpretation der Daten geben wird.
Eine andere Sichtweise auf die Nutzung einer Datenbank erfasst die Daten als *Repräsentation* von Beobachtungen. Sie konzentriert sich daher auf die Frage, wie die Daten in die Datenbank gelangen. Der oben gewählte Fokus auf die Interpretation besitzt jedoch einen wesentlichen Vorteil gegenüber dieser zweiten Sichtweise: Das Ergebnis der Interpretation kann vom Anwender in Hinblick auf das tatsächliche Ziel der Datenbankentwicklung und im Vergleich mit den Quellen begutachtet werden, während das Ergebnis der Repräsentation nur technischen Nutzen besitzt.

3 *Möglichkeiten Relationaler Datenbanken*

Die Durchführbarkeit des „Lebensbilder"-Projektes basiert wesentlich auf der Flexibilität relationaler Datenbanken. Der vorliegende Abschnitt fasst daher deren relevante Strukturmerkmale kurz zusammen.

---

[6] Die Begriffe der „Repräsentation" und „Interpretation" sind hier dem Sprachgebrauch der Informatik entlehnt; sie beziehen sich nur auf den Schritt von Daten zu Antworten auf Fragestellungen (Abbildung 2), nicht auf die weitergehende Interpretation und fachliche Bewertung dieser Antworten selbst (vgl. Abschnitt 4.6).

3.1 Aufbau Relationaler Datenbanken

Die Struktur einer relationalen Datenbank ist relativ einfach, sehr allgemein und passt daher auf viele Anwendungsfälle: Eine Datenbank besteht aus einer Menge von *Tabellen*, die wiederum aus einer Menge von *Datensätzen* bestehen. Jeder Datensatz besteht schließlich aus einer Menge von benannten *Feldern* (oder *Attributen*), die jeweils ein einzelnes Datum[7] enthalten. Die Datensätze werden in Analogie zu gedruckten Tabellen auch *Zeilen*, die Felder auch *Spalten* genannt. Abweichend von dieser Analogie sind jedoch die Reihenfolge der Datensätze in einer Tabelle und die Reihenfolge der Felder in einem Datensatz nicht festgelegt, das Datenbankprogramm wählt sie nach internen Anforderungen. Die Struktur der Datenbank mit ihren Tabellen und Feldern wird, in Abgrenzung von den tatsächlichen Inhalten zu einem bestimmten Zeitpunkt, auch als *Datenbankschema* bezeichnet.

Unter den Attributen einer Tabelle wird ein *Schlüsselattribut* (kurz: ein *Schlüssel*) ausgezeichnet.[8] Es besitzt die Eigenschaft, dass zu keinem Zeitpunkt zwei Datensätze vorhanden sind, die den gleichen Wert im Schlüsselattribut aufweisen. Daraus folgt, dass Datensätze anhand des Wertes im Schlüsselattribut eindeutig identifiziert werden können, was das Fehlen einer Reihenfolge kompensiert: Um auf einen bestimmten Datensatz zuzugreifen, kann man ihn anhand seines Schlüsselattributs heraussuchen. Diese Eigenschaft nutzt die Konstruktion der *Fremdschlüssel* aus. Um in einem Datensatz *A* einen Verweis auf einen anderen Datensatz *B* zu hinterlegen, beispielsweise um für eine Person das Bild festzuhalten, auf dem sie dargestellt ist, hinterlegt man einfach den Schlüsselwert von *B* in einem Feld von *A*; dieses Feld heißt dann ein Fremdschlüssel.

3.2 Entwurf mit Entity-Relationship-Diagrammen

Bei der Erstellung eines Datenbankschemas müssen die relevanten Beobachtungen zum Quellenmaterial (vgl. Abschnitt 2) als Attribute von Tabellen gespeichert werden. Eine Hilfestellung bieten *Entity-Relationship-Diagramme* (kurz: ER-Diagramme (Elmasri/Navathe 1994: Kapitel 3)). Sie erfassen die Datenbankstruktur schon relativ detailliert und können, wie unten beschrieben, direkt in Tabellen übersetzt werden. Anderseits enthalten sie einen starken Bezug zum Anwendungsgebiet: *Entitäten* sind die Objekte des Anwendungsbereichs, die in der Datenbank repräsentiert werden sollen, *Relationen*[9] repräsentieren Beziehun-

---

[7] Singular von „Daten".

[8] Im Allgemeinen kann ein Schlüssel mehrere Attribute umfassen, die gemeinsam einen Datensatz eindeutig identifizieren. Außerdem können relationale Datenbanken auch Tabellen ohne Schlüssel verarbeiten. Beide Erweiterungen sind für die Fragestellungen dieses Aufsatzes nicht relevant.

[9] Der Begriff „Relation" wird hier im geläufigen Sinne von „Beziehung" verwendet. Im Begriff der „relationalen Datenbank" bezieht er sich auf das mathematische Konzept einer Re-

gen zwischen Entitäten. Sowohl Entitäten als auch Relationen können durch *Attribute* näher beschrieben werden.
Im Datenbankentwurf werden nun die relevanten Beobachtungen (Abschnitt 2) zu den Quellen als Entitäten, Relationen und Attribute klassifiziert. Im „Lebensbilder"-Projekt sind beispielsweise Bilder, Personen und Publikationen Entitäten, während die Relation „erscheint in" festhält, welche Personen auf welchem Bild dargestellt sind und die Relation „ist publiziert in" Bilder mit den Publikationen verbindet, in denen sie verwendet werden.[10] Attribute entsprechen Detailbeobachtungen wie dem Geschlecht und Alter einer Person oder dem Thema eines Bildes. Relationen erhalten häufig diejenigen Attribute, die keiner der Entitäten zugeordnet werden können, welche die Relation verbindet.
Einen prototypischen Problemfall für die Zuordnung eines Attributs stellt die „Farbigkeit" eines Bildes dar: Zunächst ist man versucht, sie zur Entität „Bild" hinzuzufügen, andererseits hängt die Farbigkeit natürlich auch vom jeweiligen Abdruck in einer Publikation ab, obwohl sie natürlich nicht zur Entität „Publikation" gehören kann. Der Entwickler wird in diesem Fall gemäß seiner Rolle (Abschnitt 2.1) die Konsequenzen der Entscheidung aufzeigen: Wenn die Farbigkeit ein Attribut der Relation „ist abgedruckt in" ist, so kann gefragt werden, wie häufig und wann Bilder farbig abgedruckt wurden, welcher Aufwand also für Illustrationen in Publikationen getrieben wurde. Ist die Farbigkeit hingegen ein Attribut der Entität „Bild", so können sich Fragen nur auf den Aufwand bei der *Erstellung* der Illustrationsvorlage beziehen. Die Entscheidung über das Attribut bleibt letztlich beim Anwender, im „Lebensbilder"-Projekt ist die Farbigkeit ein Attribut der Relation.
Ein ER-Diagramm ergibt sofort auch eine Tabellenstruktur für die Datenbank: Für jede Entität und Relation[11] legt man eine neue Tabelle an, in der das Schlüsselattribut eine fortlaufende Nummer ist.[12] In die Tabelle jeder Relation fügt man die Fremdschlüssel für diejenigen Entitäten hinzu, welche die Relation

---

lation als Teilmenge eines Kreuzprodukts, die im Spezialfall einer endlichen Relation gerade zur in Abschnitt 3.1 beschriebenen Tabellenstruktur führt.

[10] Diese Beispiele zeigen auch die übliche Praxis der Namensvergabe: Entitäten werden durch Substantive bezeichnet, die Relationen mit Verben. Die Konvention ergibt beim Lesen des Diagramms Sätze, die für die Anwender verständlich bleiben.

[11] Die Tabelle für die Relation kann bei binären 1-n Relationen eingespart werden, indem ihre Attribute in die Tabelle für eine der Entitäten eingefügt werden (Elmasri 1994: Kapitel 6.8). Diese Optimierung spart Speicherplatz in der Datenbank und Rechenzeit bei Abfragen, ist aber für die hier vorgestellten Überlegungen nicht relevant.

[12] Die Literatur zu Datenbanken schlägt vor, unter den bereits vorhandenen Attributen ein Schlüsselattribut zu wählen. Während dies in kaufmännischen Anwendungen meist gelingt, beispielsweise ist die Kundennummer unternehmensweit eindeutig, ist es für die eher „weichen" Fakten in geisteswissenschaftlichen Datenbanken schwieriger. Da ein vermeintliches Schlüsselattribut, bei dem später doch mögliche Duplikate gefunden werden, eine größere Überarbeitung der Datenbank erfordert, schlagen wir vor, direkt einen künstlichen Schlüssel in jeder Tabelle vorzusehen.

verbindet. Anschließend ergänzt man in jeder Tabelle noch Felder für die Attribute der jeweiligen Entität oder Relation.[13] Im obigen Beispiel legt man also Tabellen „Person“, „Bild“ und „Publikation“ für die Entitäten und Tabellen „abgebildet in“ und „abgedruckt in“ für die Relationen an.
Der Entwurf einer Tabellenstruktur über die Zwischenstufe der ER-Diagramme eröffnet die Möglichkeit, auf einer noch nicht technischen, jedoch relativ detaillierten Ebene die bisherigen Entwurfsentscheidungen zu überprüfen, was die inkrementelle Umsetzung von Anforderungen nach Abschnitt 2.1 erleichtert.

3.3 Abfragen

Der Nutzen einer Datenbank hängt wesentlich davon ob, wie flexibel die gespeicherten Daten einsetzbar sind. Zur Gewinnung quantitativer Ergebnisse kommt es darauf an, die einzelnen Daten kombinieren zu können und den Aufwand bei Abfragen für die einzelne Frage zu minimieren. Abfragen an relationale Datenbanken werden normalerweise in der Sprache SQL (*structured query language*) (Elmasri/Navathe 1994: Kapitel 7) formuliert, die dezidiert für die Anwender von Datenbanken entwickelt wurde und keine Programmierkenntnisse voraussetzt. Da ihr Umfang jedoch eine Behandlung in diesem Aufsatz verhindert, wählen wir zur Darstellung ihrer Ausdrucksfähigkeit die Sprache der *relationalen Operationen* (Elmasri/Navathe 1994: Kapitel 6), auf denen SQL basiert. Diese Operationen überführen jeweils ihre Eingabetabellen in neue Ergebnistabellen, so dass mehrere Operationen hintereinander angewandt werden können. Eine SQL-Abfrage kombiniert mehrere relationale Operatoren in einem einheitlichen Schema.
Die *Select* Operation wählt aus einer gegebenen Tabelle Datensätze anhand eines Kriteriums aus und erzeugt aus diesen Datensätzen eine neue Tabelle. Sie reduziert also vor der Weiterverarbeitung den Datenbestand auf eine relevante Teilmenge. Typische Anwendungen sind die Auswahl der männlichen Personen oder der Bilder, die vor 1900 veröffentlicht wurden.
Die *Project* Operation wählt umgekehrt nicht Datensätze, sondern bestimmte Attribute einer Tabelle für die Weiterverarbeitung aus. Sie erzeugt aus einer gegebenen Tabelle eine neue Tabelle, in der alle Datensätze der Ausgangstabelle vorkommen, aber in den Datensätzen nur die explizit genannten Felder beibehalten werden. Mit der Project Operation kann also der Datenbestand auf die für eine Frage relevanten Felder reduziert werden. Wenn beispielsweise eine Frage nur das Land und Jahr von Publikationen betrifft, können Titel und Verlag aus dem Ergebnis entfernt werden.
Die *Join* Operation ist zentral für die Flexibilität relationaler Datenbanken, sie führt die Daten aus zwei Tabellen A und B zu einer einzigen Tabelle C zusam-

[13] Für kodierte Beobachtungen legt man eine separate Tabelle an, in der die möglichen Werte durchnummeriert vorliegen. Das eigentliche Attribut ist ein Fremdschlüssel für diese Tabelle.

men.[14] Die Datensätze von *C* enthalten dabei die Felder je eines Datensatzes aus *A* und eines Datensatzes aus *B*, wobei nur solche Paare von Datensätzen betrachtet werden, die ein bestimmtes Kriterium erfüllen.[15] Insbesondere können mit einem *Join* Verweise durch Fremdschlüssel aufgelöst werden: Wenn die Tabelle *A* in Feld *f* einen Fremdschlüssel für Tabelle *B* mit Schlüsselfeld *s* enthält, so ist das Kriterium beim Join gerade, dass der Datensatz aus *A* in Feld *f* den gleichen Wert wie der Datensatz aus *B* in Feld *s* besitzt. Der Join findet hier also zu einem Datensatz in *A* alle passenden Datensätze aus *B*.

Schließlich erzeugen *Gruppierung* und *Aggregatsfunktionen* aus den Ergebnistabellen der Select, Project und Join Operationen die quantitativen Endergebnisse. Die Gruppierung ordnet zunächst die Datensätze nach den Werten in angegebenen Attributen zusammen; im zweiten Schritt können mit den Aggregatsfunktionen innerhalb jeder Gruppe die Einträge beispielsweise gezählt oder Feldinhalte aufsummiert werden. Das Ergebnis dieses Schrittes ist eine Tabelle mit einem Datensatz pro Gruppe, dessen Felder gerade die Ergebnisse der Aggregatsfunktionen enthalten. Beispielsweise liefert die Gruppierung der Personen-Tabelle nach dem Geschlecht mit anschließender Auszählung einfach die Anzahl der Männer, Frauen und Kinder im gesamten Datenbestand.

Solange eine Tabelle ein Schlüsselattribut besitzt, kann sie keine zwei Datensätze mit gleichen Feldinhalten enthalten. Wenn ein Project jedoch das Schlüsselattribut entfernt, können *Duplikate* auftreten. Sie können mit der *Distinct* Operation wieder eliminiert werden, die aus der Eingabetabelle Datensätze in die Ergebnistabelle kopiert und dabei solche überspringt, bei denen ein gleicher Datensatz bereits vorhanden ist.

Zusammenfassend erlauben es die genannten Operationen, und damit die Abfragesprache SQL, die in Tabellen enthaltenen Daten entlang von Zeilen und Spalten auszuwählen, zu gruppieren und in quantitative Ergebnisse zu überführen. Die *Join* Operation ermöglicht es weiterhin, Daten aus verschiedenen Tabellen anhand eines frei wählbaren Kriteriums in einer einzigen Tabelle zusammenzuführen, insbesondere die über Fremdschlüssel referenzierten Datensätze herauszusuchen.

---

[14] *A* und *B* können dabei durchaus dieselbe Tabelle sein. Beispielsweise wird in einer genealogischen Datenbank die 1-n Relation „ist Kind von“ nach Fußnote 11 so dargestellt, dass die Tabelle „Person“ einen Fremdschlüssel für ihren Vater enthält. Dieser Fremdschlüssel verweist wieder auf das Schlüsselattribut der Tabelle „Person“ und ein Join dieser Tabelle mit sich selbst löst die Referenz auf.

[15] Diese Darstellung soll nicht den Eindruck vermitteln, dass die Join Operation grundsätzlich lange Rechenzeiten benötigt, weil jedes Paar von Datensätzen einzeln behandelt werden muss. Intern kann die Datenbank Index-Datenstrukturen verwenden, um das Auffinden passender Paare zu beschleunigen (Elmasri 1994: Kapitel 16.1.2)

4 *Die Datenbank im „Lebensbilder"-Projekt*

Dieser Abschnitt zeigt, wie die bisherigen Überlegungen zu Datenbanken im „Lebensbilder"-Projekt umgesetzt wurden. Insbesondere illustriert er an Beispielen die in Abschnitt 2.1 beschriebene Rollenverteilung zwischen Anwendern und Entwicklern und führt die Verbindung zwischen den grundsätzlichen Überlegungen aus Abschnitt 2 mit den technischen Notwendigkeiten aus Abschnitt 3 aus, um das Gesamtbild der Datenbank im Projekt abzurunden.

4.1 Speicherung von Bildbeschreibungen

Die Anwendung der Datenbank im „Lebensbilder"-Projekt erfordert die detaillierte Speicherung von Bildinhalten (vgl. Abschnitt 1.3). Um die Rolle des Anwenders bei der Eingabe zu betonen, werden wir im Folgenden von *Bildbeschreibungen* sprechen. Der in Abschnitt 2.2 vorgeschlagene Begriff der Beobachtung leistet für diese Anwendung die Verbindung zwischen geisteswissenschaftlichen und technischen Anforderungen, indem er sowohl Anwendern als auch Entwicklern verständlich ist und dennoch nach Abschnitt 3.2 einen direkten Bezug zur Datenbankstruktur besitzt. Die einzelne Beobachtung wird zur Einheit der Bildbeschreibung, die Datenbank als ganze stellt sich als ein Raster dar, das Beobachtungen zu Bildern aufnimmt.

Die Abbildung von Beobachtungen auf eine Datenbankstruktur in Abschnitt 3.2 lässt einen wesentlichen Punkt unberücksichtigt: Komplexe Beobachtungen können auf der technischen Ebene nicht direkt umgesetzt werden, sondern müssen in elementare Beobachtungen aufgeteilt werden, die schließlich in der Datenbank repräsentiert werden. Abschnitt 2.2 beschreibt, wie dabei Entwickler und Anwender den Entwurf inkrementell verfeinern, bis eine zufrieden stellende Datenbankstruktur gefunden ist. Im Folgenden sollen nun einige grundlegende Kriterien für die Auswahl möglicher Beobachtungen vorgestellt werden.[16]

Damit Beobachtungen in einer Datenbank gespeichert werden können, müssen sie zunächst *maschinell bearbeitbar* sein. Dazu müssen sie in einem Format vorliegen, das die Datenbank und die Abfragesprache unterstützen. Weiterhin ist die maschinelle Bearbeitung nur dann möglich und sinnvoll, wenn viele gleichförmige Beobachtungen vorliegen und Spezialfälle zugunsten von übergreifenden Charakteristika zurückgestellt werden. Beobachtungen müssen daher häufig standardisiert und klassifiziert werden, um die für die jeweilige Fragestellung relevanten Daten herauszuarbeiten. Insbesondere sind Textfelder zur Speicherung von Beobachtungen ungeeignet, da sie bei der Dateneingabe keine

[16] Die nachfolgenden Ausführungen basieren auf der Normalformtheorie, einem formalen Ansatz zur Entwicklung und Evaluation von Datenbankentwürfen (Elmasri 1994: Kapitel 12 und 13).

Hilfestellung für ein standardisiertes Format geben und schon kleinste Abweichungen bei der Abfrage zu fehlerhaften Ergebnissen führen.[17]
Beobachtungen müssen weiterhin *atomar* sein, das heißt, sie dürfen sich nicht aus mehreren Beobachtungen zusammensetzen. Ein Feld einer Datenbank kann nur ein einzelnes Datum aufnehmen und die Verarbeitungsmöglichkeiten in Abfragen beschränken sich auf vollständige Felder. Wenn daher beispielsweise Teile der bibliographischen Informationen wie Erscheinungsjahr und Verlag für eine Fragestellung relevant sind, müssen sie in separaten Feldern gespeichert werden, sie können nicht aus einem zusammengesetzten Textfeld extrahiert werden.[18]
Schließlich müssen die gespeicherten Beobachtungen *logisch unabhängig* sein. Wenn mehr als eine Beobachtung einen bestimmten Aspekt des Quellenmaterials erfasst, besteht die Gefahr von inkonsistenten Eingaben, die letztlich zu Widersprüchen in den Ergebnissen führen würden. Weiterhin erhöht sich der Arbeitsaufwand bei der Eingabe und auch die Abfragen werden komplexer, weil stets an mehreren Stellen nach benötigten Informationen gesucht werden muss. Eine logische Abhängigkeit zwischen Datenbankeinträgen ist umgekehrt immer dann gegeben, wenn sich einer der Einträge bereits aus den anderen herleiten lässt.

4.2 Beziehungen zwischen Bildelementen

Die „Lebensbilder"-Datenbank muss nicht nur einzelne Bildelemente, sondern auch Beziehungen zwischen ihnen repräsentieren. Der Begriff der Beobachtung aus Abschnitt 2.2 erklärt auch die Speicherung von Beziehungen: Beziehungen sind solche Beobachtungen, die Verbindungen zwischen früheren Beobachtungen aufzeigen. Ein „Körperkontakt" zwischen zwei Personen etwa erfordert zunächst die Eingabe mindestens zweier Personen und anschließend die Eingabe, dass sich diese Personen berühren. Solche Beobachtungen werden im ER-Diagramm offensichtlich zu Relationen.
Gerade bei der Speicherung von Beziehungen hilft der konzeptuelle Rahmen von Interpretation und Repräsentation (Abschnitt 2.4), um die genaue Bedeutung der gespeicherten Daten zu definieren und damit die Validität der gewonnenen Aussagen sicherzustellen. Dies wird anhand der Unterscheidung zwischen Gruppen und Kontakten deutlich. Kontakte repräsentieren direkte, im Bild dar-

[17] Selbstverständlich können Textfelder zu Dokumentationszwecken, beispielsweise für bibliographische Angaben, sinnvoll eingesetzt werden. Es soll lediglich darauf hingewiesen werden, dass ihr Inhalt für die automatisierte Auswertung des Datenbestandes in keinem Fall herangezogen werden kann.

[18] Diese Aussage gilt nur für die Abfragesprache selbst. Natürlich ist es möglich, durch Benutzung einer allgemeinen Programmiersprache Muster in Feldinhalten zu erkennen und zu extrahieren. Weil bei diesem Verfahren jedoch schon Tippfehler die Ergebnisse verfälschen können, sollten die gewonnenen Daten nur nach manueller Kontrolle verwendet werden.

gestellte Beziehungen zwischen zwei oder mehr Personen. Neben der allgemeinen Beobachtung, dass ein Kontakt dargestellt ist, kann auch die Kontaktart (z. B. Körperkontakt, Blickkontakt, verbaler Kontakt) eingegeben werden. Kontakte sind damit Aussagen über Individuen und deren dargestellte Verhältnisse. Gruppen hingegen repräsentieren ein kompositorisches Bildelement, in dem mehrere Personen räumlich zusammengestellt sind. Zum einen kann damit eine Person nur zu höchstens einer Gruppe gehören, während sie an mehreren Kontakten teilnehmen kann. Zum anderen darf bei Abfragen aus der Zugehörigkeit zweier Personen zur selben Gruppe nicht geschlossen werden, dass sie auch als Individuen verbunden sind.

4.3 Inkrementeller Entwurf der Datenbank

Die drei Kriterien für Beobachtungen aus Abschnitt 4.1 und die Aufteilung von Beziehungen in Kontakte und Gruppen aus Abschnitt 4.2 illustrieren die strikte Rollenverteilung zwischen Anwendern und Entwicklern. Die Entwickler wissen um die technische Bedeutung der Kriterien für eine funktionsfähige Datenbank. Mit ein wenig Erfahrung können sie auch Vorschläge für eine Aufteilung komplexer Beobachtungen machen, jedoch können nur die Anwender entscheiden, ob die vorgeschlagenen Beobachtungen tatsächlich den Fragenkatalog vollständig erfassen. Beispielsweise ergab sich die Einführung von Gruppen als eigene Entität aus der Erkenntnis, dass sie anders als Kontakte das Bild in sich nicht überlappende Bereiche einteilen und damit Personen höchstens einer Gruppe zugeordnet sind; diesem Vorschlag liegt letztlich der Begriff der Partition aus der Mengenlehre zugrunde. Erst die Rücksprache mit der Anwenderin ergab, dass tatsächlich die Bildkomposition eine sinnvolle Beobachtung für die Beziehung zwischen den Personen darstellt.

Es zeigt sich an diesem Beispiel auch, dass der in den Abschnitten 2.2 und 3.2 beschriebene Entwurfsprozess keinesfalls linear ist: Die Entität der Kontakte wurde nach Einführung der Gruppen nochmals in Abgrenzung von diesen neu interpretiert und verfeinert. Häufig wird erst im ER-Diagramm klar, dass eine bestimmte Beobachtung nicht direkt realisierbar ist, sondern weiter unterteilt werden muss. Eventuell müssen dabei auch scheinbar feststehende Beobachtungen modifiziert werden, um logische Abhängigkeiten zu vermeiden. Diese Einsichten dürfen nicht als Fehler im Entwurfsprozess missverstanden werden, sie stellen im Gegenteil einen wesentlichen Fortschritt in Richtung einer benutzbaren Datenbank dar.

4.4 Interpretation von Ergebnistabellen

Die Abfragen nach Abschnitt 3.3 produzieren Ergebnistabellen auf der technischen Ebene der Datenbank, die anschließend als Ergebnisse über das Quellenmaterial interpretiert werden (vgl. Abbildung 2). Es soll nun kurz skizziert

werden, wie die Interpretation der Datenbankinhalte (Abschnitt 2.4) bereits die Interpretation der Ergebnisse festlegt.
Die Ergebnistabelle einer Select, Project oder Join Operation enthält nur Daten, die direkt aus den Eingabetabellen übernommen wurden, so dass die Interpretation der Felder erhalten bleibt. Darüber hinaus gilt für alle Datensätze im Ergebnis von Select und Join das Kriterium *K*, das bei der Operation angegeben wurde. Bei Gruppierung und Aggregatsfunktionen erklärt die Interpretation der Eingaben, welche Daten gezählt oder aufsummiert wurden, womit sie indirekt die Interpretation des Datensatzes für jede Gruppe festlegt. Die Bedeutung der Distinct Operation ist schwerer zu fassen, da sie sich auf die Gesamtmenge aller Datensätze einer Tabelle bezieht, aber für diese Gesamtmenge selbst überhaupt keine Interpretation festgelegt ist. Die Interpretation des Ergebnisses lässt sich jedoch indirekt fassen: Nach Anwendung von Distinct repräsentieren die Datensätze nicht mehr Individuen, sondern stehen nur noch stellvertretend für eine Klasse von Individuen.
Betrachten wir zum Beispiel die Frage, wie viele Bildthemen überhaupt in einem bestimmten Zeitraum dargestellt wurden. Ein Join der Bild-Tabelle mit der Publikations-Tabellen (über die Relation „ist publiziert in") sammelt zunächst die notwendigen Daten. Ein Select mit dem Zeitraum als Kriterium für das Publikationsjahr findet die relevanten Datensätze, ein Project auf das Thema schließlich verwirft die unwichtigen Spalten. An dieser Stelle besitzen wir – gemäß der oben gegebenen Interpretation – eine Tabelle, in der die Bildthemen von individuellen Bildern eines bestimmten Zeitraums vorliegen. Wir können nun auf zwei Arten fortfahren. Ein Distinct mit anschließendem Auszählen ergibt eine einzige Zahl, nämlich die Anzahl der Bildthemen, die überhaupt vorkommen. Andererseits könnten wir auch eine Gruppierung vornehmen und erst danach auszählen. In diesem Fall erhalten wir für jedes Bildthema getrennt die Anzahl der individuellen Bilder, die dieses Thema darstellen.

4.5 Abfragen zu Hypothesen

Als letzter Schritt im Datenbankprojekt sollen aus den eingegebenen Daten relevante Ergebnisse über das Quellenmaterial abgeleitet werden. Im „Lebensbilder"-Projekt wurde das klassische Vorgehen gewählt, bei dem zu jeder Fragestellung zunächst eine Hypothese formuliert und diese dann anhand der Daten bestätigt oder widerlegt wird (vgl. Abbildung 1). Während Fragen zumeist mehrere Antworten anhand verschiedener Aspekte des Datenbestandes zulassen, fokussieren Hypothesen die Aufmerksamkeit auf einen spezifischen Teil der Daten und erleichtern damit die Formulierung einer Abfrage.
Beispielsweise kann die allgemeine Frage nach einer sozialen Dominanz von Männern im Lebensbild nicht direkt aus den Daten beantwortet werden. Hingegen sind Hypothesen wie „Auf Lebensbildern sind häufiger Männer als Frauen dargestellt", „Männer kommen häufiger als Frauen im Bildvordergrund

vor“ oder „Männer dominieren in gemischtgeschlechtlichen Gruppen“ ohne große Mühe aus dem Datenbestand prüfbar. Aus der Kombination mehrerer Hypothesen lassen sich letztendlich also auch komplexere Fragen beantworten.
Es hat sich allerdings gezeigt, dass die Korrektheit einer Abfrage explizit geprüft werden muss, da die Intuition bei komplexeren Fragestellungen leicht fehlgeleitet wird. Bei dieser Überprüfung kommt die Rollenverteilung zwischen Anwendern und Entwicklern zum Tragen: Die Kompetenz der Entwickler besteht darin, eine Abfrage mental auszuführen und ihr Ergebnis nach Abschnitt 3.3 zu beschreiben und nach Abschnitt 4.4 zu interpretieren. Die Anwender können dann auf Grundlage dieser Information entscheiden, ob das Ergebnis zur Prüfung einer gegebenen Hypothese überhaupt geeignet ist. Gerade in Hinblick auf Duplikate bei der Project Operation (Abschnitt 3.2) hat dieses formalisierte Verfahren oft Ungenauigkeiten vermieden, bei einfacheren Hypothesen erhöht es das Vertrauen in die gewonnenen Ergebnisse.

4.6 Von der Hypothese zur geisteswissenschaftlichen Interpretation

Abschließend soll nun das in den Abschnitten 2.4, 3.3, 4.4 und 4.5 vorgestellte Vorgehen zur Gewinnung von Ergebnissen aus dem Datenbestand anhand eines durchgehenden Beispiels demonstriert und auch die weitergehende Interpretation in Hinblick auf die Fragestellungen des „Lebensbilder“-Projektes skizziert werden. Den Ausgangspunkt bildet die allgemeine Frage nach Geschlechterrollen und die Einbindung von Männern und Frauen in die auf den Lebensbildern dargestellte Sozialstruktur.
Diese Fragestellung kann aufgrund ihrer Vielschichtigkeit nicht direkt als Datenbankabfrage formuliert werden: Welche Indikatoren sollen beispielsweise für die „Einbindung“ von Personen herangezogen werden? Welches Rollenverständnis soll behandelt werden? Nach Abschnitt 4.5 konkretisieren wir daher zunächst die Fragestellung zu Hypothesen, die zusammen die verschiedenen Teilaspekte abdecken. Eine erste mögliche Hypothese lautet: „Frauen nehmen häufiger an Kontakten teil als Männer.“ Anders als die Fragestellung bezieht sie sich auf Beobachtungen, die in der Datenbank repräsentiert sind, und macht eine Voraussage über Zahlenverhältnisse, die durch eine Abfrage bestätigt oder widerlegt werden kann.
Die Abfrage ist in diesem Fall relativ einfach (Abschnitte 3.3 und 4.4): Mit einem Join der Personen-Tabelle auf die Kontakt-Tabelle erhalten wir alle Personen, die an Kontakten teilnehmen, allerdings ist jede Person mit allen ihren Kontakten aufgelistet.[19] Ein Project auf Personen-ID und -Geschlecht mit anschließendem Distinct eliminiert diese Duplikate und ergibt eine Tabelle mit allen Personen, die an Kontakten teilnehmen. Schließlich liefert die Gruppierung

[19] Diese Problematik kann mit dem *exists* Operator (Elmasri/Navathe 1994: Abschnitt 7.2.6) umgangen werden, den wir jedoch in Abschnitt 3.3 aus Platzgründen nicht behandelt haben.

nach dem Geschlecht mit Auszählung das Ergebnis: Frauen nehmen signifikant häufiger an Kontakten teil als Männer.
Damit ist jedoch die Fragestellung noch nicht abschließend behandelt, denn es ergibt sich eine weitere plausible Hypothese über den *Grund* für dieses Ergebnis: „Frauen nehmen deshalb häufiger an Kontakten teil, weil sie sehr häufig mit Kindern und Jugendlichen Kontakt haben.“ Für diese Hypothese muss ausgezählt werden, wie häufig Frauen mit Männern, Frauen mit Frauen und Frauen mit Kindern Kontakt haben. Diese Verteilung wird anschließend mit der für Männer verglichen. Die Abfrage funktioniert analog zur oben skizzierten. Ihr Ergebnis stützt die Hypothese, denn tatsächlich sind es die Kontakte zu Kindern und Jugendlichen, welche die Frauen als besonders kontaktfreudig erscheinen lassen.
Heutzutage gelten Frauen als das emotional extrovertiertere Geschlecht. Um die Frage beantworten zu können, ob diese Eigenschaft auf die Lebensbilder-Frauen projiziert wird, interessieren nun die Kontakte unter Erwachsenen. Für die Überprüfung der entsprechenden Hypothese („Frauen haben häufiger als Männer Kontakte zu Erwachsenen.“) wird die vorherige Abfrage unter Ausschluss der Kinder und Jugendlichen noch einmal durchgeführt. Dabei zeigt sich, dass nicht Frauen, sondern Männer kontaktfreudiger sind. Dieses überraschende Ergebnis führt zur Frage nach den Gründen und damit nach der Art der Kontakte, die Erwachsene untereinander eingehen. Die Abfrage unter Berücksichtigung der einzelnen Kontaktarten (Abschnitt 4.2) offenbart, dass Männer sehr häufig und Frauen kaum jemals im Zuge gemeinsamer Tätigkeiten wie dem Transport von Gegenständen mittelbar miteinander in Kontakt treten. Blick- und Wortkontakte sind im Geschlechtervergleich weitgehend ausgewogen. Nur in bezug auf Körperkontakte bestätigt sich die oben aufgestellte Hypothese.
Mit den so gewonnenen Ergebnissen kann geisteswissenschaftlich weiter argumentiert werden. Im Beispiel entspricht die größere Kontaktfreudigkeit der weiblichen Lebensbildpopulation, sowohl allgemein als auch speziell in Bezug auf Körperkontakte, den weit verbreiteten „klischeehaften Vorstellungen über Eigenschaften von Mann und Frau“ (Feldmann 2000: 168) in modernen Gesellschaften. Letztendlich ist die Geschlechtsspezifität der Kontakte zwischen Erwachsenen auf Lebensbildern eine Folge der dort abgebildeten geschlechtsspezifischen Arbeitsteilung. Frauen sind für die Betreuung des Nachwuchses zuständig, während Männer im Rahmen ihrer Aufgaben kooperieren. Im Zuge der geisteswissenschaftlichen Interpretation muss folglich die Frage behandelt werden, ob die geschlechtsspezifische Aufgabenteilung, wie sie auf den Lebensbildern dargestellt ist, tatsächlich in der prähistorischen Vergangenheit so gegolten haben könnte, oder ob es sich nicht eher um Rückprojektionen moderner Verhältnisse des 20. Jahrhunderts auf die Vergangenheit handelt. Im vorliegenden Fall besteht die Schwierigkeit, dass die Archäologie nur vage Aussagen zu geschlechtsspezifischen Tätigkeiten machen kann. Den Idealfall eines nicht-in-

tentionellen Befundes, bei dem z. B. zwei Männer oder Frauen beim gemeinsamen Tragen eines Baumstamms von einem Erdrutsch erfasst und samt ihrer Last konserviert wurden, gibt es nicht. Anhaltspunkte geben lediglich Gräber mit Beigaben, die als Eigentum oder Statussymbol der Bestatteten gedeutet werden können. Wenn z. B. Schmiedewerkzeug in einem Grab gefunden wird, gilt der Tote als Schmied, obwohl natürlich nicht zu klären ist, ob der Verstorbene das Werkzeug zu Lebzeiten selbst benutzte oder ob es ihm nur für das Jenseits beigegeben wurde. Die Bestandteile des Lebensbildes, die es erst ‚lebendig' machen – wie Verhaltenweisen und zwischenmenschliche Beziehungen, zu denen auch die Kontakte zählen – werden also zwangsläufig aus ethnographischen Analogien, Verhaltensbiologie und Genetik sowie der eigenen Erfahrung der Bildautoren entlehnt. Nach evolutionsbiologischen Erklärungsansätzen sind biotische Gegebenheiten wie die Gebärfähigkeit der Frau und die körperliche Stärke und Aggressionsbereitschaft des Mannes die Grundlage für eine in den meisten Kulturen gültige geschlechtsspezifische Aufgabenteilung: Kindererziehung und Nahrungszubereitung obliegen überwiegend Frauen, Jagd und Kriegsführung dagegen Männern (Alfermann 1996: 20ff. u. 85ff.). Der Mann ist damit für die Ernährung der Familie und die Außenbeziehungen zuständig, die Frau für die familialen Angelegenheiten und die Innenbeziehungen (ebd. 21).[20] Diese Geschlechterrollen dienen in traditionellen Gesellschaften dazu, die sozialen Strukturen und die Überlebensfähigkeit der Gruppe zu sichern. Abgesehen von der eher unwahrscheinlich niedrigen Kontaktquote überhaupt scheint also aus wissenschaftshistorischer Perspektive die konservative Geschlechterrollenverteilung auf Lebensbildern zusammen mit den daraus resultierenden Kontakten für die Vergangenheit durchaus im Bereich des Möglichen zu liegen.

5 *Zusammenfassung*

Der Nutzen von Datenbanken in den Geisteswissenschaften bemisst sich zu einem großen Teil danach, inwiefern sie Ergebnisse liefern, die mit herkömmlichen Arbeitstechniken nicht oder nur unter großem Aufwand zu erreichen waren. Das „Lebensbilder"-Projekt leistet einen Beitrag zur Gewinnung fundierter, quantitativer Aussagen über eine umfangreiche Sammlung archäologischer Lebensbilder. Die Datenbank speichert dazu Bildbeschreibungen, die nicht nur Bildelemente aufzählen, sondern auch Beziehungen zwischen diesen Elementen festhalten.

Das Projekt offenbart jedoch auch die neuen methodischen Herausforderungen, die der Einsatz von Datenbanken mit sich bringt: In jeder Arbeitsphase müssen die Konsequenzen von Entscheidungen auf der technischen Ebene für die erziel-

[20] Die heutige westliche Gesellschaft strebt dagegen eher nach sozialer Neutralität und stellt die persönliche Selbstverwirklichung in den Vordergrund. In diesem Sinne auch Gilmore 1991: 247.

baren Ergebnisse bedacht und transparent gemacht werden. Wir haben einen konzeptuellen Rahmen vorgeschlagen, innerhalb dessen diese Herausforderungen erfolgreich angegangen werden können. Zentral in unserem Ansatz sind eine klare Kompetenzverteilung zwischen Anwendern und Entwicklern, sowie die gemeinsame Erarbeitung des Datenbankentwurfs und der Abfragen. Die Validität der Ergebnisse wird dadurch gesichert, dass die Interpretation der gespeicherten Daten beim Entwurf festgelegt und bei der Dateneingabe wie auch bei Abfragen durchgängig verwendet wird.
Weiterhin haben wir die spezifischen Möglichkeiten relationaler Datenbanken in geisteswissenschaftlichen Projekten dargestellt. Ihre klare Tabellenstruktur ermöglicht eine flexible und gleichzeitig präzise Repräsentation von Beobachtungen aus dem Anwendungsgebiet, eine gut entwickelte Methodologie hilft beim Entwurf einer geeigneten Datenbankstruktur. Zur Datenauswertung bieten relationale Datenbanken mit der Sprache SQL ein ausdrucksstarkes Werkzeug, das es auch dem Anwender ermöglicht, gespeicherte Daten in Hinblick auf eine bestimmte Hypothese zu kombinieren, auszuwählen und zusammenzustellen.

Bibliographie

Alfermann, Dorothee: *Geschlechterrollen und geschlechtstypisches Verhalten.* Stuttgart – Berlin – Köln: Kohlhammer, 1996

Beck, Kent: *Extreme Programming Explained: Embrace Change.* Amsterdam: Addison-Wesley Longman, 1999

Elmasri, Ramez und Shamkant B. Navathe: *Fundamentals of Database Systems.* 2. Auflage. Reading, Massachusetts: Addison-Wesley, 1994

Feldmann, Klaus: *Soziologie Kompakt.* Wiesbaden: Verlag für Sozialwissenschaften, 2000

Gilmore, David D.: *Mythos Mann. Rollen – Rituale – Leitbilder.* München – Zürich: Artemis & Winkler 1991

Mainka-Mehling, Almut: *LebensBilder. Zur Darstellung des ur- und frühgeschichtlichen Menschen in der Archäologie.* Remshalden: BAG-Verlag, 2006

Sommerville, Ian: *Software Engineering.* 6. Auflage (deutsche Übersetzung). München: Pearson Studium, 2001

Datenbank als Arbeitsmittel zur theatralen und personellen Konstellationsforschung im Werk August Wilhelm Ifflands

Ingo Jonas

Die Verwendung von Datenbanken in den Geisteswissenschaften beschreibt sich schwierig: es gilt nicht nur Textliches zu untersuchen, auch müssen Einflüsse sozialer Bindungen wie Theoretisches diachroner und synchroner Art beachtet werden. Eine Datenbank in einem theaterwissenschaftlichen Umfeld ermöglicht darüber hinaus Rückbindungen des Theatertextes an die Praxis, an die je spezifische Aufführungspraxis.
Die Frage nach dem Erfolg bestimmter Stücke oder Autoren setzt voraus, dass Betreffendes in beschreibbaren Kriterien untersucht werden kann.
Eine solche Frage wirft weitere Probleme auf, wenn ihre Relevanz schon vergangen scheint. Eine solche Situation liegt mit dem Wirken August Wilhelm Ifflands (1759-1814) vor. In seiner Zeit waren seine Werke bekannt und wurden sehr oft gespielt, doch nach seinem Tod 1814 fanden die Stücke kaum noch Eingang in Spielpläne. Er war nicht nur Autor, er war auch ein erfolgreicher Schauspieler und Intendant. Iffland gilt als wesentlicher Autor für die Gattung der Trivialdramatik. Was sein Werk auszeichnet, ist dabei weniger die Gattungszuordnung, als mehr sein Publikumserfolg. Selbst an der Weimarer Bühne unter Leitung Goethes wurden seine Stücke in der Zeit von 1790 bis 1820 mit am meisten aufgeführt. Er selber war von 1796 bis 1813 am Königlichen Nationaltheater in Berlin tätig und mitverantwortlich an der Aufführung der Werke von Goethe und Schiller.[1]

Der Einsatz von Datenbanken für die Untersuchung der Bedeutung des Ifflandschen Werkes kann nicht allein anhand des Stück- und Textkorpus vorgenommen werden. Die diesbezügliche Aufführungspraxis[2] und mögliche Wirkungen auf ein oder das Publikum beschreiben einen zweiten Teil. Die in die theatralen, theoretischen und ästhetischen Diskurse des Theaters involvierten Persönlichkeiten beschreiben einen weiteren Bereich. Diese verschiedenen Bereiche sollen und können in einer Datenbank nicht nur sinnvoll erfasst werden. Mit einer solchen Datenbank kann gleichzeitig ein Forschungsinstrument entwickelt werden, mit dem die verschiedenen Bereiche getrennt wie auch gemeinsam untersucht

[1] Siehe auch Gerlach: „Die Datenbank zum Berliner Nationaltheater als Form des wissenschaftlichen Diskurses über die Entstehung einer modernen Großstadtkultur um 1800“ Seite 65 in diesem Band.
[2] Verwiesen sei auf betreffende Literatur die mit zwei Auswertungen nur angedeutet werden soll: Burkhardt: „Das Repertoire des Weimarschen Hoftheaters unter Goethes Leitung 1791 – 1817“ und Meinel: „Für Fürst und Vaterland, Begriff und Geschichte des Münchner Nationaltheaters im späten 18. Jahrhundert“. Im Besonderen sei auf das Projekt „Berliner Klassik“ und deren Theaterzettelerfassung (www.berliner-klassik.de) hingewiesen.

werden können. Das Interesse liegt dabei auf den Synergien und Rückwirkungen, die sich zwischen den Bereichen ergeben.
Der Untersuchungszeitraum muss für die personalen Beziehungen von Iffland im Wesentlichen seinem Leben folgen, der Betrachtungszeitraum für seine Stücke wird auf den Zeitraum von 1780 bis 1813 eingegrenzt. Diese Trennung erweist sich als notwendig, um sich der Persönlichkeit von Iffland zu nähern, als einem aktiven und kreativen Menschen, der nicht nur erfolgreich Theaterstücke schrieb, sondern in seiner Zeit ein bedeutender Schauspieler, Regisseur und Intendant war. Und als eine solche historische Persönlichkeit nicht nur Praktisches erfolgreich umsetzen konnte, sondern seinen Erfolg auch aus der Teilhabe an den theoretischen, ästhetischen und kreativen Diskursen seiner Zeit entnahm.

August Wilhelm Iffland und das Theater dieser Zeit

August Wilhelm Iffland wurde 1759 in Hannover geboren, fing 1777 mit der Schauspielerei in Gotha an, ging dann nach Mannheim. Dort erwarb er sich 1782 seinen ersten Ruhm mit der Uraufführung der Räuber von Schiller. Er blieb bis 1796 in Mannheim und wurde dann an das Berliner Königliche Nationaltheater als Direktor berufen. 1811 übernahm er die Position des Generaldirektors der Königlichen Schauspiele in Berlin. Er blieb Zeit seines Lebens Schauspieler, Regisseur und Autor trotz seiner verschiedensten Tätigkeiten. 1814 verstarb er in Berlin.

Neben Iffland sei beispielhaft auf drei weitere Personen verwiesen, die in das Theater dieser Zeit eingebunden waren und heute unterschiedlich bewertet werden. Goethe und Schiller sind eng mit dem Schaffen von Iffland verbunden. Iffland ist der hauptsächlich praktisch arbeitende, Goethe und Schiller hingegen sind auch theoriebildend. August von Kotzebue ist mit Iffland ein zweiter sehr bekannter Stückautor der Trivialdramatik dieser Zeit.
Der zwischen diesen vieren vollzogene bewusste und unbewusste Austausch praktischer und theoretischer Positionen hat eine besondere Funktion: die Aufführungspraxis in verschiedenen Städten z.B. Berlin, Weimar, dem deutschen Theater in Petersburg, Hamburg und weitere, können anhand aufgeführter Stücke in ein Verhältnis gesetzt werden[3], er verbindet die theoretische Dimension der Schauspieltheorie und Aufführungsästhetik mit der praktischen Dimension der Aufführungspraxis. Diese vier Personen verbindet noch ein weiteres Moment, sie waren involviert in die Herausgabe von Theaterperiodika bzw. mit Beiträgen in diesen. Die in diesen Zeitschriften gedruckten aktuellen Hinweise,

[3] Zur Aufführungspraxis Ifflandscher Stücke stehen beispielhaft die Zahlen von Burkhardt und Meinel zur Verfügung. Nach Burkhardt fanden im Zeitraum von 1792 bis 1810 am Weimarer Hoftheater 324 Aufführungen Ifflandscher Werke statt, dagegen nach Meinel in München nur 125. In diesem Sinn sei auch auf die Spielplanerhebungen durch das Projekt der „Berliner Klassik“ verwiesen, die noch nicht abgeschlossen sind.

Kommentare, Besprechungen und Aufsätze zu Theatralem heben ihr diskursives Verständnis auf eine explizite Beteiligung an theoretischem und praktischem Theatergeschehen[4].

Theater ist an die besondere historische Situation gebunden, in der es stattfindet. Das Ereignis der Aufführung, welches die Darsteller und Zuschauer am geographischen Ort der Aufführung zusammenführt, konstituiert dessen Bedeutung für die Gesellschaft. Das Zusammenspiel von bestimmtem Licht im spezifischen Raum mit dem konkreten Kostüm ermöglicht dem Körper des Darstellers, den Text situativ in Einklang mit der Musik zu einer Inszenierung zusammenzuführen – dem Publikum eine Aufführung darzubieten.

Die meisten der Ifflandschen Stücke waren in seiner Zeit erfolgreich.[5] In seinen Stücken kommt ganz der Gattung des „bürgerlichen Familiendramas" entsprechend die kleinste soziale Gruppierung, die bürgerliche Familie, auf die Bühne. In den Stücken treten miteinander verwandte Protagonisten auf, die aus einem bürgerlichen Milieu stammen. Der Plot behandelt Variationsleistungen zwischen den Anforderungen innerhalb dieser Gruppe und gegenüber gesellschaftlichen Rahmenbedingungen. Gespielt wurden diese Stücke auf Bühnen, die durch die Finanzierung von Mäzenen geprägt waren, an Hoftheatern, Stadttheatern, von fest engagierten Ensembles und fahrenden Schauspielergesellschaften. Dieses Theater bürgerlicher Protagonisten besitzt nicht nur Einfluss auf das Repertoire dieser Zeit, mit Iffland als Schauspieler und Autor solcher Stücke wird ein solches Theater sogar gefördert, indem er 1796 in den preußischen Staatsdienst als Direktor eingegliedert wurde.

Deutsches Theater in der Zeit zwischen 1750 und 1800 ist noch ausgeprägtes Wandertheater, welches sich in der Wandlung zum stehenden Theater etablierter Bühnen im höfischen wie im städtischen Umfeld befand.
Der Erwerb eines Schauspielprivilegs, ein wichtiger Garant für die Möglichkeit des Auftretens, kann als unsicher beschrieben werden und ist stark abhängig von

---

[4] Mit den „Annalen des Theaters" (ATB 1788-1797) von Bertram sei nur auf eine Theaterzeitschrift eingegangen. Nachfolgend ausgewählte Kapitel der Bände 1-6: „Einige Bemerkungen über theatralische Vorstellungen", „Bemerkung über die Theatertrachten" (ATB 1); „Kleine Charakteristik der Bondinischen Gesellschaft nebst Bemerkungen der jährlichen Gagen", „Über die Critik des Frankfurter Theaters" (ATB 2); „Vom Groteskekomischen auf dem deutschen Theater nach Flögel", „Dramaturgische Fragmente für Königsberg in Preußen 1788" (ATB 3); „Schauspiel in China nach Grosier", „Plan zu einer Pensionsanstalt bei stehenden Theatern" (ATB 4); „Fragmente über stehende Bühnen und die Vortheile die sie stiften", „Preisaufgabe von Seiten der Intendance des Theaters zu Schwerin", „Über die Art deutsche Schauspielerinnen zu bilden" (ATB 6).

[5] Als erfolgreiche Stücke von Iffland werden in der Sekundärliteratur genannt: „Die Jäger" , „Die Hagestolzen", „Der Hausfrieden", „Die Advokaten, „Die Aussteuer" und „Die Reise nach der Stadt". Diese Angaben ergänzen sich mit den Erhebungen von Bender in Theaterperiodika, vgl. „Register 6: dramatische Werke".

den Fähigkeiten der Schauspielergesellschaft, von den Stücken wie auch von der schauspielerischen Leistung, Inhalte attraktiv zu präsentieren.
Das gedruckt vorliegende Ifflandsche Korpus umfasst 63 Stücke[6]. Wie viele davon Publikumserfolge waren, ist zur Zeit nicht genau bestimmt.[7] Die Frage nach der Wirkung der Ifflandschen Stücke erfordert somit nicht nur textliche Interpretationen und die Verbindungen zu den Aufführungen. Es macht sich gleichzeitig erforderlich, die Frage nach der Bedeutung der Ifflandschen Persönlichkeit zu fragen, als Direktor des königlichen Theaters in Berlin, als Intendant bei der Auswahl von Werken für die Aufführungen, in seiner Funktion als Schauspieler oder als Herausgeber einer Theaterzeitschrift[8].
Mit dem Entwurf einer Datenbank soll dabei versucht werden, auf die vielschichtigen Erfordernisse des Materials zu reagieren. Die methodische Fundierung für die Arbeit musste aufgrund der Komplexität nicht nur eine Ordnungssystematik bereitstellen, es wurde auch eine Methodik benötigt, mit der es möglich war, sich den verschiedenen Bestimmungen zu nähern.

Methodische Grundlagen zum Entwurf einer Datenbank

Der Entwurf einer Datenbank erfolgte erst nach der Prüfung von Methoden, mit denen eine Verhältnisbetrachtung zwischen Theorie und Praxis möglich schien. Eine Methode zu wählen, die gleichzeitig eine Theorie implizierte, wurde als ungünstig empfunden. Die theoriegebundene Vorinterpretation der Quellen bzw. die theoriegeleitete Determination der Quelleauswahl waren Kriterien, die eine solche Bindung als ungünstig erscheinen ließen. Für die Durchführung der Informationserhebung und Auswertung in einer Datenbank sollte eine Methode verwendet werden, die nicht nur den Thesen gegenüber offen ist, sondern auch den Quellen eine entsprechende Objektivität entgegenbringen kann. Das heißt, es sollte eine Methode verwendet werden, die nicht schon während der Erhebung interpretatorische Einschränkungen entwickelt.
Die Frage nach einer Bedeutung des Ifflandschen Werkes und seiner Person legte daher das Prinzip der Rekonstruktion nahe, mit dem nicht nur die Theaterstücke von Iffland betrachtet werden können, sondern auch der gesellschaftliche

---

[6] Zum derzeitigen Forschungsstand sei verwiesen auf die verschiedenen gedruckten Ausgaben der Werke von Iffland. Diesen Korpus gilt es noch durch das Werk „Bibliographia dramatica et dramaticorum“ von Meyer abzugleichen. Für den Zeitraum 1780 bis 1800 befindet es noch im Druck. Leider enden die Erfassungsarbeiten mit dem Jahr 1800.

[7] Kliewer veröffentlicht 1937 seine Untersuchung zu Ifflands Stationen und Erfolgen. Diese umfangreiche und aufschlussreiche Arbeit eröffnet tiefe Einblicke in Ifflands Leben und Werk. Eine Anbindung an personelle, ästhetische und funktionale theatrale Aspekte verschiedener Orte und Theater steht dabei noch aus. Eine so vorzunehmende Erweiterung wiederum kann nur durch die Aufnahme aller zur Verfügung stehenden theatralen wie personellen Daten des jeweiligen Ortes erfolgen.

[8] Iffland gab die Theaterzeitschrift „Almanach für Theater und Theaterfreunde“ und „Almanach fürs Theater“ (1808 – 1812) heraus.

Raum, in dem seine Stücke aufgeführt werden. Ebenso musste es möglich sein, das Umfeld aufzunehmen, in dem sich Iffland selber befand und mit welchen Personen er sich über theoretische und praktische Diskurse austauschen konnte.

Eine Methode bietet sich dabei an durch Orientierungen an Foucault mit seiner Archäologie, eines semantischen Feldes nach Bourdieu oder einer Konstellation nach Henrich, Mulsow und Stamm.[9] Die Mikroanalyse als weitere historische Methode ist dabei in den drei genannten mit enthalten, indem sie besonderen Wert auf die detailgenaue historische Erfassung legt und den eigentlichen Ansatzpunkt für die Analyse liefert.
Für die Fragestellung der Bedeutung Ifflands erschien eine historische Konstellation als eine offene Erfassungsstruktur naheliegender, mit der die einzelnen Bedingungen des Ifflandschen Theaters aufgenommen werden können. Das komplexe Verhältnis des Praktischen und Theoretischen, des Theatertextes und seiner Aufführung, der ästhetischen Kategorien, deren Umsetzung im Schauspieltheoretischen und ein Rücklauf im Schauspiel selber, machen es schwer, die einzelnen Elemente der Erfassung so klar abzugrenzen, wie es in der Konstellationsforschung von Henrich, Mulsow und Stamm gefordert wird.[10]
Für die Planung der Datenbank und die Durchführung der Erhebung zeigten wiederum alle drei Entwürfe ihre je eigenen Besonderheiten, die es zu berücksichtigen galt, obgleich eine stärkere Orientierung an der Methode der Konstellationsforschung erfolgt. Genealogische Ergebnisse wie auch Macht- und Herrschaftsdiskurse treten in diesem Rahmen zurück.

Konstellation als Methode

Konstellation ist eine Mischung von Aspekten, die zusammengeführt auf den Entwurf verweisen, welcher mit den Publikationen von Henrich „Grundlegung aus dem Ich" und der „Konstellationsforschung" von Mulsow und Stamm vorliegt.
Eine Konstellation ist demnach, im Sinne einer Gruppe, das Teilhaben von Personen an der Entwicklung von Theorieansätzen und Modellen. Es gilt nicht nur die Kernaussagen einer solchen Gruppe zu untersuchen, auch marginale Aussagen oder Personen müssen integriert werden. Dabei geht es um die schrittweise Aufdeckung verschiedener Entwicklungslinien, um ein Netzwerk verschiedenster Personen, Theorien und Modelle aufzeigen zu können. Alle Bereiche werden auf ihren Gehalt hin untersucht. Somit gilt es, nicht einen schon bekannten Ansatz zu favorisieren, sondern alle Ansätze auf ihren Gehalt

[9] Siehe Foucault: „Archäologie des Wissens", Bourdieu: „Homo Academicus" und „Die feinen Unterschiede", Mulsow und Stamm: „Konstellationsforschung".
[10] Siehe Stamm: „Konstellationsforschung – Ein Methodenprofil: Motive und Perspektiven" und Mulsow: „Zum Methodenprofil der Konstellationsforschung"; in: Mulsow und Stamm: „Konstellationsforschung".

hin zu untersuchen. Das bei dieser Methode eine Textanalyse Vorrang hat, liegt auf der Hand, die Texte sind der eigentliche Untersuchungsgegenstand. Diesen gilt es zu erweitern durch bisher nicht erschlossenes historisches Textmaterial.
Die Konstellationsforschung wird von den Interessenlagen, Situationen und Motivationen der je einzelnen Personen bestimmt. Die Hinzunahmen nichtanalytischer Implikationen stellt dabei eine nicht autogenetische Dynamisierung des zu entwickelnden Denkraums dar. Daraus entwickelt sich die Phänomenologie des zu untersuchenden Problemraums. Die Abgrenzung des Raumes erfolgt durch historisch systematisch angemessene Erschließungsarbeiten und über die dadurch mögliche Zuordnung von Randpersonen bzw. durch die Zuordenbarkeit deren Aussagen. Diese Hinzunahme besitzt eine doppelte Funktion, sie dient auch der Abgrenzung der Gruppe, wenn das Hinzugenommene den eigentlichen Untersuchungsrahmen übersteigt. Dabei gilt es, keine historische Kontingenz und teleologische Hypostase aufzuzeigen.
Die so entwickelte Arbeitsmethode, deren Ziel es ist, einen philosophischen Untersuchungsgegenstand einzugrenzen, zu verdichten und ihn in seinem Aussagengehalt zu erweitern, zeigt sich als interessante Methode, um den Raum zu betrachten, in dem Theater stattfindet.
Die dem Theater eigene Problematik gilt es dabei zu schärfen um einen solchen methodischen Entwurf nicht zu kopieren, sondern fruchtbar zu nutzen. Die Vermischung von Theoretischem mit Praktischem innerhalb des Theaters wirft dabei Probleme auf, die mit einer Konzentration auf eine Dokument- und Personenanalyse nicht bewältigt werden können.
Die Dokumentanalyse beschreibt sich durch die vorliegenden Werke von Iffland und weiteren Personen, die zentral oder marginal stehen können. Daran schließt sich die Personenanalyse an, welche die Zugehörigkeit zu Gruppen und deren Diskursen aufweisen soll. Das Praktische beschreibt sich durch die Aufführungen und deren Beschreibungen[11]. Die eigentliche Sinnverbindung, der Aussagencharakter oder eine mögliche Konstellation entwickelt sich dabei erst durch die Betrachtung dieser drei Elemente mit gleichzeitiger Lösung von singulär Ereignishaftem.

Ein zwar methodisch integrativer Teil, der trotz einer Anwendung von ‚Konstellation' herausgelöst betrachtet werden muss, liegt mit der Untersuchung der Figurenkonstellation innerhalb des Ifflandschen Werkkorpus vor.
Der mit Iffland zu untersuchende Gegenstand, seinem Werk und seinem Schaffen wird dabei abgegrenzt durch seine Phänomenhaftigkeit, mit der er sich eine eigenständige geschichtliche Stellung erarbeitet hat. Durch die Hinzunahme von Aufführungsdaten wird ein Medienwechsel[12] in die Arbeiten einbezogen, der die

---

[11] Neben den Aufführungen muss auf deren Kommentierung in Periodika und Briefen eingegangen werden.
[12] Meyer, Petra Maria: Intermedialität des Theaters.

Orientierung auf die Dokumenten- und Personenkonstellation erweitert und die Rückbindung von Figurenkonstellation aus den Stücken ermöglicht.
Eine Beschreibung der eigentlichen Verbindungen, Entwicklungen und Aussagen, Begrifflichkeiten und Weiterentwicklung, kann erst nach Abschluss der Arbeiten erfolgen. Durch die Aufnahme des Materials wird erst eine Materialdichte erzeugt, die es erlauben soll konstellatorische Interpretationen vorzunehmen.

Anforderungshorizont an die Datenbank

Rekonstruiert werden sollte ein Raum, in dem das Ifflandsche Theater stattfand. Dieser Raum muss dabei aufgrund vieler unklarer Besonderheiten von Ifflands Stellung als Schauspieler, Intendant, Regisseur und Autor erst aus den Quellen heraus erarbeitet werden. Informationen zur geschichtlichen Situation des Theaters, einer möglichen theoretischen Stellung von Iffland, seinem praktischem Wirken, und wirtschaftlich politische Bedingungen seiner Zeit beschreiben dies näher.
Das Material sollte während der Erhebung nur minimal geformt werden. Es sollte so originalgetreu wie möglich aufnehmbar sein und trotzdem eine spätere Auswertbarkeit gewährleisten. Die Erhebung verzichtet somit auf eine hierarchische Strukturierung und die Verwendung theoriegebundener Fachtermini zur Klassifizierung. Eine solche unstrukturierte Materialfülle erzeugt Unsicherheiten. Dieser Schritt war trotzdem notwendig, denn es mussten nicht nur die Differenzierung des Praktischen vom Theoretischen vorgenommen werden, in der nachfolgenden Auswertung mussten auch mögliche Verhältnisse untersuchbar sein. Dies kann nur realisiert werden, wenn verschiedene Bedeutungen von Personen für Gruppen, einzelne Aufführungen bzw. Stücke separat abgefragt werden können.
Die Informationen, die zu erheben sind, betreffen Theatertexte, Aufführungen, Personen, Schauspielgesellschaften und Ensembles die am Austausch über ästhetische und theatrale Diskurse beteiligt sind. Die Problematik verwies auf eine Datenbank und die durch diese gut differenzierbaren Erfassungsmöglichkeiten.
Das Hauptaugenmerk auf Iffland zu richten, erfolgt aus drei Gründen. Das Datenerhebungsmodell stellt die Frage, ob die angewandte Methode im Sinne einer kulturellen Konstellation verwendbar und bearbeitbar ist. Die Verschiedenheit der Quellen in Form von Briefen, Aussagen zu Aufführungen und idiosynkratische Aussagen von Iffland weisen starke Schwankungen über den Erhebungszeitraum auf. Auch Informationen aus dem Umfeld liegen teilweise in einer unsicheren Anzahl vor. Somit muss die Aussagendichte des Materials erst beweisen, dass die untersuchte Fragestellung beantwortet werden kann und sie muss belegen, dass die getroffenen Aussagen wissenschaftlich über diese Methode abgesichert werden können.

Als zweites stellt sich das Problem, ob eine solche Gegenüberstellung von Theorie und Praxis überhaupt durchführbar ist. Das zu verwendende Material weist eine ungleichmäßige Verteilung auf, bei dem der ästhetisch theatrale und theoretische Diskurs[13] eindeutig überwiegt, praktische Bezüge nur in geringem Umfang und selektiv erhoben sind. Hinzu kommen interpretatorische Schwierigkeiten, die auf die geringe Dichte des praktischen Materials zurückzuführen sind. Und letztlich muss auch die jeweilige Eigenleistung des jeweiligen Autors beachtet werden, um die Perspektive der kreativen Eigenleistung zu erhalten. Somit müssen abschließend die assoziativ vorausgesetzten Gruppenbeziehungen erst in ihrer Konstellation und Bedeutung nachgewiesen werden. Eine reine Beschäftigung mit dem Theatertheoretischen bzw. -praktischen oder ein mehr oder weniger loser Briefaustausch können kaum das Kriterium erfüllen, eine Gruppenbeziehung zu definieren, anhand derer von einer innovativen praktischen oder theoretischen Konstellation gesprochen werden kann.

Der Umfang des sehr vielschichtigen Materials machte es notwendig, eine sinnvolle Verwaltung zu suchen. Die sehr verschiedenen Auswertungsanforderungen, die an das gleiche Material zu stellen sind, verwiesen positiv auf eine Datenbank. Die Fragestellung, einer Bedeutung Ifflands für das Theater durch seine Stücke wie durch seine Persönlichkeit als Direktor und Schauspieler, stellte den zweiten Grund, eine Datenbank zu wählen. Mit der Möglichkeit der ‚beliebigen'[14] Zuordnung der einzelnen erfassten Informationen zueinander kann nicht nur das zu bearbeitende Material adäquat aufgenommen werden, eine Datenbank wurde auch der zugrunde liegenden These am gerechtesten, dass Informationen verschiedensten Auswertungsinteressen zur Verfügung stehen müssen. Und dass Abfragen dazu separat wie kombiniert erfolgen können.

Für die zu entwerfende Datenbank waren für das Beispiel der Rollen und deren Charakterisierung in erster Linie die Aufnahme der Figuren aus den Werken von Iffland, deren jeweiliger Habitus für die Konstellation in einer Gruppe und mögliche wie auch wahrscheinliche Handlungsmotivationen notwendig. Diese

---

[13] Die Ergebnisse der Kanontheorie aus den letzten Jahren verweisen nicht nur auf die ungleichmäßige Verteilung verschiedener Diskurse hin, sie belegen gleichzeitig die Ausgrenzung bestimmter Entwicklungslinien. Beispielhaft sei auf die Arbeit von Winko: ‚Negativkanonisierung: August v. Kotzebue...' verwiesen.

[14] Jede Datenbank besteht aus einer theoretisch unendlichen Anzahl von Tabellen in denen jeder gespeicherte Datensatz eineindeutig abgelegt wird. Die relationale Verbindung zwischen einzelnen Argumenten verschiedener Tabellen folgt den Erfordernissen, die durch das Material vorgegeben sind. Die freie Entscheidungen welche Argumente miteinander verbunden werden müssen oder sollen, eröffnet die Möglichkeit alle Datensätze untereinander verbinden zu können. Mit solchen Verknüpfungsmöglichkeiten von Informationen wird ein logisches Netz erzeugt, mit dem die Konstellationen, die dem Material zugrunde liegen, nachgebildet werden können.

Angaben werden ergänzt durch die Aufnahme der Aufführungsinformationen wie auch den Beschreibungen aus den Periodika innerhalb des Untersuchungszeitraums. Eine solche Erfassung von Einzelinformationen gilt es darüber hinaus für die gesamte Datenbank zu entwerfen, in der Stücke, Aufführungen, Personen, und theoretische wie auch ästhetische Aspekte eingehen.
Die so entstehende historische Rekonstruktion bietet die Möglichkeit an, die gestellten Thesen wie auch die Gegenthesen zu prüfen.

Strukturelle Herangehensweise an den Entwurf der Datenbank

Die Primärquellenlage, die für die Planung des Entwurfs beachtet werden musste, ist sehr umfangreich. Die von Iffland zur Verfügung stehenden Stücke, die Besprechung dieser in Theaterperiodika[15] wie auch deren kritische Bewertung, Theaterzettel und Briefe, theoretische und ästhetische Schriften galt es zu berücksichtigen.
Die Erfassung der Quellen erfordert gleichzeitig ihre Ordnung. Insofern stellt sich die Frage, ob die strukturellen Anforderungen einer Datenbank das Ordnungskriterium darstellt, oder ob es methodisches Werkzeug bleibt, mit dessen Hilfe Details strukturiert erfasst werden können, die durch die wissenschaftlichen Methoden ausgewählt sind.
Zentral war die Maßgabe, die Datenbank so zu gestalten, dass sie nach Abschluss des hier vorliegenden Forscherinteresses offen bleibt, im Sinne einer Umstrukturierung oder Erweiterbarkeit. Jede eingetragene Information wird deswegen mit dem genauen Quellenbezug erhoben. Bei der Aufnahme der Informationen sollte gleichzeitig das Problem gelöst werden, die Aussagen und Fakten so minimal wie möglich zu beeinflussen, dass heißt, sie so unhomogen wie möglich zu erheben, um sie so variabel wie möglich weiter verarbeiten zu können. Aus diesem Grund wurde auf eine Normierung der Eingabe (Codierung[16]) verzichtet. Diese Form des Erhalts der originalen Information ist in gleichem Maß aufgrund des Kriteriums der Objektivität notwendig, um eine spätere Nutzung der Datenbank für verschiedene Fragestellungen zu ermöglichen. Alle Informationen sollen so genau wie möglich erhoben werden, ohne eine

[15] Durch Bender, Bushuven und Huesmann wurde mit dem Werk: „Theaterperiodika des 18. Jahrhunderts“ eine umfangreiche Erschließung dieser Periodika in der Tradition der Sigelerfassung vorgenommen. Erweitert wird dies durch die Untersuchung von Peter Heßelmann mit der Untersuchung dieser Periodika in „Gereinigtes Theater?“.

[16] Codes stellen in diesem Sinn eine Vereinbarung dar, zwischen Information Erhebenden und Lesenden, häufig anzutreffende Aussagen zu bündeln, um eine Maschinenauswertbarkeit zu bekommen. Ziel der Codierung ist es, eine objektive Erfassung zu erreichen. Mit dem Mittel des Verfahrens der Doppelcodierung wird die Signifikanz (Übereinstimmung > 85%) überprüft. Demgegenüber bestehen unendliche Interpretationsmöglichkeiten anhand semantischer Quellen wie Texten, die eine abgegrenzte Untersuchbarkeit im Sinne einer solchen Reliabilität nur unter dem Aspekt einer restriktiven Untersuchung ermöglicht hätte.

verändernde Bewertung durch den Bearbeiter zu erfahren. Die vorliegende Information soll dabei so klein wie möglich zerlegt werden, ohne den Sinninhalt zu zerstören.
Die Erhebung der historischen Quellen erfolgt so systematisch wie möglich. Der Nachweis einer jeden Quelle zur betreffenden Information ist dabei das Kontrollkriterium, mit der man bedingterweise eine Vollständigkeit der Erfassung selber prüfen kann bzw. eine Überprüfung durch Dritte ermöglicht wird. Die Quellenerhebung kann somit selber zum Gegenstand einer methodischen Reflexion genutzt werden.
Die möglichst genaue Zerlegung der Informationen erfolgt auch aus einem zweiten Grund. Je detaillierter die Erhebung erfolgt, desto genauer können die Probleme der Abfrage und Ausgabe gelöst werden, um das einmal erhobene Material nicht nur „wieder" erreichbar abzuspeichern, sondern auch weniger eingelesenen Nutzern die erhobenen Informationen zugänglich zu gestalten.
Die Erhebung erfolgt in verschiedenen Erfassungsmasken, die dem jeweils zu erfassenden Material bzw. Quelle gerecht werden. Diese Erfassungsmasken sind dabei beliebig erweiterbar, und können so jedem Erfassungsgegenstand dynamisch angepasst werden. Die Verknüpfung der erhobenen Daten untereinander nutzt nicht nur bereits erhobenes Datenmaterial auf verschiedene Weise und erleichtert somit die Erfassungsarbeiten, es trägt auch zur Verdichtung des Untersuchungsgegenstandes bei.
Dabei wird zwischen zwei verschiedenen Informationsformen unterschieden, die der faktischen bzw. auch bezeichnet als „harten" Informationen wie Geburtsdaten von Personen, Figurenbezeichnungen, Aufführungsdaten von Stükken, und den variablen oder „weiche" Informationen wie Rollenbedeutungen, Kostümbeschreibungen oder auch Rezeptionshinweise, abweichende Stückbezeichnung oder gar rein individuelle Bewertungen, wie sie meist in Briefen vorliegen. Diese beiden Informationstypen galt es in gleichem Maße in die Datenbank aufzunehmen und bei Entsprechung miteinander zu verbinden.

Den Erfassungen liegt ein Content Management System zugrunde, welches als Ein- und Ausgabeinterface Html verwendet, für den Datentransfer PHP und als Datenbank MySQL. Für die Auswertungen stehen verschiedenste Suchoptionen und Abfrageoptionen zur Verfügung, die kreuzbar sind. Die Ausgabe von animierbaren Daten in eine geographische SVG-gestütze Karte ist geplant.
Die eigenständige Entwicklung einer solchen Datenbank hat sich als sinnvoll erwiesen. Die Programmierung konnte leicht den Erfordernissen der Fachfragen und des Materials angepasst werden. Die dynamische Weiterentwicklung der Datenbank ist gegebenenfalls möglich. Als vorteilhaft hat sich die Möglichkeit des wechselseitigen Prüfens der Methoden der Datenbank gegen die Methoden der Konstellationsforschung gezeigt. Problemfälle im Erfassungsmodus erfor-

derten eine theoretische Klärung wie auch umgekehrte Effekt zu verzeichnen waren.
Ein allgemeiner Datenstandard, der längere Zeit genutzt werden kann und es auch ermöglicht, die Daten in verschiedene Dateiformate zu exportieren, ist mit den genanten Programmen gegeben.

Die Erfassung der Rolle als Beispiel für die Datenbank

Zentrale Kriterien für die Untersuchungen am Stückkorpus des Ifflandschen Werkes beschreiben sich durch eine Stückanalyse. Die Konstellation der Figuren im Plot, die Handlungsmöglichkeiten und deren mögliche Motive verweisen auf eine Rollentheorie. Mit integralen Untersuchungen zu diesen Figuren, kann ein Umfeld untersucht werden, anhand dessen es möglich ist, diese differenzierbar einzuordnen. Rollentheorien fokussieren in ihrer sozialen Ausrichtung auf normative Verhaltensmuster. Eine solche starre Beziehungserfüllung innerhalb einer Gruppe löst sich auf, besitzen die agierenden Figuren einen aktiven Status, der ihnen verschiedene Optionen von Handlungsmöglichkeiten innerhalb der Stücke anbietet und sie nicht in festgeschriebenen Charakterzügen verharren lässt.
Die festgelegte Figur eines Stückes[17] bekommt innerhalb eines Plots erst ihre Gültigkeit durch Referenzen aus dem gesellschaftlichem Umfeld, innerhalb derer die Aufführung ein Ereignis ist. Innerhalb des Stückes konstituieren sich verschiedene Gruppen – der Austausch zwischen diesen kann als imaginäre szenische Konstruktion verstanden werden[18], innerhalb dessen Handlungen vollzogen werden. Der Handlungsverlauf auf der Bühne ist zwar im Sinne des Textes starr, im Sinne der Aufführung aber dynamisch. Die auf der Bühne vollzogenen Interaktionen charakterisieren die handelnden Gruppen. Die Plausibilität ihrer Mitglieder hinsichtlich ihrer Interessen, Ziele oder Tätigkeiten entwickelt sich in der Geschlossenheit des Stückes. Weniger entscheidend ist dabei das Kriterium des Ortes und der Zeit. Wesentliches Argument ist die Teilnahme an den Interaktionen. Das Kriterium einer Wichtung einer Figur für die Leistung der Gruppe kann dabei nur bedingterweise als Wirkung angenommen werden, denn alle nachweisbaren Aussagen der Gruppenmitglieder haben ihr Gültigkeit für die Entwicklung innerhalb der Gruppe, auch wenn sie nur eine marginale Bedeutung besitzen.[19] Zwar besitzt jedes Mitglied einer Gruppe ein bestimmtes Streben nach Annerkennung, künstlerischer Freiheit und Weiterentwicklung.

[17] Die Drucklegung von Stücken dieser Zeit erfolgt immer mit einer klaren Rollenzuweisung. Eine Charakterisierung erfolgt selten. In Theaterperiodika, wie auch auf Theaterzetteln erfolgt ein expliziter Bezug auf diese Rollenzuweisung (z. B. Rentmeister Ruhberg).

[18] Siehe Pavis: „Der Zeitgenössische Schauspieler: Von der Rolle zur Partitur und Subpartitur“ in Broszat: „ Global player - local hero“.

[19] Siehe Stamm: „Konstellationsforschung“, in Mulsow und Stamm: Konstellationsforschung.

Die aktive Gebundenheit in die Gruppe verweist aber auf das Interesse einer qualitativen Weiterentwicklung innerhalb der Gruppe zurück. Womit die Gruppen erst dadurch ein qualitatives Ergebnis hervorbringt, indem ihre Konstituierung durch die Weiterentwicklung ihrer Interessen ein oder mehrere Ziele erreicht. Die dabei verwendeten Mittel gestischer und mimetischer Art, Kleidung etc. müssen um den Begriff des Habitus[20] erweitert werden.

Die Bedeutung einer Figur für eine Gruppe kann in diesem Sinn nicht statisch sein, innerhalb des Stückes wandelt sich diese Bedeutung nach dem szenischen Verlauf. Der willentlichen Leistung der Figuren ist der Habitus entgegengesetzt worden. Mit diesem Begriff ist es möglich, auf die soziale Konstituierung der Figur einzugehen, auf ihre implizite und untergründige Disposition. Mit dem Habitus werden Denk- und Wahrnehmungsschemata in die aktive oder passive Figur inkludiert, und somit eine motivationale Handlungsebene zur Verfügung gestellt, die ihre Wirkung innerhalb des aufgeführten Stückes entfaltet. Die Aufgabe des Stückes ist es, diese Vorgaben sinnvoll in eine der Zeit entsprechende Bedeutung zu verwandeln.

In dem Theaterstück „Verbrechen aus Ehrsucht“ veruntreut der Sohn des Rentmeisters Ruhberg Geld. Die Schulden, zuerst vom Vater verdeckt, im weiteren Verlauf aber von dem Oberkommissär Alden gänzlich ausgeglichen werden. Diese Schulden werden nur erlassen aufgrund der Redlichkeit des Rentmeisters, in seinem Beruf und um eine positive Weiterentwicklung des Sohnes zu ermöglichen. Für den Handlungsverlauf ist nicht nur die Redlichkeit von Bedeutung, sondern auch die Stellung des Rentmeisters in seinem Umfeld, die als Garant betrachtet wird. Der Vater Ruhberg vermittelt zwischen den beiden Gruppen seiner Arbeit und seiner Familie. Die von ihm getroffenen Entscheidungen geben dem Stück seine explizite Aussage und weisen den handelnden Figuren ihre Rahmenbedingungen zu. Die Figur des Ruhbergs (Vater) greift nicht nur auf eine ästhetisch szenische Umsetzung seiner Rolle zurück, in dem er diese Figur mit Leib und Seele verkörpert. Erst sein Habitus als Rentmeister gibt ihm eine gesellschaftliche Relevanz und verleiht ihm ästhetische Wirkung.

In den Ifflandschen Stücken finden 687 Rollen Verwendung[21]. Er greift dabei auf ein Repertoire von 140 Berufen zurück. Von den 687 Rollen haben 54% einen Beruf, die anderen 46% sind Figuren wie Frauen, Kinder und Adlige, die über eine soziale Stellung gekennzeichnet werden. Dies Zahlen beziehen sich nur auf handelnde Figuren mit den jeweiligen Rollenbezeichnungen, Figuren, auf die in den Stücken inhaltlich Bezug genommen wird, sind nicht mit enthal-

[20] Zurückgegriffen wird dabei auf den Begriff des „Habitus“ von Bourdieu bzw. Elias.
[21] Diese Zahlen beziehen sich auf den gedruckten Korpus der Ifflandschen Werke.

ten. Ifflandsche Stücke sind in der Figurenentwicklung pyramideal gebaut: ein bis drei zentrale Figuren, alle weiteren Rollen befinden sich in einem Abhängigkeitsverhältnis (Angestellten- oder Verwandtschaftsverhältnisse) zu den zentralen Rollen. Seine Stücke präsentieren damit eine klare Einbindung in realitätsgebundene Gesellschafts- und Familienstrukturen: Handlungen, Entscheidungen und Emotionen werden in diesem System entwickelt.
Die Ifflandschen Stücke sind eingebunden in ein lebensweltliches Umfeld. Nicht mit fiktiven, sondern realen Merkmalen wie Geschlecht, Altersstrukturen, Adelstiteln, Adelsprädikaten, Titeln, städtischen und ländlichen Berufen, Bedienstetenverhältnissen und Verwandtschaftsverhältnissen wird der Habitus der Figuren entwickelt.
Die Einordnung in entsprechende Gruppen erfolgt somit über Zeichen, die im Umgebungsfeld von Iffland erschließbar sein müssen. Damit wird eine Vernetzung oder Kreuzung verschiedener Aussagen vorgenommen, die helfen sollen, die Frage zu beantworten, weshalb die Ifflandschen Stücke Erfolg hatten.
Das Zeichen, welches, innerhalb dieses Rahmens der Figurenbetrachtung einen Diskussionswert besitzt, bekommt als Einzelzeichen seine Wert- und Sinnfunktion erst im Gesamtsystem seiner Zeit. Und es differenziert sich nach seinem unterschiedlichen Gebrauch in den Gebieten des Theaterpraktischen und -theoretischen sowie der Bedeutung, die ihm durch die Publikumsreflexion zugeschrieben wird. Letztlich berufen sich diese Wirkungen der Einzelzeichen auf verschiedene Weltbildkonstitutionen- bzw. -überzeugungen, die sich im Sprachraum eingebettet wieder finden. Ein solches Zeichen fordert somit eine differenzierte Betrachtungsweise.[22]

Zusammenfassung

Die Figuren eines jeden Stückes sind im textlichen Sinne wie im szenischen Träger der Handlung, entscheidend sind ihre sozialen Konstitutionen und die ihnen zur Verfügung stehenden weltlichen wie religiösen Handlungsoptionen, mit denen der Fortgang und die Möglichkeiten innerhalb eines Stückes geregelt werden.
Die Gültigkeit diese Handlungsoptionen und die Plausibilität des Ergebnisses müssen dem Publikum nicht nur fiktional textlich real erscheinen. Die Charakteristik der Figuren als formale textliche Angabe verleiht dem Inhaltlichem, dem Narrativen erst dann seine Bedeutung, finden die Schauspieler mit den theoretischen und praktischen schauspielerischen Mitteln den Ausdruck auf den Bühne, der die Aufführung zum Ereignis macht.

[22] Die Aufnahme des Zeichens kann dabei allerdings nur anhand des historischen Beispiels erfolgen und dessen Nachweisbarkeit im Quellmaterial. Eine systematische synchrone Zeichenerfassung muss aufgrund des Umfangs möglicher Zeichen geleitet bleiben durch die Rückbindung an das Ifflandschen Werk.

Die Bedeutung des theatralen Ereignisses, in die Schauspielkonzeptionen theoretischer wie praktischer Art einfließt, verschafft dem Autor Iffland eine Bedeutung für seine Zeit.
Diese wird sich aber erst dann nachweisen lassen, wenn es gelingt, die Bedeutung seiner Stücke neben seiner Bedeutung für Diskussionen um ästhetisches wie praktischen stellen zu können. Der Entwurf einer Datenbank, erscheint im dargestellten Rahmen als Möglichkeit, komplexe Konstellationen zu untersuchen.

Literaturverzeichnis:

Bertram, Christian August von: Annalen des Theaters. In 20 Bänden von 1788 bis 1797. Verlag anonym. Berlin, 1788-1797,

Bourdieu, Pierre: Die feinen Unterschiede, Kritik der gesellschaftlichen Urteilskraft. Suhrkamp. Frankfurt a.M., 1998.

Bourdieu, Pierre: Homo Academicus. Suhrkamp. Frankfurt a.M., 1988

Bourdieu, Pierre: Praktische Vernunft, zur Theorie des Handelns. Suhrkamp. Frankfurt a.M., 2004.

Bourdieu, Pierre: Die Regeln der Kunst, Genese und Struktur des literarischen Feldes. Suhrkamp. Frankfurt a.M., 1999.

Bourdieu, Pierre: Zur Soziologie des symbolischen Formen. Suhrkamp. Frankfurt a.M., 1986.

Broszat, Tilmann [Hg.]: Global player - local hero; Positionen des Schauspielers im zeitgenössischen Theater. Epodium. München, 2000.

Burkhardt, Karl August Hugo: Das Repertoire des Weimarschen Hoftheaters unter Goethes Leitung 1791 – 1817, Voß. Hamburg, 1891

Bender, Wolfgang F.; Bushuven, S.; Huesmann, M.: Theaterperiodika des 18. Jahrhunderts: Bibliographie und inhaltliche Erschließung deutschsprachiger Theaterzeitschriften, Theaterkalender und Theatertaschenbücher. München. Saur, 2005.

Digitale Bibliothek: Briefe - Tagebücher - Gespräche / Johann Wolfgang Goethe. Directmedia Publikation. Berlin, 2000.

Elias, Norbert: Über den Prozess der Zivilisation. Suhrkamp. Frankfurt a.M., 1987.

Elias, Norbert: Die Gesellschaft der Individuen. Suhrkamp. Frankfurt a.M., 1987.

Foucault, Michel: Archäologie des Wissens. Suhrkamp. Frankfurt a.M., 1994.

Henrich, Dieter: Konstellationen. Probleme und Debatten am Ursprung der idealistischen Philosophie (1789 - 1795). Klett-Cotta. Stuttgart, 1991.

Heßelmann, Peter: Gereinigtes Theater? Dramaturgie und Schaubühne im Spiegel deutschsprachiger Theaterperiodika des 18. Jahrhunderts (1750 - 1800) Klostermann. Frankfurt a.M., 2002.

Joas, Hans: Die Kreativität des Handelns. Suhrkamp. Frankfurt a.M., 1992.

Joas, Hans: Die Entstehung der Werte: Suhrkamp. Frankfurt a.M., 2001.

Kliewer, Erwin: A. W. Iffland : Ein Wegbereiter in d. dt. Schauspielkunst. Ebering. Berlin, 1937.

Meinel, Katharina: Für Fürst und Vaterland, Begriff und Geschichte des Münchner Nationaltheaters im später 18. Jahrhundert. Utz. München, 2003.

Mercier, Louis-Sébastien, Neuer Versuch über die Schauspielkunst. Schneider. Heidelberg, 1967.

Meyer, Reinhart: Bibliographia dramatica et dramaticorum: kommentierte Bibliographie der im ehemaligen deutschen Reichsgebiet gedruckten und gespielten Dramen des 18. Jahrhunderts nebst deren Bearbeitungen und Übersetzungen und ihrer Rezeption bis in die Gegenwart. Niemeyer. Tübingen, 2005.

Meyer, Petra Maria: Intermedialität des Theaters. Entwurf einer Semiotik der Überraschung. Parerga. Düsseldorf, 2001.

Mulsow, Martin; Stamm, Marcelo: Konstellationsforschung. Suhrkamp. Frankfurt a.M., 2005.

Thaller, Manfred (Hg.) Digitale Bausteine für die geisteswissenschaftliche Forschung, Göttingen 2003.

Winko, Simone: Negativkanonisierung: August v. Kotzebue in der Literaturgeschichtsschreibung des 19. Jahrhunderts. In: Heydebrand, Renate von: Kanon Macht Kultur: Theoretische, historische und soziale Aspekte ästhetischer Kanonbildung. Metzler. Stuttgart/Weimar, 1998.

FeMo-Data – *Female Monasticism's Database*
Von einem internen Hilfsmittel zur internationalen Internetprojekt

Katrinette Bodarwé

Seit den 60er Jahren wird in der Geschichtswissenschaft die Nutzung von Datenbanken als methodisches Hilfsmittel diskutiert[1]. Untrennbar mit dieser Entwicklung verbunden ist der Name Manfred Thaller: zuerst in Göttingen am MPI, heute in Köln am Institut für Historisch-Kulturwissenschaftliche Informationsverarbeitung hat er die Öffnung der Geschichtswissenschaft für die neuen Medien entscheidend geprägt und gestaltet[2]. Dabei stand insbesondere die Nutzung von Datenbanken für Editions- und Publikationsvorhaben im Mittelpunkt. Mit κλειω ließen sich insbesondere serielle Quellenbestände leichter nutzbar und zugänglich machen[3].
Daneben entstanden aber in der alltäglichen Forschungsarbeit mit zunehmender Nutzung des Computers Datenbanken, die wesentlich simplere Aufgaben erfüllen, indem sie Objekte katalogisieren. Sie entsprachen damit digitalen Versionen der bei Historikern beliebten Zettelkästen, in denen einzelne Forscher oder langzeitige Projekte wie z.B. die Regesta Imperii Urkundenregesten, Literaturhinweise oder gar Wortbelege verzeichneten[4]. Solche Zettelkästen-Datenbanken erscheinen von simpler Struktur, da sie einem realen Objekt, einer Urkunde oder in unserem Fall einem Frauenkloster, eine Karteikarte oder besser einen Datensatz eineindeutig zuordnen. Das im Folgenden mit seinem Entstehungshintergrund und seinen Intentionen vorgestellte Datenbank-Projekt besitzt eine derartige Struktur. Trotz der simplen Konstruktion bedingt jedoch auch eine solche

---

[1] Thaller, Manfred, Historische Datenbanken: Vorteile und Probleme, in: Geschichte und Informatik 11 (2000), S. 7-24, S. 7ff.

[2] Thaller, Manfred, Numerische Datenverarbeitung für Historiker: eine praxisorientierte Einführung in die quantitative Arbeitsmethode (Materialien zur historischen Sozialwissenschaft 1), Wien Köln 1982; Ders., Datenbanken und Datenverwaltungssysteme als Werkzeuge historischer Forschung (Historisch-sozialwissenschaftliche Forschungen 20), St. Katharinen 1986.

[3] Thaller, Manfred, κλειω: ein fachspezifisches Datenbanksystem für die Historischen Hilfswissenschaften; Version 1.1.1., Göttingen 1987; sowie die Updates der folgenden Jahre. Engelke, Thomas (Hg.), Historische Forschung mit κλειω: Ergebnisse des 1. Treffens der Kleio-User-Group im Stadtarchiv Regensburg vom 18. - 21. März 1990, Göttingen 1990 listet Beispiele für die Digitalisierung von spätmittelalterlichen bis neuzeitlichen Quellen auf.

[4] Der digitalisierte Umfang z.B. der Literatursammlung des Regesta Imperii-Unternehmens verweist auf die Mächtigkeit dieser materiellen Vorgänger, vgl. www.regesta-imperii.org.

Datenerfassung eine Begrenzung der Wahrnehmung der komplexen historischen Realität, weswegen ich auch kurz die Probleme thematisieren möchte.

Bei Beginn meiner Forschungen zu mittelalterlichen Frauenklöstern in den 90er Jahren war das Thema nicht nur in der Sekundärliteratur kaum behandelt, es erwies sich als geradezu unmöglich, einen Überblick über die zu einem bestimmten Zeitpunkt existierenden religiösen Frauengemeinschaften zu gewinnen[5]. Denn Frauenkonvente blieben in der Forschung lange unbeachtet, galten sie doch in der Tradition des 19. Jahrhunderts in erster Linie als Versorgungsinstitute für nicht verheiratete Frauen und daher als politisch und kulturell belanglos[6]. Entsprechend fanden die Reste ihrer schriftlichen Überlieferung selten Interesse, gingen verloren oder lagerten nicht erschlossen in den Archiven[7]. Oft ist jedoch auch die Überlieferung problematisch, viele Konvente bestanden nicht lange, Gründungs- oder Aufhebungsdaten sind ebenso wie die Namen der Äbtissinnen unbekannt[8]. Erst in den letzten Jahrzehnten hat sich im Zuge der Etablierung der Frauengeschichtsforschung in der Mediävistik auch die Erforschung der religiösen Frauengemeinschaften ausgeweitet[9]. Denn da sie nicht nur religiöse, sondern auch politische wie kulturelle Zentren waren, ist die Darstellung des weiblichen Anteils an der Klosterkultur für viele Fragestellungen, wie z.B. nach der Ausbreitung religiöser Kulte, nach Memoria, Verwaltungs- und Archivierungsgewohnheiten, Bildung und Literatur, oder

---

[5] Vgl. Bodarwé, Katrinette, Sanctimoniales litteratae. Schriftlichkeit und Bildung in den ottonischen Frauenkommunitäten Gandersheim, Essen und Quedlinburg (Quellen und Forschungen 10), Münster 2004, S. 1ff.; Parisse, Michel, Die Frauenstifte und Frauenklöster in Sachsen vom 10. bis zur Mitte des 12. Jahrhunderts, in: Die Salier und das Reich, Bd.2: Die Reichskirche in der Salierzeit, hg. von Stefan Weinfurter, Sigmaringen 1992, S. 465-501, S. 465f.

[6] Als aktuelles Beispiel: „Zur Reichskirche gehörten neben den Reichsäbten, Reichspröbsten und Reichsäbtissinnen, die nach klösterlichen Regeln lebten, auch die Fürstäbtissinnen der reichsunmittelbaren Damenstifte, die, wie das Stift Lindau, der Versorgung der unverheirateten Töchter aus adligem Haus dienten." in: Bavaria, Germania, Europa - Geschichte auf Bayerisch, hg. von Michael Henker u.a., Augsburg 2000, S. 268f. Vgl. zur Bewertung der „Versorgungsfunktion" auch Gisela Muschiol, Die Reformation, das Konzil von Trient und die Folgen: Weibliche Orden zwischen Auflösung und Einschließung, in: Frauen in der Zeit der Reformation und der katholischen Reform, hg. von Anne Conrad, Münster, 1999, S. 172-198, S. 182-184.

[7] Bodarwé, Katrinette, Gender and the Archive: The preservation of charters in early medieval women's communities, in: Saints, Scholars, and Politicians. Gender as a Tool in Medieval Studies. Festschrift in Honour of Anneke Mulder-Bakker on the Occasion of her Sixty-Fifth Birthday, hg. von Mathilde van Dijk und Renée Nip, Turnhout 2005, S. 111-132.

[8] Bodarwé, Katrinette, Frauenleben zwischen Klosterregeln und Luxus? Alltag in frühmittelalterlichen Frauenklöstern, in: Königin, Klosterfrau, Bäuerin: Frauen im Frühmittelalter (Agenda Frauen 8: Frauen - Forschung - Archäologie 2), hg. von Helga Brandt, Julia K.Koch, Münster, 1996, S. 117-143.

[9] Vgl. www.frauenkloester.de.

Herrschaft und Wirtschaftsentwicklung, grundlegend. Um also z.B. die Beteiligung von Frauen an Rechts- und Verwaltungstätigkeiten durch das Amt der Äbtissin zu untersuchen, das Interesse der Nonnen für bestimmte Heilige und die Verbreitung deren Verehrung zu überprüfen oder die Bildungschancen frühmittelalterlicher Frauen anhand der zur Verfügung stehenden Klosterschulen abzuschätzen – immer braucht man zuerst einen Überblick über die in einer Epoche existierenden Frauengemeinschaften, ihrer Ausstattung und ihrer Möglichkeiten.

Zwar gibt es bereits lexikalische Klosterverzeichnisse, die aber zum einen aufgrund des schlechten Bearbeitungsstandes der Frauenkommunitäten diese nur unzureichend repräsentieren, zum anderen aufgrund ihrer alphabetischen Anordnung keine chronologischen oder territorialen Abfragen ermöglichen[10]. Kartographierungen standen daher auch nur ansatzweise für regionale Forschungen zur Verfügung[11].

Daher haben viele ForscherInnen damit begonnen, in Karteien die ihnen begegneten Konvente zu verzeichnen, meine eigene Kartei verzeichnete die Frauengemeinschaften des Fränkischen Reiches bis 900 und fokussierte auf die Existenz und die Quellenüberlieferung. Das Ergebnis war ein erster, noch wenig übersichtlicher Versuch der Kartographierung: in einer Karte ließen sich ältere und jüngere Gründungen, untergegangene wie weiter bestehende Klöster kaum deutlich voneinander abheben[12].
Als 2002 die Vorarbeiten für die Ausstellung „Krone und Schleier" über Frauenklöster im Mittelalter begannen, veränderten sich die Anforderungen und die bisherige Kartei war nicht mehr ausreichend: zum einen musste sie chronologisch ins Hochmittelalter ausgeweitet werden, zum anderen sollte sie Fragen nach Heiligenverehrung, Reliquienbesitz und Patrozinien wie auch zum Gründungszusammenhang beantworten. Darüber hinaus sollten Hinweise auf Realienüberlieferung wie Kunstwerke oder Buchbestände eingearbeitet werden, die die Objektsuche für die Ausstellung erleichtern sollten. Solche differenzierten Beschreibungen ließen sich nur digital erfassen, so dass eine Datenbank erstellt werden sollte, in der die geforderten Informationen über

---

[10] Cottineau, Laurent Henri, Répertoire topo-bibliographique des abbayes et prieurés, 2 Bde., Macon 1939; Germania monastica: Klosterverzeichnis der deutschen Benediktiner und Cisterzienser, hg. von Pirmin Lindner, Salzburg 1917. Sehr gute Artikel zur Geschichte einzelner Klöster finden sich auch im: Dictionnaire d'histoire et de géographie ecclésiastiques (DHGE), Paris 1912ff., der jedoch erst bis K gediehen ist.

[11] Vgl. z.B. Verdon, Jean, Recherches sur les monastères féminins dans la France du sud aux IXe-XIe siècles, in: Annales du Midi 88 (1976), S.117-138; auch den Bänden der Germania Benedictina, St. Ottilien 1970ff., liegen Karten bei.

[12] Vgl. Bodarwé, Frauenleben zwischen Klosterregeln und Luxus? (wie Anm. 8).

Frauenkonvente von 500 bis 1300 zusammengetragen und statistisch dargestellt werden konnten.
Da die Forschungslage, wie dargelegt, für den ganzen Bereich der Klosterforschung problematisch war, haben auch andere Forschungsunternehmen bereits mit der Verzeichnung von Klöstern begonnen und z.T. auch solche Datenbanken im Internet zur Verfügung gestellt. Bereits in den 80er Jahren war man in Amerika auf die gleichen Forschungsbeschränkungen deutlich geworden. Mary M. McLaughlin und Suzanne Wemple starteten damals unter dem Titel „Women & Religious Life Project" ein ähnliches Sammelprojekt[13]. Seit Mitte der 90er Jahre ist diese Sammlung als Datenbank von Klöstern inklusive Bibliographie unter dem Titel „Monastic Matrix" im Internet öffentlich zugänglich gemacht worden[14]. Das umfangreiche Angebot verbindet die wichtigsten Forscher Amerikas zu diesem Thema, und bietet in technisch ausgereifter Form neben der Kloster-Datenbank eine eigene Bibliographie und Zugang zu ausgewählten Quellen und Aufsätzen. Für „Krone und Schleier" erwies sich diese Datenbank jedoch aus inhaltlichen Gründen als problematisch: die Ansiedelung dieses Forschungsprojektes in Amerika beschränkte die Mitarbeiter weitestgehend auf die bereits erwähnten, aufgrund des Forschungsstandes kritisch einzuschätzenden Nachschlagewerke. Neuere Klosterforschung findet vor allem aber in landeshistorischen und regionalgeschichtlichen Kontexten statt; deutsche, französische oder niederländische Veröffentlichungen insbesondere zur Lokalgeschichte werden im englischsprachigen Raum aber nur wenig rezipiert. Derart beschränkt entspricht die Datenbank inhaltlich nicht dem aktuellen Forschungsstand, ja sie weist sogar zahlreiche Fehler auf[15].
Weitere Datenbanken wurden in den letzten Jahren in Deutschland als Vorstufen für die Erarbeitung von Klosterbüchern für die jeweiligen Bundesländer eingerichtet[16]. Besonders hervorzuheben sind hierbei die Datenbank „Klöster in

---

13 McLaughlin, Mary M, Looking for medieval women: an interim report on the project „Women's religious life and communities, A.D. 500-1500", in: Medieval Prosopography 8 (1987), S. 61-91.

14 Monastic Matrix – A scholarly resource for the study of women's religious communities from 400 to 1600 CE, http://monasticmatrix.org. Seit 2004 befindet sich die Seite unter der Leitung von Prof. Lisa Bitel (University of Southern California).

15 Ein beiläufiges Beispiel: Der Konvent Herford wird der Stadt Paderborn zugeordnet.

16 Westfälisches Klosterbuch: Lexikon der vor 1815 errichteten Stifte und Klöster von ihrer Gründung bis zur Aufhebung (Veröffentlichungen der Historischen Kommission für Westfalen 44), hg. von Karl Hengst, Münster 1992-2003; Württembergisches Klosterbuch. Klöster, Stifte und Ordensgemeinschaften von den Anfängen bis in die Gegenwart, hg. von Wolfgang Zimmermann und Nicole Priesching, Ostfildern 2003; das Rheinische Klosterbuch befindet sich zur Zeit in Arbeit, siehe: http://www.lvr.de/FachDez/Kultur/Fachstelle/klosterbuch/.

Bayern"[17], die Datenbank der Klöster in Baden-Württemberg[18] und das Thüringische Klosterbuch[19].

Nur das badenwürttembergische Klosterbuch erlaubt es jedoch, bei der Abfrage Frauen-, Männer- und Doppelklöster zu unterscheiden und so einen Gesamtüberblick zu erhalten. Grundsätzlich sind die Detailangaben zu den einzelnen Konventen eher gering, die historisch relevanten Fakten werden in kurzen, gut lesbaren Texten dargeboten. Eine statistische Abfrage ist hier jedoch ebenfalls nicht möglich.

Angesichts dieser Mängel war die Erstellung einer eigenen Datenbank für die konkreten Bedürfnisse der Ausstellungsvorbereitung unumgänglich. Sie sollte die Abfrage nach regionalen Zusammenhängen, nach Entstehungszeit, nach einzelnen Patrozinien und nach Gründungstypen ermöglichen. Um in dieser Erstellungsphase möglichst wenigen Einschränkungen entgegenzustehen und eine flexible Ausweitung und Korrektur der Datensätze zu ermöglichen, wurden die inzwischen zusammengetragenen Informationen in AskSam gesammelt – einem Programm, das als Hybridsystem zwischen einem Volltextretrievalprogramm und einem klassischen Datenbanksystem die Kombination strukturierter und unstrukturierter Datensätze in einer Datenbank, ja sogar in einem Datensatz ermöglicht[20]. AskSam bietet durch die Volltextindizierung schnelle Volltextrecherchen, erkennt aber auch Felder und ermöglicht gezielte sowie kombinierbare Feldabfragen. Mit Hilfe der sogenannten „Fuzzy-Suche" lassen sich auch unscharfe Abfragen realisieren, die „Umgebungs-Suche" verbindet benachbarte Begriffe. Für statistische Erfassungen erweist es sich als sehr hilfreich, dass AskSam auch immer die Trefferanzahl mit ausgibt. Die Kombination definierter Felder mit größeren Textmengen empfahl AskSam gerade für die in diesem Projekt anfallenden „unordentlichen" Datensätze, die in ihrer Detailliertheit, Vollständigkeit wie Umfang stark divergierten. AskSam erweist sich daher gerade für kleinere geisteswissenschaftliche Daten-sammlungen als hervorragendes Hilfsmittel[21]. In den letzten drei Jahren entstand so auf der Basis dieser Software eine Datenbank, die bereits über 2700 Konvente verzeichnet. Vor

[17]http://www.datenmatrix.de/projekte/hdbg/kloster/.
[18]http://www.lad-bw.de/kloester-bw/.
[19]http://www.uni-erfurt.de/monasticon/eingang.htm.
[20] Fühles-Ubach, Simone, Analysen zur Unschärfe in Datenbank- und Retrievalsystemen - unter besonderer Berücksichtigung der Redundanz, Diss. Berlin 1997, http://www.ib.hu-berlin.de/~wumsta/ubach/kap6_2.htm. AskSam erweist sich auch als recht offen gegenüber nachträglichen Veränderungen der Datenstruktur, vgl. zu solchen Problemen z.B. Jörg Michael Rothe: κλειω in einem Kleinprojekt. Ein Arbeitsbericht zu einer stadtgeschichtlichen Studie, in: Historische Forschung mit κλειω (wie Anm. 3), S. 23-35.
[21] Bager, Jo, Die neue Version 3.0 von AskSam, in: c't 12/95, S. 54.

allem im Rahmen der Ausstellung „Krone und Schleier“ wurden erste Ergebnisse sichtbar, insbesondere auch in den für das Projekt erstellten Karten[22].

Für die geplante weitere Ausdehnung des Projektes ist jedoch auch eine Reflektion über die Probleme notwendig: Die derart entstandene Datenbank entspricht dem, was Manfred Thaller als „protostatistische Datenbanken“ bezeichnet hat: einer Datenbank, in der nicht aussagekräftige Einzelbelege derart geordnet werden, dass sie interpretierbar und verwaltbar werden[23]. Der Begriff dient ihm vor allem als Warnung: „Der Übergang zwischen einer privaten Exzerptsammlung ... und einer Datenbank, die gezielt für die Nutzung durch andere erstellt wird, ist fließend – in der Tat liegt der einzige wirkliche Unterschied in dem Aufwand, der getrieben wird, um die Entscheidungen, die bei der Bildung der Datenbankkategorien oder Felder getroffen werden, transparent zu machen und permanent zu dokumentieren.“
Die Frage der sauberen und nachvollziehbaren Kategorienbildung entscheidet also über den Nutzungseffekt der Datenbank und sie sollte auch bei unseren Beständen die eigentliche Schwierigkeit bilden. Jede Kategorienbildung erfordert nämlich einen normierenden Eingriff in die historische Information und nimmt damit das Ergebnis zugleich wertend vorweg. Das möchte ich an einigen Beispielen erläutern:

a) Die Monasticon-Datenbank ist ebenso wie die regionalen Datenbanken der Bundesländer nach heutigen Ländergrenzen und Verwaltungseinheiten organisiert. Vergegenwärtigt man sich, dass diese oft erst nach dem zweiten Weltkrieg entstanden sind, wird deutlich, dass die so kombinierten Klöster keine historische Verbindung haben. Neuere Forschungen zu mittelalterlichen Klosterräumen haben Entstehungs- und Entwicklungszusammenhänge aufgezeigt, die selbst mit den mittelalterlichen politischen Einheiten nicht in Deckung zu bringen sind[24].
Die Zerstückelung in lokale Datenbanken verhindert also solche Erkenntnisse, andererseits sind die modernen Angaben notwendig, um den Konvent überhaupt zu lokalisieren. Als Kompromiss haben wir daher die mittelalterliche Diözese

---

[22]Röckelein, Hedwig, Gründer, Stifter und Heilige - Patrone der Frauenkonvente, in: Krone und Schleier. Kunst aus mittelalterlichen Frauenklöstern, hg. von der Kunst- und Ausstellungshalle der Bundesrepublik Deutschland, Bonn, und Ruhrlandmuseum Essen. München 2005, S. 66-77; Bodarwé, Katrinette: Karte der vor 1100 gegründeten Frauenklöster (Westeuropa außer Spanien und Irland), ebd., S. 160; Bodarwé, Katrinette: Klostergründungen, Klosterreformen und benediktinische/ augustinische Doppelklöster im deutschen Reich, 1050-1200, ebd., S. 309.

[23]Thaller, Historische Datenbanken (wie Anm.1), S. 15f.

[24]Tagung Frauen - Kloster – Landschaften (9. Alzeyer Kolloquium – 22.04.-24.04.2004), insbesondere Oberrhein / Elsass (PD Dr. Sigrid Schmitt, Mainz).

als geographische Zuordnungsgröße eingefügt, da die Kirchenstruktur besser als die politischen Räume Klosterzusammenhänge widerspiegelt.

b) Wie bereits erwähnt, gibt es zu zahlreichen Frauenkonventen nur unzureichende Informationen. Vor allem die Gründungsdaten sind oft nicht überliefert. Oft können sie nur grob mit ca. 9. Jh. oder ähnlichem abgeschätzt werden. Die genannten Datenbanken haben hier verschiedene Lösungen versucht: Matrix bietet auf einem Zahlenstrahl die Möglichkeit, in einem Rahmen von +-25 Jahren um ein volles Jahrhundert oder um die Jahrhundertmitte die zu dieser Zeit existierenden Frauenkonvente abzufragen. Das Baden-Württembergische Klosterbuch listet die Gründungsdaten hintereinander auf und ermöglicht es damit dem Benutzer selber, Zeitrahmen zu wählen. Allerdings muss er dann jeweils einzeln jedes Datum anklicken, um die dazu gehörigen Klöster zu finden. Wir haben uns dafür entschieden, das genaue Gründungsdatum – sofern bekannt – mit einem Feld Epoche zu ergänzen. Dieses ordnet die Gründung genau einem 50-Jahres-Schritt zu. Ist das Gründungsdatum nur auf ein Jahrhundert genau einzuordnen, wird die Gründung der zweiten Jahrhunderthälfte zugerechnet. Dabei ergibt sich folgendes Bild:

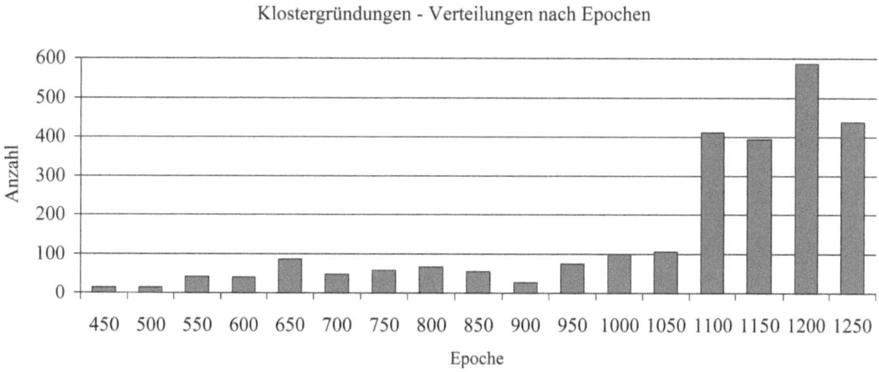

Dies ist natürlich eine Vergröberung: Bassum z.B. ist zwischen 849 und ca. 865 gegründet worden sein – in einem solchen Fall muss der Eintrag „Epoche“ eine der beiden Möglichkeiten ausschließen[25]. Gründungsschwerpunkte wie z.B. um 620 oder um 850 lassen sich in dem groben Raster nicht mehr erkennen, auch hier bestimmt also die Wahl der Kategorienbildung das erhaltene Forschungsergebnis.

[25]Asch, J., Bassum, in: Die Frauenklöster in Niedersachsen, Schleswig-Holstein und Bremen, hg. von Ulrich Faust St. Ottilien 1984, S. 43-61; Hucker, Bernd: Stift Bassum. Eine 1100jährige Frauengemeinschaft in der Geschichte, Bremen 1997.

c) Noch größere Auswirkungen hat ein weiteres Normierungs-Problem: die Frage nach der Verfassung bzw. der Ordenszugehörigkeit eines Konventes. Sowohl in Matrix wie in den lokalen Datenbanken wird die Ordenszugehörigkeit eines Konventes oder die hier befolgte Regel als eindeutig gegeben vorausgesetzt. Die aktuellen Forschungen zu Frauenkonventen lassen diese Zuordnung jedoch als fraglich erscheinen. Bis ins 11. Jahrhundert hinein lassen sich die in einem Konvent befolgten Regeln oder Consuetudines nur in seltenen Ausnahmen eindeutig bestimmen[26]. Jeder Klostergründer konnte selber über die in seinem Konvent geltenden Grundsätze entscheiden, wir kennen auch einige Regeln, die eigens für Neugründungen von Frauenkonventen angefertigt wurden[27]. Aber auch diese Regeln entsprechen nur einer punktuellen Beschreibung, der Konvent von Vilich rechtsrheinisch von Bonn wechselte z.B. während seiner achthundertjährigen Zeit des Bestehens beliebig zwischen dem Anschein eines Benediktinerklosters und eines Stiftes[28]. Keine der beiden Angaben – „Benediktinerinnenkonvent“ oder „Stift“ - würde alleine der Realität im Konvent gerecht. Seit der Entwicklung der Bettelorden im Hochmittelalter wird das Bild noch komplexer: manche Frauenkonvente waren im Orden der Dominikaner inkorporiert, wurden aber geistlich von franziskanischen Mönchen betreut. Andere wiederum verstanden sich selber als Zisterzienserinnen, wurden aber nie offiziell in den Orden aufgenommen[29]. Die eindeutige Zuordnung zu einer Ordenszugehörigkeit, wie sie z.B. die Bayerische Klosterdatenbank vornimmt, verfälscht die Realität hier enorm. Wir versuchen in unserer Datenbank dem durch die Möglichkeit der Zuschreibung mehrerer Ordenszugehörigkeiten auszuweichen.

---

[26]Diem, Albrecht, Was bedeutet *regula Columbani*?, in: Integration und Herrschaft: ethnische Identitäten und soziale Organisation im Frühmittelalter (Denkschriften. Akademie der Wissenschaften in Wien, Philosophisch-Historische Klasse 301), hg. von Walter Pohl, Maximilian Diesenberger, Wien 2002, S. 63-89; Schilp, Thomas, Die Wirkung der Aachener 'Institutio sanctimonialium des Jahres 816', in: Frühformen von Stiftskirchen in Europa: Funktion und Wandel religiöser Gemeinschaften vom 6. bis zum Ende des 11. Jahrhunderts; Festgabe für Dieter Mertens zum 65. Geburtstag (Schriften zur südwestdeutschen Landeskunde 54), hg. von Sönke Lorenz, Thomas Zotz, Leinfelden-Echterdingen 2005, S. 163-184; Felten, Franz Joseph, Auf dem Weg zu Kanonissen und Kanonissenstift. Ordnungskonzepte der weiblichen „vita religiosa“ bis ins 9. Jahrhundert, in: Europa und die Welt in der Geschichte: Festschrift zum 60. Geburtstag von Dieter Berg, hg. von Raphaela Averkorn, Bochum 2004, S. 551-573.

[27]Z.B. die Regel von Caesarius von Arles, vgl. Heidebrecht, Petra; Nolte, Cordula, Leben im Kloster: Nonnen und Kanonissen. Geistliche Lebensformen im frühen Mittelalter, in: Weiblichkeit in geschichtlicher Perspektive. Fallstudien und Reflexionen zu Grundproblemen der historischen Frauenforschung, hg. von Ursula A.J. Becher, Jörn Rüsen, Frankfurt a.M. 1988, S. 79-115.

[28]Zu Vilich siehe Giersiepen, Helga, Das Kanonissenstift Vilich von seiner Gründung bis zum Ende des 15. Jahrhunderts (Veröffentlichungen des Stadtarchivs Bonn 53), Bonn 1993.

[29]Vgl. Ostrowitzki, Anja, Die Ausbreitung der Zisterzienserinnen im Erzbistum Köln (Rheinisches Archiv 131), Köln 1993.

Diese Beispiele ließen sich beliebig weiterführen: jedes Feld der Frauenklöster-Datenbank eröffnet neue Probleme und erfordert, aus der Kenntnis der Forschungslage heraus die Normierung und Thesaurierung der Begriffe zu durchdenken. Wenn wir im Feld „Position“ des Gründers Kaiser und König ebenso wie Kaiserin und Königin zusammengefasst haben, so impliziert dies die Voraannahme, dass die Kaiserwürde für die Gewohnheiten der Klostergründung irrelevant ist. Die so entstandene Datenbank wird es nicht mehr erlauben, diese Annahme zu verifizieren, sie ist geradezu als Scheinrealität verankert. Es ist mir besonders wichtig, diese Auswirkungen auf eine Datenbank zu betonen: die Normierung nach modernem Verständnis ist bereits eine historische Interpretation und beschränkt die Wahrnehmung der in der Datenbank gesammelten historischen Gegebenheiten. Das ist ein unumgänglicher Nachteil, der bei der Nutzung von modernen Datenbanksystemen unvermeidbar ist. Der Historiker muss sich dessen jedoch immer bewusst sein und darf die Ergebnisse seiner quantitativen Interpretation nicht mit der historischen Realität verwechseln. Die Restrukturierung der bereits gesammelten Bestände erfordert also eine sehr sensible Vorgehensweise, die einerseits die bisherigen Forschungsergebnisse berücksichtigt, andererseits die Entwicklung neuer Fragestellungen nicht behindert.

2005 konnte die bisherige Forschung zu den mittelalterlichen Frauenklöstern in einer großen Doppelausstellung „Krone und Schleier“ einem breiteren Publikum zugänglich gemacht werden[30]. Jetzt wird eine Weiterentwicklung und Veröffentlichung der Datenbank angestrebt. Sie soll wie Monasticon im Internet zugänglich gemacht werden und gleichzeitig in die frühe Neuzeit (bis 1600) ausgedehnt werden. Ergänzende Angebote werden angestrebt: vor allem soll eine Bibliographie und eine Datenbank von Forschungsvorhaben integriert werden. Darüber hinaus soll das Klosterverzeichnis mit einem Karteneditor kombiniert werden, der die Erstellung von Kartenausschnitten nach chronologischen und regionalen Gesichtspunkten ermöglicht[31]. Notwendig wird darüber hinaus bei der Umlagerung der Daten eine weitere reflektierte Thesaurierung und Normierung der Einträge. Ziel ist eine Datenbank, die über das konkrete Forschungsergebnis hinaus möglichst vielen Fragestellungen offen steht und durch eine europaweite Einbindung neuer Ergebnisse die Erforschung mittelalterlicher Frauenkonvente auf aktuellstem Stand dokumentiert.

---

[30] Ruhrlandmuseum Essen, Bundeskunsthalle Bonn, 19. März bis 3. Juli 2005, http://www.krone-und-schleier.de .

[31] Dazu müsste die Lage der Klöster über die jeweiligen Breiten- und Längengradangaben in die Datenbank eingebunden werden.

Literaturverzeichnis

Asch, J., Bassum, in: Die Frauenklöster in Niedersachsen, Schleswig-Holstein und Bremen, hg. von Ulrich Faust, St. Ottilien 1984, S. 43-61

Bager, Jo, Die neue Version 3.0 von AskSam, in: c't 12/95, S. 54

Bodarwé, Katrinette: Frauenleben zwischen Klosterregeln und Luxus? Alltag in frühmittelalterlichen Frauenklöstern, in: Königin, Klosterfrau, Bäuerin: Frauen im Frühmittelalter (Agenda Frauen 8: Frauen - Forschung - Archäologie 2), hg. von Helga Brandt, Julia K.Koch, Münster 1996, S. 117-143

Bodarwé, Katrinette, Sanctimoniales litteratae. Schriftlichkeit und Bildung in den ottonischen Frauenkommunitäten Gandersheim, Essen und Quedlinburg (Quellen und Forschungen 10), Münster 2004

Bodarwé, Katrinette, Gender and the Archive: The preservation of charters in early medieval women's communities, in: Saints, Scholars, and Politicians. Gender as a Tool in Medieval Studies. Festschrift in Honour of Anneke Mulder-Bakker on the Occasion of her Sixty-Fifth Birthday, hg. von Mathilde van Dijk und Renée Nip, Turnhout 2005, S. 111-132

Bodarwé, Katrinette: Karte der vor 1100 gegründeten Frauenklöster (Westeuropa außer Spanien und Irland), in: Krone und Schleier. Kunst aus mittelalterlichen Frauenklöstern, hg. von der Kunst- und Ausstellungshalle der Bundesrepublik Deutschland, Bonn, und Ruhrlandmuseum Essen. München 2005, S. 160

Bodarwé, Katrinette: Klostergründungen, Klosterreformen und benediktinische/ augustinische Doppelklöster im deutschen Reich, 1050-1200, in: Krone und Schleier. Kunst aus mittelalterlichen Frauenklöstern, hg. von der Kunst- und Ausstellungshalle der Bundesrepublik Deutschland, Bonn, und Ruhrland-museum Essen. München 2005, S. 309

Cottineau, Laurent Henri, Répertoire topo-bibliographique des abbayes et prieurés, 2 Bde., Macon 1939

Diem, Albrecht, Was bedeutet *regula Columbani*?, in: Integration und Herrschaft: ethnische Identitäten und soziale Organisation im Frühmittelalter (Denkschriften. Akademie der Wissenschaften in Wien, Philosophisch-Historische Klasse 301), hg. von Walter Pohl, Maximilian Diesenberger, Wien 2002, S. 63-89

Engelke, Thomas (Hg.), Historische Forschung mit κλειω: Ergebnisse des 1. Treffens der Kleio-User-Group im Stadtarchiv Regensburg vom 18. - 21. März 1990, Göttingen 1990

Felten, Franz Joseph, Auf dem Weg zu Kanonissen und Kanonissenstift. Ordnungskonzepte der weiblichen „vita religiosa“ bis ins 9. Jahrhundert, in: Europa und die Welt in der Geschichte: Festschrift zum 60. Geburtstag von Dieter Berg, hg. von Raphaela Averkorn, Bochum 2004, S. 551-573

Fühles-Ubach, Simone, Analysen zur Unschärfe in Datenbank- und Retrievalsystemen - unter besonderer Berücksichtigung der Redundanz, Diss. Berlin 1997

Germania monastica: Klosterverzeichnis der deutschen Benediktiner und Cisterzienser, hg. von Pirmin Lindner, Salzburg 1917

Giersiepen, Helga, Das Kanonissenstift Vilich von seiner Gründung bis zum Ende des 15. Jahrhunderts (Veröffentlichungen des Stadtarchivs Bonn 53), Bonn 1993

Heidebrecht, Petra; Nolte, Cordula, Leben im Kloster: Nonnen und Kanonissen. Geistliche Lebensformen im frühen Mittelalter, in: Weiblichkeit in geschichtlicher Perspektive. Fallstudien und Reflexionen zu Grundproblemen der historischen Frauenforschung, hg. von Ursula A.J. Becher, Jörn Rüsen, Frankfurt a.M. 1988, S. 79-115

Hucker, Bernd: Stift Bassum. Eine 1100jährige Frauengemeinschaft in der Geschichte, Bremen 1997

McLaughlin, Mary M, Looking for medieval women: an interim report on the project „Women's religious life and communities, A.D. 500-1500“, in: Medieval Prosopography 8 (1987), S. 61-91

Muschiol, Gisela, Die Reformation, das Konzil von Trient und die Folgen: Weibliche Orden zwischen Auflösung und Einschließung, in: Frauen in der Zeit der Reformation und der katholischen Reform (= Katholisches Leben und Kirchenreform im Zeitalter der Glaubensspaltung, Bd.X), hg. von Anne Conrad, Münster 1999, S. 172-198

Ostrowitzki, Anja, Die Ausbreitung der Zisterzienserinnen im Erzbistum Köln (Rheinisches Archiv 131), Köln 1993

Parisse, Michel, Die Frauenstifte und Frauenklöster in Sachsen vom 10. bis zur Mitte des 12. Jahrhunderts, in: Die Salier und das Reich, Bd.2: Die Reichskirche in der Salierzeit, ed. Stefan Weinfurter, Sigmaringen 1992, S. 465-501

Röckelein, Hedwig, Gründer, Stifter und Heilige - Patrone der Frauenkonvente, in: Krone und Schleier. Kunst aus mittelalterlichen Frauenklöstern, hg. von der Kunst- und Ausstellungshalle der Bundesrepublik Deutschland, Bonn, und Ruhrlandmuseum Essen, München 2005, S. 66-77

Schilp, Thomas, Die Wirkung der Aachener 'Institutio sanctimonialium des Jahres 816', in: Frühformen von Stiftskirchen in Europa: Funktion und Wandel religiöser Gemeinschaften vom 6. bis zum Ende des 11. Jahrhunderts; Festgabe für Dieter Mertens zum 65. Geburtstag (Schriften zur südwestdeutschen Landeskunde 54), hg. von Sönke Lorenz, Thomas Zotz, Leinfelden-Echterdingen 2005, S. 163-184

Thaller, Manfred, Numerische Datenverarbeitung für Historiker: eine praxisorientierte Einführung in die quantitative Arbeitsmethode (Materialien zur historischen Sozialwissenschaft 1), Wien Köln 1982

Thaller, Manfred, Datenbanken und Datenverwaltungssysteme als Werkzeuge historischer Forschung (Historisch-sozialwissenschaftliche Forschungen 20), St. Katharinen 1986

Thaller, Manfred, κλειω: ein fachspezifisches Datenbanksystem für die Historischen Hilfswissenschaften; Version 1.1.1., Göttingen 1987

Thaller, Manfred, Historische Datenbanken: Vorteile und Probleme, in: Geschichte und Informatik 11 (2000), S. 7-24

Verdon, Jean, Recherches sur les monastères féminins dans la France du sud aux IXe-XIe siècles, in: Annales du Midi 88 (1976), S.117-138

Westfälisches Klosterbuch: Lexikon der vor 1815 errichteten Stifte und Klöster von ihrer Gründung bis zur Aufhebung (Veröffentlichungen der Historischen Kommission für Westfalen 44), hg. von Karl Hengst, Münster 1992-2003

Württembergisches Klosterbuch. Klöster, Stifte und Ordensgemeinschaften von den Anfängen bis in die Gegenwart, hg. von Wolfgang Zimmermann und Nicole Priesching, Ostfildern 2003

Die Datenbank zum Berliner Nationaltheater als Form des wissenschaftlichen Diskurses über die Entstehung einer modernen Großstadtkultur um 1800

Klaus Gerlach

1. Das Projekt „Berliner Klassik“[1]

Das Langzeitvorhaben „Berliner Klassik“ an der Berlin-Brandenburgischen Akademie der Wissenschaften macht es sich zur Aufgabe, die ungewöhnliche Kulturblüte Berlins zwischen 1786 und 1815 (also zwischen dem Tod Friedrichs II. und dem Wiener Kongreß) zu rekonstruieren. Die zugrundegelegte Arbeitshypothese besagt, dass die deutsche Kulturblüte um 1800 nicht einen, sondern zwei gleichwertige, wenn auch der Erscheinungsform nach sehr unterschiedliche Verdichtungspunkte besitzt, nämlich Weimar und Berlin. Zum nationalen Mythos ist jedoch nur Weimar geworden, während Berlin bestenfalls als interessanter und vielgestaltiger geistiger Umschlagplatz ohne klare Konturen und ohne organisierende Mitte gilt. Um diesem Befund Rechnung zu tragen, gab sich das Unternehmen den einprägsamen Namen in der Absicht, den Begriff „Klassik“ zur als nötig erachteten Zentrierung zu nutzen. Es ging niemals darum, eine Opposition zu Weimar aus anderen als heuristischen Gründen zu behaupten. Das Forschungsprogramm des Projekts „Berliner Klassik“ erschließt sich erst im Zusammenhang mit dem Untertitel: „Eine Großstadtkultur um 1800“. Die klassischen Leistungen im herkömmlichen Sinn stehen dabei nicht im Vordergrund, sondern die Frage nach Zusammenhängen und Kausalitäten bei der Entstehung einer vielgestaltigen, urbanen und in die politischen Umbrüche der Zeit verstrickten Berliner Kultur. Nichtsdestoweniger will das Projekt den „Klassik“-Begriff nicht aufgeben, weil er sowohl die idealistisch-neuhumanistische Fundierung des Kulturgeschehens wie auch das Blütezeit-Phänomen immer noch am sinnfälligsten bezeichnet.

2. „Berliner Klassik“ und Berliner Nationaltheater

Die Arbeitshypothese der „Berliner Klassik“, dass in Deutschland um 1800 zwei gleichwertige,[2] wenn auch ganz verschiedene bedeutende kulturelle Zentren existieren, die weithin ausstrahlen und miteinander in Beziehung stehen,

---

[1] Projektleiter und Begründer des Langzeitvorhabens „Berliner Klassik“ ist Conrad Wiedemann. Die nachfolgenden einführenden Bemerkungen gehen auf seine Überlegungen zurück, die er in Arbeitspapieren formulierte.

[2] Bereits Madame de Staël hatte bei ihrem Deutschlandaufenthalt im Jahre 1803 die beiden Städte Weimar und Berlin besucht, miteinander verglichen und in Opposition gesetzt. Vgl. Correspondance Générale, Bd. V, I, hg. von Béatrice W. Jasinski. Paris 1982. Dort besonders ihre Briefe an Wieland und Goethe.

erweist sich bei der Erforschung des Berliner Nationaltheaters (1786-1811) als außerordentlich produktiv, indem sie bei der Erforschung dieses Gegenstandes hinderliche Vorstrukturierungen aufbricht. Erscheinungen, denen negative Wertungen anhaften, werden unter den positiven Begriff „Klassik" erfasst. So können Vorurteile beiseitegeschoben werden, die Einzelnes isolieren und den Blick auf Zusammenhänge verstellen. Das betrifft beispielsweise den preussischen Staat, den preußischen König und dessen Hof, denen oftmals ein negatives historisches Pauschalurteil angeheftet wird. Die kulturpolitische Dimension dieser Instanzen muss berücksichtigt werden, um den besonderen Status des Berliner Theaters zu verstehen, denn unter der Regierung Friedrich Wilhelm III. wurde das Nationaltheater zu einem wichtigen Ort der Repräsentation des preußischen Hofes vor seinen Untertanen.[3] – Das betrifft weiterhin Personen wie August Wilhelm Iffland, August von Kotzebue und Garlieb Merkel, denen ein negatives Image anhaftet und die, von Berlin aus wirkend, eine außerordentlich wichtige Rolle im deutschen Kulturleben spielen. – Darüber hinaus sind Genres wie das Vaudeville, die Posse und das Lustspiel betroffen, die dem in Deutschland noch nicht existierenden Boulevardtheater den Weg bereiten und überhaupt in Bezug auf die Herausbildung der modernen Massenkultur von großem Interesse sind. Indem sich das Theater populären Genres zuwendet, eröffnet es einem breiteren Publikum einen öffentlichen Raum und spielt eine wichtige Rolle bei der Hervorbringung einer modernen Stadtkultur. Durch das Konzept „Berliner Klassik" wird eine Vielzahl wichtiger Phänomene, die von vornherein ausgegrenzt waren, der Erforschung würdig und der Forschung zugänglich gemacht.

Indem man die kulturellen Leistungen Weimars und Berlins unter dem gemeinsamen Begriff „Klassik" betrachtet, werden tradierte Gegensätze aufgehoben, so dass eine Fülle von Zusammenhängen sichtbar werden kann. Versailles und Paris waren gleichermaßen Orte der Klassikproduktion und -rezeption. „La cour et la ville" haben einander ergänzt. Die Blüte der französischen Literatur beruhte auf „einem Bündnis oder einer inneren Gemeinschaft des Königs und seiner Umgebung mit gewissen Schichten der städtischen Bevölkerung"[4]. In Deutschland sind die Bedingungen, unter denen die Klassik hervorgebracht wird, jedoch völlig andere. Zwar sind auch die Weimarer Dichter eng an einen Hof gebunden und diesem verpflichtet, doch fehlt ihnen die Stadt, das heißt eine Stadtkultur mit ihrem Publikum. Das Publikum der Weimaraner Dichter befindet sich vor allem in Berlin. Weimar und Berlin sind gewissermaßen spezialisiert und treten so in ein intensives Wechselverhältnis, das nicht nur in der Ko-

[3] Vgl. Klaus Gerlach: Das Berliner Nationaltheater im Langhansbau auf dem Gendarmenmarkt (1802-1817) – Bühne höfischer und bürgerlicher Repräsentation. Eine Reprise. In: Tableau de Berlin. Beiträge zur Berliner Klassik (1786-1815). hg. von Iwan D'Aprile, Martin Disselkamp und Claudia Sedlarz. Hannover-Laatzen 2005, S. 211-229.

[4] Vgl. Erich Auerbach: Das französische Publikum des 17. Jahrhunderts. Münchner Romanistische Arbeiten, 3. München 1933, S. 13.

operation Schiller-Iffland und in Goethes „Beobachtungen" des Berliner Theaters aufscheint. In keiner anderen Stadt im deutschen Reich gibt es einen so ausgeprägten Goethekult wie in Berlin,[5] und als Schiller 1804 Berlin einen Besuch abstattet, finden am Berliner Nationaltheater gewissermaßen Schillerfestspiele statt.[6] Schillers „Jungfrau von Orleans" ist eines der erfolgreichsten und am häufigsten gespielten Stücke am Berliner Theater[7]. Für die Herausbildung eines klassischen Literaturkanons durch das Bildungsbürgertum war das Theater der wichtigste Ort[8]. Erst die Einbeziehung Berlins in die Klassikforschung macht das Spezifische der deutschen Klassik deutlich, die sich wie schon die französische Klassik keinesfalls auf ein regionales Phänomen reduzieren lässt, und zeigt, dass sich im Vergleich zur französischen Klassik des 17. Jahrhunderts in Deutschland um 1800 bereits moderne Verhältnisse abzeichnen, unter denen Kunstproduktion und -konsum getrennt sind und durch Markt und Technik vermittelt werden. Während in Weimar klassische Werke produziert werden, ist Berlin par excellence der Ort ihrer Rezeption, von dem aus sie auf ganz Deutschland und darüber hinaus ausstrahlen. Die Distribution der in der Provinz geschaffenen Werke findet in einer Metropole und über eine Metropole statt, die über die notwendigen Möglichkeiten der Popularisierung wie Theater, Klubs, Salons, Gesellschaften, Lesebibliotheken, Verlage und Zeitschriften verfügt.

Ergebnis des Projekts „Berliner Nationaltheater" soll eine Monographie sein, in der der Beitrag des Theaters an der kulturellen Blüte Berlins um 1800 dargestellt wird. Es wird dabei vor allem darum gehen, die These zu überprüfen, dass das Theater, als ein wichtiges Medium der Öffentlichkeit, zur Entwicklung einer Bürgerkultur beigetragen hat. Um den Platz zu bestimmen, den das Berliner Nationaltheater in der Öffentlichkeit der Großstadt einnimmt, ist es wichtig, diejenigen Interessen aufzudecken, die die verschiedenen gesellschaftlichen Gruppen über das Medium Theater verbinden oder trennen, seine kulturpolitische Funktion als Tempel der Klassik einerseits und als Treffpunkt des Massenvergnügens und der Massenbelustigung andererseits zu diskutieren sowie die ästhetischen Diskurse darzustellen, die durch das Berliner Theater ausgelöst, beeinflusst oder gar festgeschrieben werden.

---

[5] Die „größeren Salons standen unversehens im Zeichen Goethes, der zu seiner Verwunderung an der Wende zum neuen Jahrhundert die größte Zahl seiner Anhänger nicht mehr im Umfeld von Weimar und Jena, sondern in der preußischen Hauptstadt fand." (Norbert Miller: Briefwechsel zwischen Goethe und Zelter. hg. von Edith Zehm u. a., München 1998, Bd. 3, S. 41 [Einführung].

[6] Während Schillers Aufenthalt werden „Die Räuber", „Die Braut von Messina", „Die Jungfrau von Orleans" und „Wilhelm Tell" gegeben.

[7] Vgl. Klaus Gerlach: Datenbank Berliner Nationaltheater, http://zopeman.bbaw.de/BK/theater.

[8] Jan Philipp Reemtsma: Wielandgut Oßmannstedt, Vorwort, hg. von Klaus Manger und Jan Philipp Reemtsma. Vorwort. München 2005, S. 9.

3. *Datenbanken der „Berliner Klassik“*

Das Projekt Berliner Klassik besteht aus drei Teilprojekten, deren Forschungsarbeit und Ergebnisse in verschiedene Datenbanken einfließen. Es gibt eine Datenbank zum Nationaltheater, mit deren Hilfe das Repertoire rekonstruiert werden kann. Daneben gibt es eine Datenbank zu den Personen, die in Berlin lebten bzw. sich hier länger aufgehalten haben, eine Datenbank zur Geselligkeit, die alle Berliner Gesellschaften (wissenschaftliche, literarische, wohltätige u.s.w.) erfasst.

Bild 1 zeigt die Eingangseite der „Berliner Klassik“ mit allen zur Zeit verfügbaren Datenbanken. Für die Umsetzung wurde OpenSource-Software verwendet (Linux, Apache, PostgreSQL, Zope, Python). Das Userinterface wurde mit Hilfe des Open-Source Web Application Servers Zope, der Zope-eigenen Templatesprache TAL, HTML und CSS umgesetzt. Die Programmierroutinen sind in Python geschrieben. Die Daten sind in einer PostgreSQL-Datenbank gespeichert. (© www.zappo-berlin.de)[9]

Weiterhin existiert eine Datenbank, in der Publikationen der von uns erforschten Personen und die Literatur über sie gesammelt werden. Schließlich erarbeitet die „Berliner Klassik“ einen virtuellen Stadtplan, der das „steinerne“ Berlin um 1800 zeigt.

[9] Die Abbildungen und die dazugehörigen Texte stammen von Jörg Fischer, zappo-berlin.

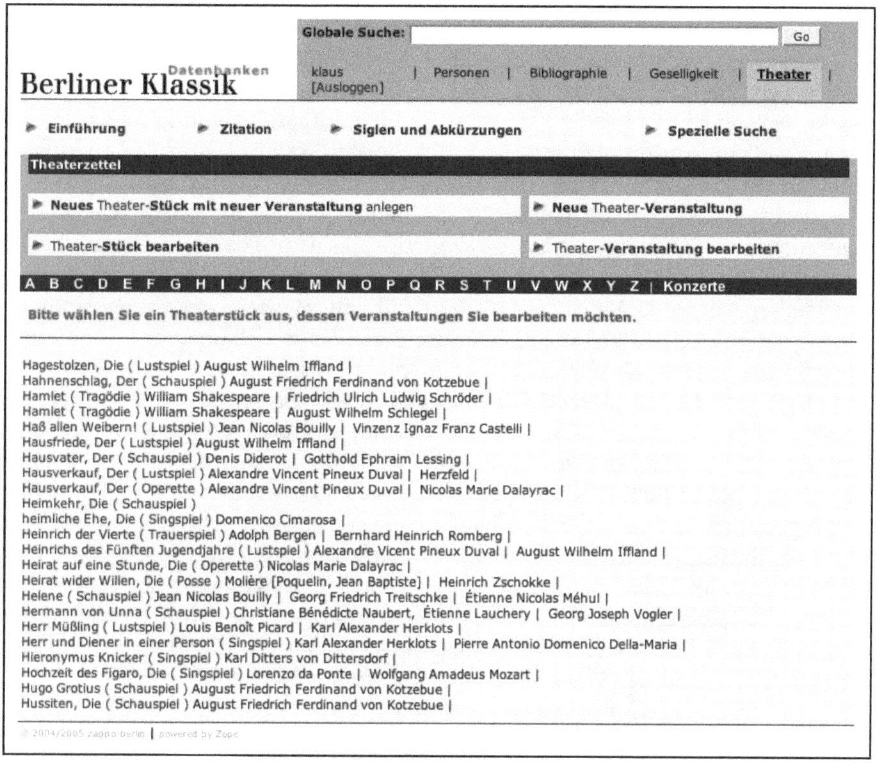

Bild 2 zeigt das Template „Alphabetischer Index“, wie es der Bearbeiter sieht, nachdem er sich angemeldet hat. Hier ist der Buchstabe „H“ ausgewählt. Von dort gelangt er über den Namen des Stücks zu den einzelnen Veranstaltungen.

4. Theaterzettel, Theaterkritiken, Theaterdatenbank

Mit Hilfe der Datenbank zum Berliner Nationaltheater wird das Repertoire vollständig rekonstruiert. Eine materielle Grundlage für diese Chronik des Nationaltheaters bilden die Theaterzettel, die in ihrer annähernden Vollständigkeit ein einzigartiges kulturhistorisches Instrument darstellen. Auf dem Theaterzettel wurde das Stück bzw. die Stücke, die an einem Abend gegeben wurden, angekündigt. Der Theaterzettel war die Visitenkarte der Gesellschaft, auf deren Herstellung große Sorgfalt verwendet wurde[10]. Neben dem Titel des Stückes und der Rollenbesetzung finden sich auf den Zetteln zahlreiche weitere Informationen, die für eine Geschichte des Theaters und seiner Organisation wichtig sind. Wir erfahren, ob das Stück zum ersten Mal gegeben wurde, ob es sich um eine Wiederholung handelt, auf wessen Wunsch es wiederholt wurde (ob z. B.

[10] Eike Pies: Einem hocherfreuten Publikum wird heute präsentiret eine kleine Chronik des Theaterzettels. Solingen 2000, S. [48].

die Zuschauer oder der König es sehen wollten), ob das Stück eine Bearbeitung ist (wenn ja, durch wen), ob es sich um ein Stück handelt, das aus einem Wettbewerb hervorgegangen war und einen Preis erhalten hatte, ob es ungedruckt war, ob es mit musikalischer Begleitung aufgeführt wurde (wenn ja, von wem die Komposition stammt; denn die meisten Stücke, auch die des klassischen Sprechtheaters, wurden mit Musik aufgeführt), welche Stücke an einem Abend zusammen gespielt wurden (denn häufig wurden an einem Abend zwei oder auch drei Stücke gegeben). – Weiterhin ist dem Theaterzettel zu entnehmen, ob es sich um eine Benefizvorstellung handelte und für wen das Benefiz veranstaltet wurde. Unter anderem war es üblich, Benefizvorstellungen für die Schauspieler des Theaters abzuhalten, um deren Gage aufzubessern. Im Vertrag eines Schauspielers war geregelt, wie oft solche Vorstellungen stattfinden konnten. Dann gibt der Theaterzettel über Auftritte von Gastschauspielern Auskunft (diese bestimmten meist die Rolle, in der sie auftreten wollten, wodurch sie Einfluss auf die Stückauswahl nahmen). Schließlich finden sich Hinweise darauf, ob vor dem Stück Prologe oder Reden gehalten wurden und von welchem Schauspieler (z. B. aus Anlass der Geburtstage in der königlichen Familie, beim Tod von Schauspielern der Truppe). Der Theaterzettel informiert auch über Publikationen im Zusammenhang mit dem Theater: so werden z. B. Textbücher, Libretti, Theaterzeitungen, Kostümbilder angezeigt. Die Theaterzettel dokumentieren auch politische Veränderungen, so sind z. B. die Berliner Theaterzettel vom 22. Oktober 1806 bis zum 5. Dezember 1808 in deutscher und französischer Sprache gedruckt; es ist die Zeit der französischen Besatzung Berlins.

Dass die Zettel wichtige Informationsträger waren, deren Wert auch über den Tag der Aufführung hinaus fortbestand, erkannte bereits Goethe, der sich die Berliner Theaterzettel regelmäßig von Karl Friedrich Zelter zuschicken ließ. Als Direktor des Weimarer Theaters richtete Goethe seinen Blick naturgemäß auf das Berliner Theater, dessen Inszenierungen er intensiv verfolgte. Zelter musste ihm ausführlich über alles, was mit dem Theater zu tun hatte, berichten. Erstmals bat Goethe den Freund am 28. Juli 1803, die Berliner Theaterzettel für ihn zu sammeln: „Schreiben Sie mir ja von Zeit zu Zeit und schicken mir doch etwa alle Monate die Komödienzettel“.[11] Fortan übersandte Zelter Jahr für Jahr die Theaterzettel nach Weimar, die Zelter als „Dokumente verflogenen Genusses“[12] bezeichnete. Da die Theaterzettelsammlung im Weimarischen Staatsarchiv[13] eine wichtige Grundlage der Chronik des Berliner Nationaltheaters bilden, ist es nicht übertrieben zu sagen, dass wir in Goethe einen Vorarbeiter für das Projekt sehen können.

---

[11] Briefwechsel zwischen Goethe und Zelter in den Jahren 1799 bis 1832. München 1991, Bd. 1, S. 41.

[12] ebenda, S. 71.

[13] Im Thüringischen Hauptstaatsarchiv Weimar werden Berliner Theaterzettel aus den Jahren 1801-1804 aufbewahrt (Signatur: ThHStAW, A 1041^{A}).

Sind keine Theaterzettel überliefert[14], werden mit Hilfe anderer Quellen, in der Regel sind das die „Haude- und Spenersche Zeitung“ oder die „Vossische Zeitung“, diese Aufführungen verzeichnet. Unter der Rubrik „Quelle“ findet sich immer ein Hinweis, auf welche archivalischen Materialien sich die Daten der jeweiligen Aufführung in der Datenbank beziehen. Neben den Theaterzetteln werden zu den entsprechenden Vorstellungen die Rezensionen ausgewählter Berliner sowie überregionaler Zeitungen systematisch gesammelt. Im Mittelpunkt stehen dabei die Rezensionen aus der „Vossischen Zeitung“ und der „Haude- und Spenerschen Zeitung“ sowie des von Kotzebue herausgegebenen „Freimüthigen“. Durch die Aufnahme von Besprechungen aus verschiedenen Zeitungen beziehen wir auch die Stimmen der verschiedenen politischen und ästhetischen Lager ein, die es in Berlin gab. Des Weiteren werden das in Weimar erscheinende „Journal des Luxus und der Moden“, die in Leipzig herausgegebene „Allgemeine musikalische Zeitung“ sowie die ebenfalls in Leipzig herausgegebene „Zeitung für die elegante Welt“ herangezogen. Denn diese Blätter reflektierten das Berliner Theatergeschehen ausführlich und waren im ganzen deutschen Sprachraum verbreitet. Bei der Verzeichnung der Rezensionen geht es nicht darum, eine vollständige Bibliographie zu erstellen, vielmehr sollen die ausgewählten Texte repräsentativ sein. Ob eine Rezension nur verzeichnet, ihr wesentlicher Inhalt in einem Regest resümiert oder ihr Text vollständig wiedergegeben werden soll, muss von Fall zu Fall entschieden werden.

[14] In der Staatsbibliothek zu Berlin werden Berliner Theaterzettel (für den betreffenden Zeitraum) der Jahre 1806-1815 aufbewahrt. (Signatur: SBBPK YP 4824/2100). - Eine weitere Sammlung befindet sich in der Stiftung Stadtmuseum Berlin, Theatersammlung. Es handelt sich dabei um Zettel der Jahre 1788 bis 1815. Jedoch ist nur das Jahr 1793 annähernd vollständig, von anderen Jahrgängen sind nur vereinzelt Zettel vorhanden. – Eine Sammlung von 10 Theaterzetteln bewahrt das Landesarchiv Berlin auf. - Vgl. auch die vorige Anm.

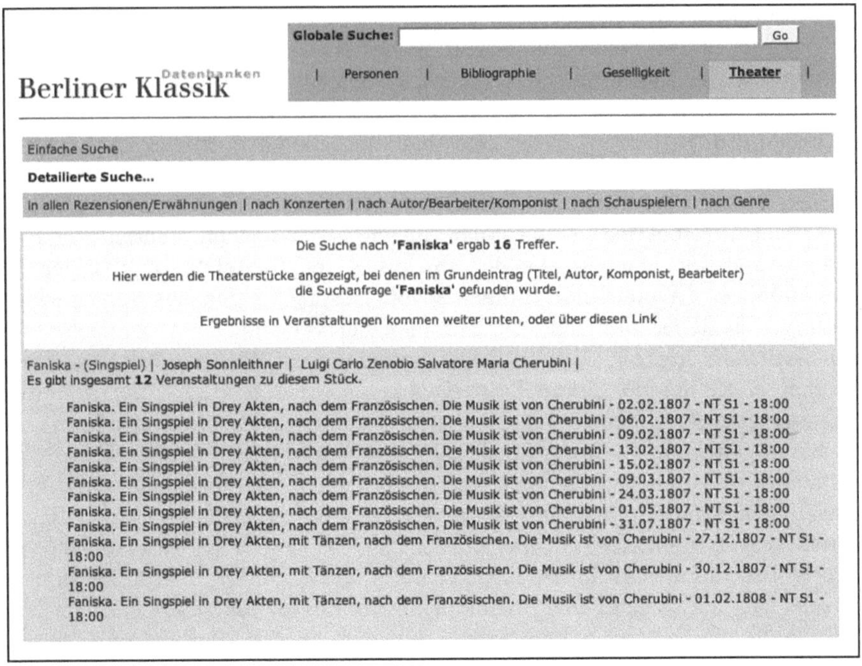

Bild 3 zeigt das Template „Suche“ mit dem Ergebnis einer Suche nach dem Titel des Stücks – „Ein Tag in Paris“. Darunter sind alle Veranstaltungen aufgelistet, die für dieses Stück eingetragen sind. Der Benutzer wird per Mausklick auf eine bestimmte Veranstaltung zu weiteren Verknüpfungen geführt.

Die Datenbank zum Berliner Nationaltheater gibt zuerst über die zur Aufführung gebrachten Bühnenwerke Auskunft. Aber nicht nur das Repertoire ist ablesbar, sondern auch der exakte Zeitpunkt oder Zeitraum einer bestimmten Aufführung[15]. Es lässt sich verfolgen, in welchen Zeiträumen z. B. die Rezeption der französischen Klassik am Berliner Theater stattgefunden hat, wann und in welchem Ausmaß das Vaudeville den Spielplan dominierte, oder welche Bedeutung das Ballett des Berliner Theaters für das deutsche Tanztheater hatte, indem die Vielzahl der zur Aufführung gebrachten Stücke erstmals erfasst wird. Es ist einfacher überprüfbar, ob und wie politische Verhältnisse und Ereignisse Einfluss auf das Nationaltheater und seinen Spielplan nahmen. Mit Hilfe der Datenbank ist es möglich, alle wichtigen Informationen, die sich auf einem Theaterzettel befinden, systematisch auszuwerten und nach den aufgeführten Stücken sowie nach deren Autoren, Bearbeitern, Übersetzern, Komponisten zu recherchieren. Sind auf dem Theaterzettel diese Angaben nicht abgedruckt,

[15] Zum gegenwärtigen Zeitpunkt befinden sich Informationen über 465 Bühnenwerke, die insgesamt 3430 Mal aufgeführt wurden in der Datenbank (Stand: Juli 2006)

werden sie ermittelt. Die Namensform in der Datenbank unter der Rubrik: „Autor/Bearbeiter/Komponist" richtet sich nach dem Eintrag in der entsprechenden Nationalbiographie bzw. den relevanten Quellen und kann demzufolge von der Schreibweise auf dem Theaterzettel abweichen. Eine Abfragefunktion nach Schauspielern ermöglicht, soweit ich sehe, zum ersten Mal über einen großen Zeitraum eine zuverlässige Analyse über die Besetzung eines Schauspielers oder einer Schauspielerin in einer bestimmten Rolle und in einem bestimmten Stück an einem Theater. So lässt sich z. B. jetzt sagen, dass August Wilhelm Iffland in der Zeit zwischen 1802-1810 auf dem Berliner Nationaltheater in 109 verschiedenen Rollen aufgetreten ist[16]. Diese Suchfunktion gibt ebenfalls Auskunft darüber, wie vielfältig bestimmte Schauspieler oder Schauspielerinnen einsetzbar waren und sowohl im Sprech- als auch im Musiktheater und auch im Ballett aufgetreten sind.

Eine spezielle Suchfunktion erlaubt es, gezielt eine Abfrage nach Genres vorzunehmen. Damit wird die Voraussetzung geschaffen, das Verhältnis von Sprech-, Musik- und Tanztheater am Gesamtspielplan zu ermitteln und angemessen zu bewerten. Die Rezensionen zu einem Stück wurden der jeweiligen Aufführung zugeordnet; denn in den Berliner Zeitungen erschien täglich eine Theaterkritik. Dem Benutzer der Datenbank wird durch ein Symbol angezeigt, ob zu der von ihm gesuchten Vorstellung eine Besprechung vorhanden ist. Digitale Abbildungen der Theaterzettel[17], die in der Staatsbibliothek zu Berlin aufbewahrt werden, vermitteln nicht nur eine sinnliche Anschauung, sondern dienen als Ergänzung der Informationen, die über die Datenbank zu recherchieren sind. Sie sind unter der Rubrik „Grafiken" abrufbar.

5. Resümee

Die Theaterzettel sind die wichtigsten Zeugnisse für eine detaillierte Spielplanforschung. Da, wie oben gezeigt, ein Theaterzettel weit mehr Informationen enthält als den Titel des gespielten Stücks, bieten sie die Möglichkeit über eine „nur" quantitative Spielplanforschung hinauszugehen. Da Spielplanforschung kein Selbstzweck sein kann, sondern Grundlage einer umfassenden Theatergeschichtsforschung jenseits des Zufälligen sein sollte, ist es sinnvoll, sie mit der Rezeptionsforschung zu verbinden, ja zu konfrontieren. Der Spielplan ist seit der Herausbildung einer modernen Theaterkritik in öffentlichen Blättern eng mit dieser verbunden. Die Rezensionen liefern nicht nur eine literarische und mimische Kritik des gespielten Stücks und der Akteure, sondern beinhalten in der Regel eine Fülle von soziokulturellen Informationen um den gesamten Kulturbetrieb, ohne deren Berücksichtigung eine Theatergeschichte lückenhaft

[16] Diese Angabe bezieht sich auf den gegenwärtigen Stand der Datenbank; die Jahre 1804 und 1805 sind noch nicht eingearbeitet.

[17] Die Digitalisierung erfolgte in Kooperation mit der Staatsbibliothek zu Berlin, deren Restaurierungswerkstätten zu diesem Zweck die Bände aufgebunden haben.

wäre. Deshalb sind die Theaterzettel und die Theaterkritiken die Grundmaterialien, die in der Datenbank zum Nationaltheater gesammelt werden. Mit Hilfe dieser Datenbank kann nicht nur das Repertoire vollständig rekonstruiert werden, sondern sie ermöglicht durch Suchfunktionen spezielle Recherchen und Auswertungsmöglichkeiten. In der Datenbank zum Berliner Nationaltheater sind die stofflichen Massen, die uns der Theaterbetrieb hinterlassen hat, geordnet und systematisiert. Sie schafft damit die Vorraussetzung den Einfluss des Theaters auf die Geistesgeschichte umfassend darstellen zu können; denn Spielplanverzeichnisse sind eine Leistungsschau der Theater.[18] Durch sie werden die Leistungen der Autoren, der Komponisten, der Schauspieler, der Sänger, der Tänzer, der Intendanten, der Kritiker, der Bühnenmaler und vieler anderer mehr sicht- und bewertbar.

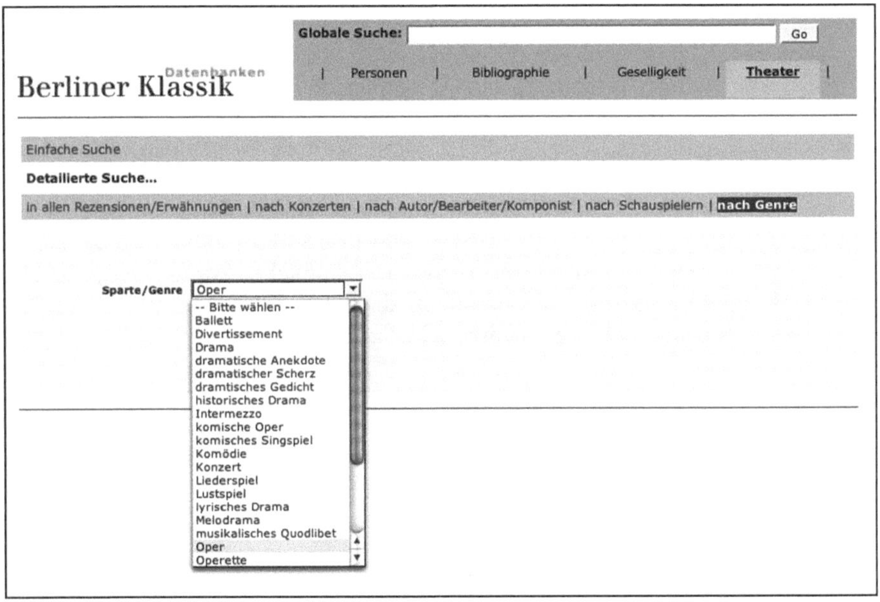

Bild 4 zeigt das Suchtemplate mit der Genre-Suche und der ausgeklappten Selectliste.

Die Datenbank zum Berliner Nationaltheater ist keineswegs ein bloßes Arbeitsinstrument und Repräsentationsobjekt der eigenen Forschung und ein für die Theater-, die Musik-, die Literatur- und die Geschichtswissenschaft bereitgestelltes elektronisches „Nachschlagewerk“, sondern versteht sich bereits als eine autonome Forschungsleistung. Jenseits linearer Diskursivität bildet sie eine

[18] Vgl. dazu auch Ralf S. Schuster: Gedruckte Spielplanverzeichnisse stehender deutscher Bühnen im Ausgang des 18. Jahrhunderts bis 1896. Frankfurt/M 1985, S. 11.

Form des Diskurses über das Theater und seinen Anteil an der Entstehung einer modernen Großstadtkultur.

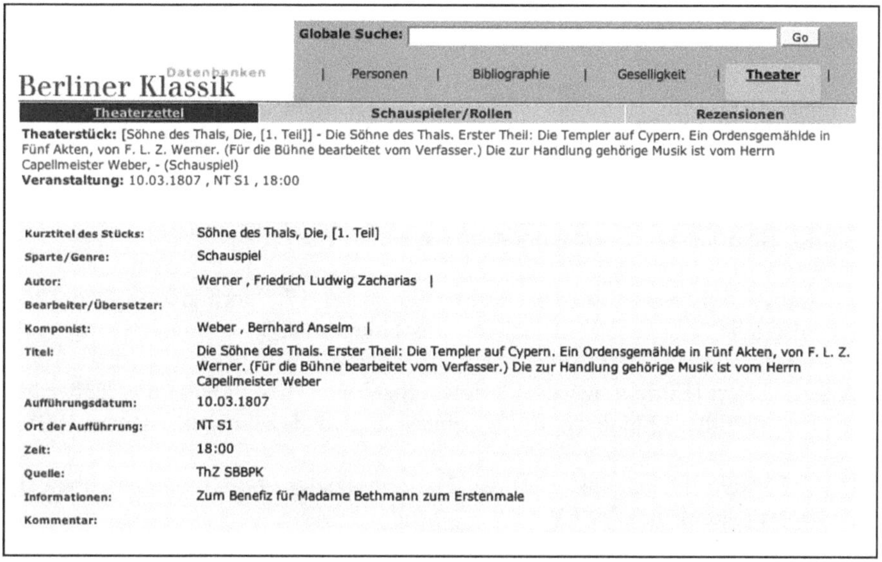
Globale Suche: Go

Berliner Klassik Datenbanken

| Personen | Bibliographie | Geselligkeit | Theater |

Theaterzettel Schauspieler/Rollen Rezensionen

Theaterstück: [Söhne des Thals, Die, [1. Teil]] - Die Söhne des Thals. Erster Theil: Die Templer auf Cypern. Ein Ordensgemählde in Fünf Akten, von F. L. Z. Werner. (Für die Bühne bearbeitet vom Verfasser.) Die zur Handlung gehörige Musik ist vom Herrn Capellmeister Weber, - (Schauspiel)
Veranstaltung: 10.03.1807 , NT S1 , 18:00

Kurztitel des Stücks:	Söhne des Thals, Die, [1. Teil]
Sparte/Genre:	Schauspiel
Autor:	Werner , Friedrich Ludwig Zacharias |
Bearbeiter/Übersetzer:	
Komponist:	Weber , Bernhard Anselm |
Titel:	Die Söhne des Thals. Erster Theil: Die Templer auf Cypern. Ein Ordensgemählde in Fünf Akten, von F. L. Z. Werner. (Für die Bühne bearbeitet vom Verfasser.) Die zur Handlung gehörige Musik ist vom Herrn Capellmeister Weber
Aufführungsdatum:	10.03.1807
Ort der Aufführung:	NT S1
Zeit:	18:00
Quelle:	ThZ SBBPK
Informationen:	Zum Benefiz für Madame Bethmann zum Erstenmale
Kommentar:	

Bild 5 zeigt die Ansicht, die der Nutzer angezeigt bekommt, wenn er sich eine Theaterveranstaltung ausgewählt hat. Über die „Reiter" kann er sich weitere Informationen zur Veranstaltung ansehen. Schauspieler / Rollen und Rezensionen in Zeitungen, Erwähnungen in Briefen / Tagebüchern, Rezensionen / Erwähnungen in Bibliographien.

Literaturverzeichnis:

Briefwechsel zwischen Goethe und Zelter in den Jahren 1799 bis 1832, hg. von Hans-Günter Ottenberg und Edith Zehm, Bd. 1 und 3. München: Hanser 1991, 1998.

Tableau de Berlin. Beiträge zur Berliner Klassik (1786-1815), hg. Iwan D'Aprile, Martin Disselkamp, und Claudia Sedlarz, Hannover-Laatzen: Wehrhahn 2005, S. 211-229.

Jasinski, Béatrice W.: Correspondance Générale. Paris: Pauvert 1982.

Auerbach, Erich: Das französische Publikum des 17. Jahrhunderts. Münchner Romanistische Arbeiten, 3. München: Max Hueber 1933.

Norbert Miller: [Einleitung zum] Briefwechsel zwischen Goethe und Zelter, hg. von Hans-Günther Ottenberg, Edith Zehm u. a., Bd. 3. München: Hanser 1998.

Klaus Gerlach: Datenbank Berliner Nationaltheater, http://zopeman.bbaw.de/BK/theater (Stand: Juli 2006)

Pies, Eike: Einem hocherfreuten Publikum wird heute präsentiret eine kleine Chronik des Theaterzettels, Solingen: Brockhaus 2000.

Reemtsma, Jan Philipp: [Vorwort zum Katalog] Wielandgut Oßmannstedt, hg. von Klaus Manger, Jan Philipp Reemtsma, München, Wien: Hanser 2005.

Schuster, Ralf S.: Gedruckte Spielplanverzeichnisse stehender deutscher Bühnen im Ausgang des 18. Jahrhunderts bis 1896. Frankfurt/M: Lang 1985.

Rituale, Grabmäler und Schandgesten – Möglichkeiten und Grenzen einer projektübergreifenden Datenbank in einem interdisziplinären Sonderforschungsbereich

Stefanie Rüther

Seit nunmehr über sechs Jahren erforschen in Münster Geisteswissenschaftler verschiedener Disziplinen die Bedeutung symbolischer Kommunikation für die soziale Ordnung in der Vormoderne.[1] Das gemeinsame Forschungsinteresse des Münsterer SFB 496 „Symbolische Kommunikation und gesellschaftliche Wertesysteme vom Mittelalter bis zur Französischen Revolution" richtet sich auf all jene Formen menschlichen Handelns und Sprechens, mit denen die historischen Akteure ihre Welt ordneten und deuteten, wie etwa Gesten und Gebärden, Metaphern und Artefakte oder auch Rituale und Zeremonien.[2] Gemeinsam ist solchen Kommunikationsformen, dass ihre Bedeutung über das unmittelbar Dargestellte hinausweist. Ihre Verwendung zielt somit nicht so sehr auf die Erreichung eines unmittelbaren Zwecks, sondern sie dienen vielmehr der Etablierung einer bestimmten Weltsicht und der Stiftung von Sinn.[3] Die Wirkmächtigkeit symbolischen Handelns lässt sich in allen relevanten Lebensbereichen der Vormoderne beobachten: auf der Ebene der politischen Eliten ebenso wie in der nachbarschaftlichen Gemeinschaft eines Dorfes, im Umfeld von Recht und Gericht ebenso wie im Bereich von Studium und Universität.[4] Mittels symbolischer Kommunikation wurden dauerhafte Verbindungen geschlossen, Konflikte ausgetragen, Herrschaft übertragen oder – allgemeiner gesprochen – Unterscheidungen getroffen.[5]

---

[1] Der von der Deutschen Forschungsgemeinschaft geförderte Münsterer Sonderforschungsbereich 496 „Symbolische Kommunikation und gesellschaftliche Wertesysteme vom Mittelalter bis zur Französischen Revolution" wurde zum 1.1.2000 erstmals bewilligt und befindet sich nunmehr in der dritten Förderungsphase. Zudem gibt es in Münster seit Oktober 1999 ein Graduiertenkolleg „Gesellschaftliche Symbolik in Mittelalter und Früher Neuzeit", das eng mit dem Sonderforschungsbereich zusammenarbeitet.

[2] Vgl. Gerd Althoff und Ludwig Siep, Symbolische Kommunikation und gesellschaftliche Wertesysteme vom Mittelalter bis zur französischen Revolution. Der neue Münsterer Sonderforschungsbereich 496, in: Frühmittelalterliche Studien 34, 2000, S. 393-412; Barbara Stollberg-Rilinger, Symbolische Kommunikation in der Vormoderne. Begriffe – Thesen – Forschungsperspektiven, in: Zeitschrift für Historische Forschung 31, 2004, S. 489-527.

[3] Zur Abgrenzung symbolisch-expressiven Handelns von instrumentellem Handeln vgl. Niklas Luhmann, Legitimation durch Verfahren, Frankfurt a.M. 1983, S. 223-232; vgl. im Anschluss hieran Stollberg-Rilinger (wie Anm. 2) S. 497f.

[4] Einen Einblick in die verschiedenen Forschungsfelder geben die beiden Publikationsreihen „Symbolische Kommunikation in der Vormoderne" (Darmstadt 2001ff.) und „Symbolische Kommunikation und gesellschaftliche Wertesysteme" (Münster 2002ff.).

[5] Vgl. hierzu etwa Christoph Dartmann, Marian Füssel und Stefanie Rüther (Hgg.), Raum und Konflikt. Zur symbolischen Konstituierung gesellschaftlicher Ordnung in Mittel-

Den daraus resultierenden, vielfältigen Forschungsfeldern trägt die interdisziplinäre Ausrichtung des Münsterer Sonderforschungsbereichs Rechnung: Gegenwärtig umfasst dieser 14 Teilprojekte, deren Mitarbeiter neun verschiedenen Disziplinen zugeordnet sind.[6] Diese sind durch ein gemeinsames Forschungsinteresse verbunden, das vor allem der Frage nach dem Wandel der Formen symbolischer Kommunikation vom Mittelalter bis zur Neuzeit gilt.[7] Neben der Geschichtlichkeit von Ritualen und Symbolen, die dieser Fragestellung notwendigerweise zugrunde liegt, zählt zu den Prämissen der gemeinsamen Arbeit, dass die verschiedenen Formen symbolischer Kommunikation nicht singulär zu erforschen sind, da sie sich stets eingebunden finden in ein ganzes Geflecht von Verweisungen, Umdeutungen, Analogien und Verknüpfungen.[8]
Beide Ausgangsthesen, die Historizität und die Interdependenz von Symbolen und Ritualen, lassen deren Erfassung und Aufbereitung in einer relationalen Datenbank sinnvoll erscheinen. Bevor diese im Folgenden in Hinblick auf ihren Aufbau und ihre Zielsetzung eingehender vorgestellt wird (II.), sollen zunächst noch einige allgemeine Überlegungen zur Entwicklung und Bedeutung des Einsatzes elektronischer Datenverarbeitung im Bereich der historisch arbeitenden Geisteswissenschaften vorausgeschickt werden (I.).[9] Inhalt und Aufbereitung der Datensätze lassen sich am besten durch eine eingehendere Vorstellung eines einzelnen Beispiels, hier aus dem Bereich der mittelalterlichen Herrschaftsrituale, veranschaulichen (III.). Mit Blick auf die zukünftige Vernetzung werden im

---

alter und Früher Neuzeit, Münster 2004; MARIAN FÜSSEL und THOMAS WELLER (Hgg.), Ordnung und Distinktion. Praktiken sozialer Repräsentation in der ständischen Gesellschaft, Münster 2005.

[6] Als beteiligte Disziplinen sind zu nennen: Buchwissenschaft/Englische Philologie; Kunstgeschichte; Lateinische Philologie des Mittelalters und der Frühen Neuzeit; Mittlere und Neuere Kirchengeschichte; Mittlere Geschichte; Neuere und Neueste Geschichte; Rechtsgeschichte; Historische Musikwissenschaft; Volkskunde/Europäische Ethnologie. Vgl. zu den einzelnen Teilprojekten die Homepage des SFB 496 unter http://www.uni-muenster.de/SFB496/WelcomeOld.htm (Stand vom 8.5.2006).

[7] Vgl. STOLLBERG-RILINGER (wie Anm. 2) S. 512ff.; HANS-ULRICH THAMER, Die Wiederkehr des Gleichen oder das Verblassen der Tradition? Funktionswandel politischer Rituale im Übergang zu Moderne, in: GERD ALTHOFF (Hg.), Zeichen – Rituale – Werte. Internationales Kolloquium des Sonderforschungsbereich 496 an der Westfälischen Wilhelms-Universität Münster, Münster 2004, S. 573-587. Zur Wandelbarkeit von Ritualen im Verlauf des Mittelalters vgl. GERD ALTHOFF, Die Macht der Rituale, Darmstadt 2003, S. 195ff.

[8] STOLLBERG-RILINGER (wie Anm. 2) S. 501f. spricht in diesem Zusammenhang von „'Symboluniversen' [...], die einerseits einer Kultur als objektivierter Symbolvorrat zu Verfügung stehen, andererseits in konkreten Kommunikationskontexten auf vielfältige Weise aktualisiert werden und zu immer neuen Verweisen, Assoziationen, Kreuz- und Querverbindungen anregen."

[9] Auch wenn der SFB 496 und damit auch dessen Datenbankprojekt interdisziplinär angelegt ist, arbeiten die beteiligten Disziplinen doch im wesentlichen historisch, weswegen es sinnvoll erscheint, sich hier im Rahmen der allgemeinen Überlegungen auf die EDV-Anwendung in den Geschichtswissenschaften zu fokussieren.

Anschluss daran die verschiedenen Möglichkeiten einer interdisziplinären Forschungsdatenbank sowie deren Voraussetzungen diskutiert (IV.). Abschließend soll auf Grundlage der bisherigen Erfahrungen eine vorläufige Bilanz des Projekts gezogen werden (V.).

I. Datenbanken in den Historischen Wissenschaften

Am Beginn der 70er Jahre des letzten Jahrhunderts wagte der französische Historiker Emmanuel Le Roy Ladurie eine Prognose über die zukünftige Bedeutung der elektronischen Datenverarbeitung für die Geschichtswissenschaft, die aus heutiger Sicht befremdlich erscheinen mag: Der Historiker der Zukunft werde Programmierer sein, oder er werde nicht mehr sein.[10] Diese Einschätzung hat sich, zum Glück, möchte man sagen, nicht bestätigt, doch sie zeigt, mit welcher Offenheit und Zuversicht man vor nunmehr über 30 Jahren den neuen Möglichkeiten begegnete, die der Einsatz von Rechnern in den Geisteswissenschaften zu bieten schien. Diese aus heutiger Sicht vielleicht etwas naiv erscheinende Euphorie, wie sie nicht zuletzt auch aus den groß angelegten Projekten jener frühen Jahre spricht, entsprang jedoch keineswegs einer unreflektierten Herangehensweise der damaligen Forschergeneration.[11] Es ist eher das Gegenteil zu konstatieren: Ein Blick auf die einschlägigen Publikationen der 70er und 80er Jahre zeigt eine intensive wissenschaftstheoretische Auseinandersetzung mit den Voraussetzungen und Konsequenzen einer computergestützten Forschung in den Geisteswissenschaften.[12] Diese beschränkte sich keineswegs auf die zum Teil heftig geführte Diskussion um die Bedeutung der historischen Sozialforschung und deren quantitativer Methoden, sondern widmete sich vielmehr den grundsätzlichen Fragen der historischen Erkenntnistheorie.[13] So nimmt eine Darstel-

[10] EMMANUEL LE ROY LADURIE, Le territoire de l'historien, Paris 1973, S. 14: „En France aussi, un pronostic s'impose, en ce qui concerne l'histoire quantitative telle qu'elle sera pratiquée dans les années 1980: dans ce domaine au moins, l'historien de demain sera programmeur ou il ne sera plus."

[11] Einen guten Überblick zur historischen Entwicklung gibt RÜDIGER HOHLS, Eine (Kurz-) Geschichte des Computers und seiner Nutzbarmachung in den Geschichtswissenschaften, in: BÄRBEL BISTE und DERS. (Hgg.), Fachinformation und EDV – Arbeitstechniken für Historiker. Einführung und Arbeitsbuch (HSR-Supplement-Heft 12), Köln 2000, S. 23-50.

[12] Vgl. etwa CARL AUGUST LÜCKERATH, Prolegomena zur elektronischen Datenverarbeitung im Bereich der Geschichtswissenschaft, in: Historische Zeitschrift 207, 1968, S. 265-296; ROLF GUNDLACH und CARL AUGUST LÜCKERATH, Historische Wissenschaften und elektronische Datenverarbeitung, Frankfurt a.M./Wien/Berlin 1976.

[13] Vgl. zur historischen Sozialforschung HEINRICH BEST und WILHELM H. SCHRÖDER, Quantitative historische Sozialforschung, in: CHRISTIAN MEIER und JÖRN RÜSEN (Hgg.) Historische Methode, München 1988, S. 235-266; KONRAD JARAUSCH, GERHARD ARMINGER und MANFRED THALLER (Hgg.), Quantitative Methoden in der Geschichtswissenschaft. Eine Einführung in die Forschung, Datenverarbeitung und Statistik, Darmstadt 1985.

lung zum Thema „Historische Wissenschaft und elektronische Datenverarbeitung“ aus dem Jahr 1976 ihren Ausgangspunkt wie selbstverständlich von einer fast 40seitigen wissenschaftstheoretischen Einführung.[14] Eine solch grundlegende Herangehensweise an den Einsatz der EDV im Bereich der Geisteswissenschaften ist seither zunehmend durch eine wesentlich pragmatischere und weitgehend anwendungsbezogene Diskussion zurückgedrängt worden. Die Handbücher und Tagungsbände der jüngeren Zeit konzentrieren sich zumeist auf die Vorstellung einzelner Projekte mit ihren konkreten Problemen der Datenpflege, -archivierung oder -präsentation.[15]

Wesentliche Gründe hierfür sind wahrscheinlich in der raschen Weiterentwicklung der Computertechnik und vor allem in dem Siegeszug des WorldWideWeb zu sehen. Durch das Internet haben Geisteswissenschaftler gegenwärtig Zugriff auf unzählige wissenschaftlich relevante Informationen, wie etwa Archivübersichten, Bibliothekskataloge, Lexikoneinträge oder auch Quelleneditionen, deren Grundlage zumeist elektronische Datenbanken bilden. Diese Entwicklung vollzog sich nahezu völlig autonom und ungesteuert, ohne dass zuvor die grundlegenden wissenschaftstheoretischen Fragen, die frühere Generationen beschäftigt haben, geklärt worden wären. So gehört der Einsatz von EDV bereits zum Alltag des Historikers, ohne dass er sich dabei Rechenschaft über die erkenntnistheoretischen Konsequenzen oder methodischen Probleme ablegen muss, die dieser vielleicht mit sich bringt. Entgegen der Prognose von Le Roy Ladurie ist der Historiker eben nicht zum Programmierer geworden, sondern zum *user*, der die ihm dargebotenen Möglichkeiten nutzt, wie es ihm gerade sinnvoll und notwendig erscheint, ohne die dahinterliegenden Strukturen durchschauen zu müssen oder zu wollen.[16] Doch zugleich entwickeln diese technischen Möglichkeiten eine Eigendynamik, der sich die Geisteswissenschaftler nur schwer entziehen können. Besonders pointiert hat diese Entwicklung Michel de Certeau zum Ausdruck gebracht:

---

[14] Vgl. GUNDLACH u. LÜCKERATH (wie Anm.12) S. 19-56. Behandelt werden hier unter anderem „Analytische Philosophie und Geschichtswissenschaft“, „Strukturalismus/Annales“ oder „Erkenntnistheoretische Fragen“.

[15] Vgl. etwa MANFRED THALLER und ALBERT MÜLLER (Hgg.), Computer in den Geisteswissenschaften. Konzepte und Berichte, Frankfurt a.M/New York 1989; EHRENFRIED KLUCKERT und DANIELA DONZELLI-KLUCKERT, Computer und geisteswissenschaftliche Forschung. Alltag: Themen – Motive – Symbole, Darmstadt 1990; Geschichte und EDV: Probleme und Fortschritte – Probleme mit dem Fortschritt? 1. Tagung der Arbeitsgemeinschaft Geschichte und EDV 1994 in Göttingen, Bochum 1997; MARTIN FELL, WOLGANG SPICKERMANN und LOTHAR WIERSCHOWSKI (Hgg.), Machina computatoria. Zur Anwendung von EDV in den Altertumswissenschaften, St. Katharinen 1997; BISTE u. HOHLS (wie Anm. 11); MANFRED THALLER (Hg.), Digitale Bausteine für die geisteswissenschaftliche Forschung, Göttingen 2003.

[16] Vgl. MANFRED THALLER, Warum brauchen die Geschichtswissenschaften fachspezifische datentechnische Lösungen? Das Beispiel kontextintensiver Datenbanken, in: DERS. u. MÜLLER (wie Anm. 15) S. 237-264, hier S. 238.

„Unter diesem Gesichtspunkt wäre der Tribut, den die heutigen Gelehrten dem Computer zollen, das Äquivalent der „Widmung an den Fürsten" in den Büchern des siebzehnten Jahrhunderts: ein Anerkennen, daß man der Macht verpflichtet ist, die die Rationalität einer Epoche überdeterminiert. [...] Er befindet sich im Gefolge des Computers so wie er einst im Gefolge des Königs war, er analysiert und ahmt die Verfahren nach, die er nur aus einem bestimmten Abstand heraus ausführen kann."[17]

Auch wenn man diese Skepsis des französischen Historiker und Theologen nicht teilen muss, bleibt doch festzuhalten, dass wesentliche Probleme und Fragen, welche die Anwendung der EDV in den Geisteswissenschaften mit sich bringt, bis zum gegenwärtigen Zeitpunkt nicht geklärt sind oder sogar ganz aus dem Blickwinkel des Historikers verschwunden zu sein scheinen. So bleibt etwa weiterhin offen, welche Auswirkungen die unabdingbaren Prozesse der Formalisierung und Standardisierung, die eine Umformung historischer Quellen in elektronisch verarbeitbare Daten mit sich bringt, auf die historische Forschung haben, beziehungsweise bereits gehabt haben.[18] Die Art und Weise, die der einzelne Wissenschaftler wählt, um sein Material zu ordnen und zur Analyse vorzubereiten, prägt den weiteren Verlauf seiner Forschungen, sein Denken und seine Ergebnisse. Das gilt nicht allein für den Bereich der modernen Datenverarbeitung, sondern für jede wie auch immer geartete materielle Form der Archivierung von Information auf Papier oder Karteikarten, in Listen oder Tabellen. Doch während die Wissenschaftshistoriker in den letzten Jahren die verschiedenen Techniken der Wissensorganisation zunehmend zum Gegenstand ihrer Forschungen gemacht haben, werden die Formen der gegenwärtigen Wissensorganisation und Wissenspräsentation weitaus seltener wissenschaftlich reflektiert.[19] Eine solche Reflektion erscheint aber gerade im Hinblick auf die Arbeit der Geisteswissenschaftler mit elektronischen Datenbanken geboten. Denn mit der Überführung des historischen Materials in vorgegebene Datenbankstrukturen werden zugleich Kriterien und Regeln übernommen, die nicht aus den methodischen Überlegungen und Standards der eigenen Disziplin entstammen, sondern zumindest im Kern der spezifischen Logik der Informatik gehorchen.[20] Das gilt

[17] MICHEL DE CERTEAU, Theoretische Fiktionen. Geschichte und Analyse, Wien 1997 (franz. 1987), S. 76.

[18] Vgl. die Beispiele bei THALLER (wie Anm. 16) S. 242ff.; siehe hierzu auch GUNDLACH u. LÜCKERATH (wie Anm. 12) S. 223f.

[19] Vgl. etwa das Kapitel „Wissen klassifizieren" bei PETER BURKE, Papier und Marktgeschrei. Die Geburt der Wissensgesellschaft, Berlin 2001, S. 101-138; THEO STAMMEN und WOLFGANG E. J. WEBER (Hgg.), Wissenssicherung, Wissensordnung und Wissensverarbeitung. Das europäische Modell der Enzyklopädien, Berlin 2004. Zu den jüngeren Formen der Wissensaufbereitung vgl. MARKUS KRAJEWSKI, ZettelWirtschaft. Die Geburt der Kartei aus dem Geiste der Bibliothek, Berlin 2002.

[20] Aus diesem Grund hat Manfred Thaller wiederholt die Etablierung einer fachspezifischen Datenverarbeitung gefordert, vgl. THALLER (wie Anm. 16); DERS., Gibt es eine fachspezifi-

nicht nur, wie man vielleicht annehmen könnte, für die quantifizierende Sozialwissenschaft, welche die Regeln der Mathematik ja ganz bewusst und nach eingehender Methodendiskussion zur Interpretation historischer Zusammenhänge übernommen hat.[21] Auch wenn die Umwandlung des historischen Materials zu elektronisch verwaltbaren Daten nur der besseren Bewältigung der Menge an Quellen dient, mithin zur Errichtung eines neuen Archivs führt, verändert der Computer bei der Dokumentation auch die Interpretationsmöglichkeiten.[22] So wird es etwa möglich, eine Vielzahl von einzelnen Merkmalen eines Datenbestandes miteinander zu kombinieren, die ursprünglich vielleicht nicht miteinander in Beziehung standen.[23] Auf der anderen Seite muss man mit der Möglichkeit rechnen, dass bei „der Arbeit Material ausgesondert werden muss, weil es sich nicht nach den auferlegten Regeln behandeln läßt." Auf diese Weise entsteht mitunter „haufenweise Abfall, den die Computer zurückweisen und der sich um sie herum anhäuft."[24] Solche Phänomene und andere methodische Schwierigkeiten begleiteten auch die Konzeption einer projektübergreifenden Datenbank für den Münsterer Sonderforschungsbereich, die im Folgenden ausführlicher vorgestellt werden soll.

II. Datenbanken in einem interdisziplinären Forschungsverbund – Aufbau und Zielsetzung

Ziel des gemeinsamen Datenbankprojektes im Münsteraner Forschungsverbund ist es, die in den einzelnen Teilprojekten zu den Formen symbolischer Kommunikation und gesellschaftlichen Wertesystemen gesammelten Fälle und Informationen so aufzubereiten, dass sie für interdisziplinäre Fragestellungen nutzbar gemacht werden können. Denn insbesondere für die Frage nach den Ausdrucksformen und der Bedeutung der symbolischen Kommunikation erscheint eine Datenbank ein geeignetes Arbeitsinstrument, da es einen diachronen Vergleich einzelner Zeichen, Bilder, Rituale und Werte in ihren unterschiedlichen Verwendungszusammenhängen ermöglicht.

Im Gegensatz zu anderen Datenbankprojekten ist es also nicht die große Menge an historischem Quellenmaterial, die eine elektronische Erfassung notwenig er-

sche Datenverarbeitung in den historischen Wissenschaften? in: KARL HEINRICH KAUFHOLD und JÜRGEN SCHNEIDER (Hgg.), Geschichtswissenschaft und Elektronische Datenverarbeitung, Stuttgart 1988, S. 45-83.

21 Vgl. WILHELM OTT, Datenverarbeitung in den Geisteswissenschaften – Ein Rückblick aus aktuellem Anlaß, in: Historische Sozialforschung 57, 1991, S. 103-114.

22 Vgl. DE CERTAU (wie Anm. 17) S. 75.

23 Vgl. KARL-HEINRICH KAUFHOLD, Datenverarbeitung und Geschichtswissenschaft – Probleme und Aufgaben, in: DERS. u. SCHNEIDER (wie Anm. 20) S. 9-17, hier S. 12.

24 DE CERTAU (wie Anm. 17) S. 74.

scheinen lässt.[25] Vielmehr entstand das Projekt aus dem Gedanken heraus, mit Hilfe einer relationalen Datenbank sehr heterogene Quellengruppen aus verschiedenen Epochen im Hinblick auf die gemeinsame Fragestellung miteinander verknüpfen zu können. Die Datenbank des SFB 496 ist somit vor allem als Gliederungs- und Speicherungsinstrument zu verstehen, dass der gezielten Suche nach ähnlichen historischen Phänomenen dienen soll. Die Analyse zielt dabei nicht, dass sei hier ausdrücklich betont, auf eine quantitative Auswertung der Befunde. Eine solche Zugangsweise wäre zum einen schon aufgrund des Charakters des zugrundeliegenden Quellenmaterials nicht möglich, zum anderen widerspräche ein solches Vorgehen den theoretischen und konzeptionellen Prämissen des Forschungsverbunds, der die Bedeutung von Symbolen und Ritualen in ihren jeweiligen Verwendungszusammenhängen und ihrer historischen Entwicklung untersuchen möchte.[26]

Aber die interdisziplinäre Ausrichtung des Münsterer Forschungsverbunds stellte zugleich eines der wesentlichen Probleme bei der Konzeption einer projektübergreifenden Datenbank dar. Denn der Zusammenarbeit von Historikern, Kunsthistorikern, Europäischen Ethnologen und Rechtshistorikern stehen nicht nur die mitunter recht unterschiedlichen Verwendungen einzelner Begrifflichkeiten entgegen, sondern auch die fachspezifischen Anforderungen und Standards bei der Aufbereitung und Erfassung der Untersuchungsgegenstände. Diese Hindernisse spiegeln sich auch in dem breit gefächerten Korpus an Quellen und Materialien wider, die zur Grundlage des gemeinsamen Forschungsinteresses geworden sind, die von Gerichtsakten über Chroniken und Zeremonialbeschreibungen bis hin zu Kupferstichen und Grabdenkmälern reichen. Zudem sind die Arbeitsgrundlagen mancher Teilprojekte von vornherein nicht zur Erfassung in einer Datenbank geeignet, da sie sich der Unterteilung in einzelne Sequenzen respektive in einzelne Datensätze zu widersetzen scheinen.[27] Da die grundsätzli-

---

[25] Die sehr große Menge an Quellenmaterial ist auch gegenwärtig noch die am häufigsten angeführte Begründung für den Einsatz von Datenbanken in der historischen Forschung, vgl. THALLER (wie Anm. 20) S. 48. Thaller weist zu Recht auf den bemerkenswerten Umstand hin, „daß in der Realität computergestützte Forschungsprojekte letzten Endes eine geringere Anzahl von Quellen verwenden, als Untersuchungen, die auf dieses Werkzeug verzichten. [...] je intensiver der Rechnereinsatz, desto konsequenter normalerweise die Beschränkung auf eine zentrale Quelle oder auf ein klar abgegrenztes Corpus sehr ähnlich strukturierter kleinerer Quellen." (S. 48f.).

[26] Vgl. STOLLBERG-RILINGER (wie Anm. 2) S. 512 f. Zur Kritik der statistischen Analyse kultureller Phänomene, also dem „Versuch [...] Einstellungen und Haltungen zu ermitteln, indem man zählt. Indem man Messen für die Toten zählt, Bilder des Fegefeuers, Buchtitel, Vorträge in Akademien, Möbelstücke in Inventaren, Verbrechen in Polizeiakten,[...]" vgl. ROBERT DARNTON, Das große Katzenmassaker. Streifzüge durch die französische Kultur vor der Revolution, München 1989, S. 291f.

[27] Von daher werden bestimmte Bereiche der interdisziplinären Forschungsarbeit in der Tat von vornherein bei der weiteren Analyse nicht berücksichtigt, und das nicht aufgrund inhaltlicher Überlegungen, sondern allein aufgrund der vorab gewählten Datenbankstruktur.

che Konzeption der Datenbank von Akteuren und deren sozialen Praktiken ausgeht, ist es nicht möglich, normative Aussagen oder abstrakte Argumentationsketten, wie sie etwa in den Zeremonialwissenschaften und der Rangrechtsliteratur eine wichtige Rolle spielen, in die Datenbankstruktur zu integrieren.[28]
Dem Wunsch nach interdisziplinärer Vergleichbarkeit standen demnach die spezifischen Bedürfnisse und Fragestellungen der einzelnen Teilprojekte entgegen. Bei der Konzeption der Datenbank wurde zudem stets von der Prämisse ausgegangen, dass der Arbeitsaufwand, den die Entwicklung, die technische Umsetzung, die Eingabe und Pflege der Daten erfordert, in einem vertretbaren Verhältnis zu dem damit verbundenen Nutzen stehen muss.[29] Daher hat sich der Münsterer Sonderforschungsbereich für folgendes Modell entschieden.
Gegenwärtig verfügen sechs Teilprojekte über eine je eigene Datenbank, die nach anfänglichen konzeptionellen wie technischen Hindernissen kontinuierlich mit Material und Daten aus der laufenden Projektarbeit gespeist werden.[30] Um den Arbeitsaufwand bei der Eingabe und Pflege der Daten möglichst gering zu halten, wurde die Datenbankstruktur für die einzelnen Teilprojekte soweit modifiziert, dass diese in der Lage sind, alle für ihre analytische Arbeit notwendigen historischen und sachlichen Daten zu Kunstwerken oder Schriftquellen möglichst sinnvoll und vollständig zu erfassen. Durch verschiedene Verknüpfungen und die Vergabe von Schlagworten kann das so entstandene Quellenkorpus nach den Kriterien und Fragestellungen der einzelnen Projekte strukturiert werden.
So dokumentiert das Projekt A2 mit Hilfe der Datenbank die im Umfeld von Konflikten des Hoch- und Spätmittelalters in der Historiographie sowie der mittelalterlichen Literatur beschriebenen Rituale und andere Formen symboli-

---

Insofern finden die von de Certeau allgemein vorgetragenen Bedenken hier ihre Berechtigung, vgl. DE CERTEAU (wie Anm. 17) S. 73f.

[28] Solche Quellen spielen etwa im Teilprojekt C1 „Symbolische Konstituierung von Rang und Stand in der Frühen Neuzeit“ unter der Leitung von Barbara Stollberg-Rilinger eine wichtige Rolle, vgl. BARBARA STOLLBERG-RILINGER, Die Wissenschaft der Feinen Unterschiede. Das Präzedenzrecht und die europäischen Monarchien vom 16. bis zum 18. Jahrhundert, in: Majestas 10, 2002, S. 125-150. Zu den Zeremonialwissenschaften allgemein vgl. MILOŠ VEC, Zeremonialwissenschaft im Fürstenstaat. Studien zur juristischen und politischen Theorie absolutistischer Herrschaftsrepräsentation, Frankfurt a.M. 1998.

[29] Vgl. hierzu die kritischen Überlegungen von KAUFHOLD (wie Anm. 23) S. 15, der in diesem Zusammenhang von dem bekannten Phänomen der „Datenfriedhöfe“ spricht.

[30] Dabei handelt es sich um die Projekte A2 „Konflikt- und Friedensrituale im Spätmittelalter“ (Projektleitung Gerd Althoff); B2 „‘Virtus’ in der Kunst und Kunsttheorie der italienischen Renaissance“ (Projektleitung Joachim Poeschke); B3 „Theatralische und soziale Kommunikation: Funktionen des städtischen und höfischen Spiels in Spätmittelalter und früher Neuzeit“ (Projektleitung Christel Meier-Staubach und Heinz Meyer); C1 „Symbolische Konstituierung von Stand und Rang in der Frühen Neuzeit (Projektleitung Barbara Stollberg-Rilinger); C2 „Symbole, Rituale und Gesten in frühneuzeitlichen Konflikten und alltäglichem Handeln (Projektleitung Ruth E. Mohrmann) und C3 „Symbole im Gerichtsverfahren (15.-18. Jahrhundert)“ (Projektleitung Reiner Schulze).

scher Kommunikation.[31] Bei der Konzeption der Datenbank musste berücksichtigt werden, dass solche Akte in der Regel in einen umfassenderen Handlungszusammenhang eingebettet sind. Die Datenbankstruktur sieht daher vor, das historische Geschehen in einzelne Einheiten (*Sequenzen*) zu unterteilen, die jedoch unter einer gemeinsamen Überschrift (*Kennzeichnung*) wieder zusammengeführt werden. Auf der Ebene der Kennzeichnung erfolgt auch die zeitliche wie geographische Einordnung des Ereignisses. Die Verschlagwortung und die Dokumentation der beteiligten Akteure beziehen sich hingegen auf die einzelnen Sequenzen, die mit der entsprechenden Quellenstelle im Volltext in die Datenbank aufgenommen werden.

Ganz ähnlich aufgebaut ist die Datenbank des Teilprojekts der Frühneuzeithistoriker (Teilprojekt C1) in der „Frühneuzeitliche Kniefälle" dokumentiert sind.[32] Auch die Struktur der Datenbank des rechtshistorischen Teilprojekts C3 zu den Symbolen im Gerichtsverfahren folgt in wesentlichen Teilen dem beschrieben Muster. Arbeitsgrundlage bilden hier gedruckte wie ungedruckte Quellen, die Aufschluss über den konkreten Ablauf frühneuzeitlicher Gerichtsverfahren geben können, wie etwa Gerichtsordnungen, Berichte von Richtern oder Notaren sowie Visitationsprotokolle und Akten zu Gerichtsreformationen.[33]

Wesentlich komplexer gestaltet sich die Datenbank der Kunsthistoriker zu den „Bildern der virtus" (Teilprojekt B2), da diese den spezifischen Anforderungen der kunsthistorischen Arbeitsweise genügen musste: Die Bild-Text-Datenbank bietet ein vollständiges Objektdossier zu jedem dort aufgenommenen Grabmal, zu jeder Skulptur oder jedem einzelnen Bildwerk, das aufgrund seiner Hinweise auf Standorte, Quellen, Literatur etc. die weiterführende Arbeit erleichtern soll. Im Mittelpunkt der Datenbank steht hier das Bild, das in einer reproduzierbaren Vorlage abgespeichert wird.[34]

Das Teilprojekt C2 aus der Volkskunde/Europäischen Ethnologie untersucht Symbole, Rituale und Gesten in frühneuzeitlichen Konflikten und alltäglichem Handeln, vorwiegend auf der Grundlage von Gerichtsakten.[35] Die Datenbank

---

[31] Zu den politischen Ritualen im Mittelalter vgl. GERD ALTHOFF, Die Macht der Rituale. Symbolik und Herrschaft im Mittelalter, Darmstadt 2003.

[32] Zur Bedeutung dieses Rituals in der Frühen Neuzeit vgl. BARBARA STOLLBERG-RILINGER, Knien vor Gott – Knien vor dem Kaiser. Zum Ritualwandel im Konfessionskonflikt, in: ALTHOFF, Zeichen (wie Anm. 7) S. 501-533.

[33] Zur Vielfalt der symbolischen Formen im gerichtlichen Kontext vgl. REINER SCHULZE (Hg.), Symbolische Kommunikation vor Gericht in der Frühen Neuzeit, Berlin 2006.

[34] Vgl. hierzu die aus dem Kontext der Projektarbeit hervorgegangenen Sammelbände von JOACHIM POESCHKE, BRITTA KUSCH und THOMAS WEIGEL (Hgg.), „Praemium virtutis". Grabmonumente und Begräbniszeremoniell im Zeichen des Humanismus, Münster 2002, und DIESS. (Hgg.), „Praemium virtutis II". Grabmäler und Begräbniszeremoniell in der italienischen Renaissance des 16. Jahrhunderts, Münster 2005.

[35] Zu solchen Formen frühneuzeitlicher Konfliktführung vgl. BARABARA KRUG-RICHTER und RUTH E. MOHRMANN (Hgg.), Praktiken des Konfliktaustrags in der Frühen Neuzeit, Münster 2004; BARBARA KRUG-RICHTER und MAGNUS ERIKSSON (Hgg.), Streitkulturen. Gewalt,

des Teilprojekts versammelt umfangreiche Datenbestände aus bislang ungedrucktem Archivmaterial, die vollständig transkribiert aufgenommen wurden. Die Inhalte dieser Akten sind nun sowohl über eine Volltextsuche als auch über die Schlagwortsuche zu erschließen. Die Datenbankstruktur ist auch hier etwas komplexer gestaltet, da es in dem Projekt um eine detaillierte Erfassung und Dokumentation stereotyper Formen der Konfliktführung geht, wie wiederkehrende Droh- oder Schandgesten oder bestimmte Schimpfwörter und Beleidigungen. Im Zentrum der Datenbank der Mittellateinischen Philologie (Teilprojekt B3) stehen szenische Aktionstypen mit symbolischer Bedeutung. Darunter werden standardisierte, bedeutungshaltige Einheiten innerhalb des Handlungsverlaufs verstanden, die von solchen technischen Formen wie Szene und Auftritt zu unterscheiden sind.[36] Grundlage der Analyse bildet hier eine repräsentative Auswahl von verschiedenen frühneuzeitlichen Dramentypen.

III. Die Verwandlung einer historischen Quelle in einen Datensatz – Das Beispiel der Unterwerfung Mailands 1158

Da die Vorstellung aller Teilprojektdatenbanken nur einen kurzen Überblick über Form und Inhalt der gesammelten Daten geben konnte, soll im Folgenden an einem Beispiel aus dem Bereich der mittelalterlichen Historiographie etwas näher auf die Struktur der jeweiligen Datensätze eingegangen werden. Die verschiedenen Konflikt- und Friedensrituale, wie sie im Zentrum des Forschungsinteresses des Projektes A2 (Projektleitung Gerd Althoff) stehen, lassen sich nicht isoliert von ihrem historischen Kontext untersuchen. Im Zentrum der Datenbankstruktur stehen daher nicht einzelne Rituale, wie Eid, Unterwerfung oder Krönung, sondern kommunikative Ereignisse. Beginn und Anfang solcher „Geschichten“ können entweder durch die Struktur der Quelle selbst vorgegeben sein, etwa indem sie als eigenes Kapitel fungieren, oder sie müssen durch eine eigenmächtige Setzung des Historikers bestimmt werden. So lassen sich beispielweise die zahlreichen Auseinandersetzungen, die das Verhältnis zwischen Friedrich Barbarossa und Mailand in den 50er und 60er Jahren des 12. Jahrhunderts prägten, nur schwer in einzelne Abschnitte unterteilen.[37] Eine gängige Un-

Konflikt und Kommunikation in der ländlichen Gesellschaft (16.-19. Jh.), Köln/ Weimar/Wien 2003.

[36] Zu den charakteristischen Szenetypen des frühneuzeitlichen Dramas vgl. CHRISTEL MEIER, HEINZ MEYER und CLAUDIA SPANILY (Hgg.), Das Theater des Mittelalters und der frühen Neuzeit als Ort und Medium sozialer und symbolischer Kommunikation, Münster 2004.

[37] Vgl. KNUT GÖRICH, Die Ehre Friedrich Barbarossas. Kommunikation, Konflikt und politisches Handeln im 12. Jahrhundert, Darmstadt 2001, S. 214-261; GERD ALTHOFF, Das Privileg der deditio. Formen gütlicher Konfliktbeilegung in der mittelalterlichen Adelsgesellschaft, in: DERS., Spielregeln der Politik im Mittelalter. Kommunikation in Frieden und Fehde, Darmstadt 1997, S. 99-125.

terteilung stellen die mehrfach ausgeführten Unterwerfungen der Stadt dar, mit denen der Konflikt aber immer nur vorübergehend beigelegt werden konnte. Wie solche Ereignisse nun in einen Datensatz verwandelt und untergliedert werden können, soll kurz am Beispiel der Unterwerfung Mailands 1158 geschildert werden.

Das Zentrum des Datensatzes bildet die sogenannte Kennzeichnung, eine Art gemeinsamer Überschrift unter der die einzelnen Phasen des Geschehens zusammengefasst werden können. Sie lautet in diesem Fall: Friedrich I. Barbarossa und die Unterwerfung Mailands 1158. Der Kennzeichnung, die auch zur inhaltlichen Orientierung der Bearbeiter dient, werden Ort und Datum des Geschehens zugeordnet. Der Konfliktablauf und seine Beilegung muss nun im weiteren Verlauf der Bearbeitung in einzelne Abschnitte unterteilt werden, Sequenzen genannt, da sich mit diesen ganz unterschiedliche Formen symbolischer Kommunikation verbinden lassen.[38] Die Verschlagwortung wie auch die Auflistung der einzelnen historischen Akteure findet daher erst auf der Ebene der einzelnen Sequenzen statt. So war der Unterwerfung eine *Provokation*[39] des Kaisers durch die Mailänder vorausgegangen (1). Dieser verhängte die *Acht* über die Mailänder, indem er seinen *Handschuh* zu Boden warf (2), woraufhin eine vierwöchige *Belagerung* der Stadt erfolgte (3). Schließlich fanden sich einige Fürsten zur *Vermittlung* bereit und es wurde ein *Friedensvertrag* ausgehandelt (4). Um wieder in *Gnaden* aufgenommen zu werden, mussten die *Konsuln* und angesehensten Bürger der Stadt ohne *Obergewand*, *barfuß* und entblößte *Schwerter* auf dem Nacken tragend zum Kaiser ziehen (5). Nach ihrer flehentlich vorgetragenen *Bitte* um *Verzeihung* und der Verlesung des *Friedensvertrages* (6), wurden die Mailänder mit einem *Handschlag* wieder in den kaiserlichen *Frieden* aufgenommen, das kaiserliche *Banner* wurde in die Stadt gebracht und als *Siegeszeichen* aufgestellt (7).

Solche Sequenzen werden ähnlich wie hier paraphrasiert in die Datenbank aufgenommen, das Kernstück des jeweiligen Datensatzes bildet jedoch die Aufnahme der entsprechenden Quellenstelle im Volltext, wenn möglich mit Übersetzung.

IV. Die Vernetzung – Gemeinsame Fragen und Begriffe?

Der kursorische Überblick über die verschiedenen Themenfelder und Datenbestände der einzelnen Teilprojekte wird beim Leser sicherlich einige Zweifel aufgeworfen haben, welchen Nutzen eine inhaltliche Vernetzung der Teilprojekt-

---

[38] Vgl. zum folgenden GÖRICH (wie Anm. 38) S. 229ff.

[39] Mögliche Schlagwörter, die den einzelnen Sequenzen zugeordnet werden können, sind im folgenden Text kursiv gesetzt. Die einzelnen Sequenzen werden hier nur in Auswahl und stark verkürzend dargestellt.

datenbanken haben könnte. Doch die bisherige Arbeit des Sonderforschungsbereichs hat gezeigt, dass offenbar in so unterschiedlichen Handlungssphären, wie im Theater oder vor Gericht, bei Hof oder im Dorf, zu nicht geringem Maße vergleichbare Zeichen, Symbole oder Rituale verwendet oder zur Anschauung gebracht wurden, die wiederum auf ganz bestimmte, durchaus wiederkehrende Werte und Normen rekurrierten. Allerdings ist es nicht das vordergründige Interesse des Münsterer SFB 496, einen scheinbar unveränderlichen und überzeitlichen Bestand bestimmter Gesten und Rituale zu dokumentieren, wie etwa den Kuss, den Kniefall oder das gemeinsame Mahl, sondern es geht gerade um die Veränderbarkeit dieser symbolischen Handlungen, ihre unterschiedlichen Verwendungszusammenhänge oder die sich wandelnden Bedeutungen.[40]
Daher sollen die mittels der Datenbanken gesammelten und dokumentierten Ergebnisse der einzelnen Teilprojekte noch in diesem Jahr über ein gemeinsames Suchportals intern vernetzt und so für alle Projekte zugänglich gemacht werden. Aufgrund des heterogenen Aufbaus der einzelnen Teilprojektdatenbanken ist geplant, ein Set von allgemein relevanten Daten aus den einzelnen Datenbanken zu extrahieren und in einer zentralen Datenbank zusammenzuführen. Diese Form der Vernetzung ermöglicht es den Projekten zum einen, bestimmte Informationen aus dem laufenden Arbeitsprozess zurückzuhalten, bis diese in den eigenen Forschungen dokumentiert sind. Zum anderen können auf diese Weise die in Bearbeitung befindlichen von den abgeschlossenen und zur allgemeinen Ansicht freigegebenen Datensätze klar voneinander getrennt werden. Langfristig ist auch geplant, die Ergebnisse über das Internet einer größeren Öffentlichkeit zur Verfügung zu stellen, aber da die Datenbanken aus der aktuellen Projektarbeit gespeist werden, werden die Projektmitarbeiter damit warten, bis sie selbst das Material entsprechend ausgewertet haben.[41]

Um einem potentiellen Nutzer eine parallele Abfrage in allen Teilprojektdatenbanken zu ermöglichen, ist es jedoch zunächst notwendig, gemeinsame Abfragekriterien zu entwickeln und aufeinander abzustimmen. Im Zentrum steht hier der datenbankübergreifende Schlagwortkatalog, den die Mitarbeiter der beteiligten Projekte in intensiven Arbeitsgesprächen gemeinsam entwickelt haben. Der hierarchisierte Schlagwortkatalog liegt auf einem gemeinsamen Server, so dass immer, wenn ein einzelnes Teilprojekt ein neues Schlagwort vergibt, dieses entsprechend auch in den anderen Datenbanken zur Verfügung steht. Zur Zeit vereint der Katalog über 2000 Begriffe, die rund 60 Oberbegriffen zugeordnet sind. Bei der Konzeption des Schlagwortkatalogs wurden vor allem die spezifischen Interessen der beteiligten Teilprojekte berücksichtigt, weshalb in der Systematik des Katalogs die verschiedenen Begriffe nicht immer auf der gleichen inhaltlich-abstrakten Ebene zu verorten sind. Das Spektrum reicht von *Tugenden*

---

[40] Vgl. STOLLBERG-RILINGER (wie Anm. 2).
[41] Zum zurückhaltenden Umgang der Geisteswissenschaftler mit ihren gesammelten Daten vgl. THALLER (wie Anm. 20) S. 54.

und *Werten*, *Ikonographie* und *literarischen Gattungen*, über konkrete Gegenstände, wie *Waffen* oder *Möbel* bis hin zu *Rollen*, *Funktionen* und *Ämtern*.

Der Aufbau des Schlagwortservers bietet eine hierarchisch gegliederte Übersicht der zu vergebenden Schlagwörter, die geeignet ist, einem potentiellen Nutzer einen Einblick in die zentralen Fragenkomplexe der gemeinsamen Forschungen zu vermitteln. Zugleich ermöglicht die Übersicht mit ihren Abfragemöglichkeiten es den Bearbeitern der verschiedenen Teilprojekte, den eigenen Fokus bei der Vergabe der Schlagwörter zu erweitern und auf die spezifischen Interessen und Fragestellungen der anderen Projekte abzustimmen. So wird man als Mediävist vielleicht nicht unbedingt auf die Erwähnung einzelner Kleidungsstücke oder bestimmter Tiere achten und diese vielleicht auch nicht verschlagworten. Doch in Verbindung mit deren Darstellung in einzelnen Bildwerken oder einem mittellateinischen Drama können diese eine neue Bedeutung erhalten. Die Kenntnis der Schlagwörter, die in anderen Teilprojekten relevant sind, das zeigt die Erfahrung, schärft den Blick auf die eigenen Quellen. Dadurch kann die Datenbank dazu beitragen, die Vernetzung der einzelnen Teilprojekte über den persönlichen Kontakt hinaus zu verstetigen. Denn bei nahezu vierzig Mitarbeitern in diesem Forschungsverbund ist es kaum möglich, alle Arbeitsgebiete der anderen Mitarbeiter stets im Blick zu behalten. Doch für jemanden, der über Gelehrtenkultur und symbolische Praxis in der Frühen Neuzeit forscht, kann die ironisierende Darstellung eines geprügelten Studenten in einem mittellateinischen Drama oder die Abbildung eines Gelehrten auf einem italienischen Grabmal ein interessanter und weiterführender Hinweis sein.[42]

Insgesamt lässt sich sagen, dass die Diskussion über mögliche Gliederungsprinzipien der Schlagworte nicht allein der technischen Vernetzung der einzelnen Datenbanken diente, sondern auch wesentlich zu einer verstärkten inhaltlichen Vernetzung der Projekte beigetragen hat. Es steht daher zu erwarten, dass auch die projektübergreifende Datenbank, mit deren Hilfe die systematisch erschlossenen Quellen und Materialien einzelner Teilprojekte künftig allen Mitgliedern des Sonderforschungsbereichs zugänglich gemacht werden können, zu einer Intensivierung des interdisziplinären Austauschs und einer Verstärkung der inhaltlichen Kohärenz beitragen wird.

Um dieses zu erreichen, soll neben der Suche nach einzelnen Schlagwörtern noch eine übergreifende Abfrage zu Datierung, Ort/Region und einzelnen Akteuren ermöglicht werden. Diese Abfragen werden untereinander kombinierbar sein, so dass beispielsweise alle Nennungen von Schwertern in Italien im 15. Jahrhundert aufgerufen werden können. Denkbar wäre auch eine epochenüber-

[42] Vgl. MARIAN FÜSSEL, Riten der Gewalt. Zur Geschichte der akademischen Deposition und des Pennalismus in der frühen Neuzeit, in: Zeitschrift für Historische Forschung 32, 2005, S. 605-648; CHRISTEL MEIER, Prügel und Performanz. Ästhetik und Funktion der Gewalt im Theater des Spätmittelalters und der frühen Neuzeit, in: ALTHOFF (wie Anm. 7) S. 327-362; POESCHKE, KUSCH u. WEIGEL, Praemunium virtutis (wie Anm. 34).

greifende Recherche nach den verschiedenen Formen einer Eidesleistung, die etwa mit zwei zum Schwur erhobenen Fingern oder auf eine Reliquie vollzogen werden konnte, in ganz unterschiedlichen gesellschaftlichen Bereichen, wie beispielsweise vor Gericht, bei der Huldigung eines neuen Königs oder zur feierlichen Promotion. Durch solche epochen- wie ständeübergreifenden Vergleiche lassen sich Fragen nach dem Wandel und der Veränderbarkeit von Ritualen untersuchen: Wie ging man zu unterschiedlichen Zeiten mit einer Eidverweigerung oder einem Eidbruch um? War die Form der Eidesleistung variabel und wie verhält es sich mit der Eidesfähigkeit von Frauen?

Voraussetzung für solche Recherchemöglichkeiten sind standardisierte Angaben zu Ort, Zeit und beteiligten Personen eines kommunikativen Ereignisses. Doch was eigentlich als selbstverständlich erscheint, kann in einem interdisziplinären und interepochalen Forschungsverbund durchaus mit einigen Schwierigkeiten verbunden sein. So stellt eine genaue Datierung historischer Ereignisse in mittelalterlichen Chroniken eher die Ausnahme da, während die Kunsthistoriker es mitunter mit zwei Datierungen zu tun haben, dem Datum des Dargestellten und dem Zeitpunkt der Darstellung, also dem Entstehungsdatum des Objekts. Ganz ähnlich kann es sich mit der räumlichen Verortung verhalten. Denn die Umstellung eines städtischen Denkmals im Italien des 15. Jahrhunderts kann selbst schon eine Form der symbolischen Kommunikation sein oder interessante Hinweise auf die Umdeutung eines solchen Kunstwerks geben.

Ein wesentlich größeres Problem stellt für das Datenbankprojekt jedoch momentan noch die topographische Einteilung dar. Es gehört mit zu den zentralen Fragestellungen des SFB 496, inwieweit es möglich ist „Rituallandschaften" auszumachen, oder ob die Verwendung eines bestimmten Symbols in ganz Europa gebräuchlich war und mithin auch überall verstanden wurde. Daher wird nicht nur nach konkreten Orten unterschieden, sondern auch nach größeren Regionen. Doch wie detailliert sollte hier unterteilt werden? Sollte man sich dabei eher an den geographischen Grenzen oder den politischen Grenzen orientieren? Letztere lassen sich für die Vormoderne kaum eindeutig bestimmen und unterliegen einem starken Wandel.[43] Andererseits ist es für den Mediävisten eine Selbstverständlichkeit von „Sachsen" oder „Schwaben" zu sprechen, während die Kollegen aus der frühen Neuzeit mit „Kleve-Jülich-Berg" eine sehr klar umrissene Vorstellung dieses Territoriums und seiner politischen Besonderheiten verbinden.

Man sollte nun annehmen, dass zumindest die genaue Ortsangabe ohne größere Absprachen möglich ist, doch haben die Kunsthistoriker in ihrer Datenbank die von ihnen bearbeiteten Skulpturen wie selbstverständlich in Firenze, Milano oder Roma verortet, wie es den Gepflogenheiten ihres Faches entspricht. Eine

[43] Vgl. zu diesen Schwierigkeiten für die Programmierung von Suchabfragen ausführlich THALLER (wie Anm. 16) S. 242ff.

datenbankübergreifende Suche nach den Verwendungszusammenhängen von Wappen in Mailand würde somit keine kunsthistorischen Ergebnisse bringen. Hier müssen noch Lösungen gefunden werden, die den Bedürfnissen der einzelnen Fachdisziplinen ebenso gerecht werden, wie sie den Interessen eines möglichen späteren Nutzers entsprechen.

Wenn all diese Hindernisse überwunden sind, soll eine datenbankübergreifende Abfrage nach Schlagwort, Ort, Zeit und Akteur in unterschiedlichen Kombinationen möglich sein. Das Ergebnis einer solchen Suche wird dann in einer Kurzübersicht über die jeweiligen Treffer aus den einzelnen Datenbanken dargestellt, die man bei Interesse mit den jeweiligen Informationen anzeigen oder auch ausdrucken lassen kann. Eine solche Abfrage würde etwa zu dem Schlagwort „Schwert" mehrere Ergebnisse aus verschiedenen Forschungsgebieten der Mitglieder des Sonderforschungsbereichs bringen, zum Beispiel aus dem Bereich der mittelalterlichen Konfliktrituale, der Darstellungen auf italienischen Grabmäler der Renaissance, im Zusammenhang mit frühneuzeitlichen Konflikten oder im Rahmen der Symbolik des vormodernen Gerichts.

V. Vom Nutzen und Nachteil einer Datenbank

Abschließend sei es erlaubt, die Frage nach der Kosten-Nutzen-Relation eines fächerübergreifenden Datenbankprojekts aufzuwerfen. Es hat sich gezeigt, dass die Entwicklung, Koordination und Betreuung der Teilprojektdatenbanken eine überaus zeitaufwendige Aufgabe darstellt, die zudem ohne ein gewisses Maß an Zentralisierung nicht zu leisten ist. Im Münsterer Sonderforschungsbereich 496 wurde daher eigens eine Mitarbeiterstelle geschaffen, die jedoch nicht mit einem Programmierer bzw. Techniker, sondern mit einer Geisteswissenschaftlerin besetzt wurde. Hauptaufgabe dieser Mitarbeiterin ist es vor allem, die spezifischen Anforderungen und Bedürfnisse der einzelnen Teilprojekte aufeinander abzustimmen und zu bündeln und schließlich deren technische Umsetzung zu koordinieren. Ein Großteil der Arbeit liegt dabei insbesondere in der Vermittlung zwischen den inhaltlichen Interessen der einzelnen Projekte und den technischen Lösungen, wie sie durch die Programmierer vorgegeben werden. Es hat sich gezeigt, dass für diese Vermittlungsarbeit das Verständnis für die Methoden und Fragestellungen der verschiedenen beteiligten Fachdisziplinen wichtiger ist als eine detaillierte Kenntnis der zugrundeliegenden Programmstrukturen, wie sie nur ein ausgebildeter Informatiker haben kann.[44]

[44] Vgl. in diesem Sinne bereits GUNDLACH u. LÜCKERATH (wie Anm. 12) S. 223: „[...] es ist in der Vergangenheit ein Nachteil vieler nichtnumerischer und numerischer Projekte gewesen, daß man den 'Datenverarbeiter' zu früh mit dem Material konfrontiert hat. Die Folge war, daß praktische Gesichtspunkte der Programmierung schon die Strukturierung beeinflußten,

Zu diesem Zeit- und Kostenaufwand tritt die Eingabe und Pflege der Daten in den Projekten. Idealerweise sollen die Datenbanken aus der laufenden Projektarbeit gespeist werden und somit eine systematische Materialsichtung und -analyse ermöglichen. Gleichwohl erfordert eine fehlerfreie Eingabe von Daten Zeit und Disziplin. Hinzu kommt, dass geisteswissenschaftliche Forschung nicht zwingend linear verläuft, so wie die wenigsten Quellen seriellen Charakter haben. Die Arbeit entlang einer vorgegebenen Datenmaske gibt dagegen die Denkrichtung vor, die zwar durchaus dazu beitragen kann, bisher vernachlässigte Bereiche zu erschließen. Aber sie trifft auch Vorentscheidungen, die später nur schwer rückgängig zu machen sind und lässt damit nur wenig Raum für neue Fragestellungen oder sich wandelnde Interessen. Daher stellt die Eingabe der Daten in einigen Projekten allenfalls eine zusätzliche Form der Quellenanalyse dar, während die gewohnten, zumeist analogen Techniken wissenschaftlichen Arbeitens, wie unterstreichen und exzerpieren, beibehalten werden.

Gleichwohl lässt sich eine positive Bilanz des bisherigen Datenbankprojektes ziehen, da es die interdisziplinäre Zusammenarbeit nachhaltig befördert hat. Denn die Konzeption eines solchen Projektes erfordert eine intensive Kommunikation: Sie zwingt die einzelnen Projekte, gemeinsame Fragestellungen, Methoden und Begrifflichkeiten zu entwickeln bzw. diese aufeinander abzustimmen. Dabei ist es im Gegensatz zum täglichen Austausch mit den Kollegen anderer Disziplinen nicht möglich, sich hinter scheinbaren Übereinstimmungen des Gemeinten und andere Konsensfassaden zurückzuziehen, denn die spezifische Eigenlogik von Datenbanken erfordert klare Festlegungen.[45] Inwieweit sich der begonnene Dialog durch die Vernetzung der Datenbanken im Virtuellen fruchtbar fortsetzen lässt, wird sich jedoch erst zeigen müssen.

der Beschreibung des Materials enge Grenzen zogen und den möglichen Nutzen des Projektes von vorneherein beschränkten." Eine andere Lösungsmöglichkeit für dieses Problem hat dagegen Thaller vorgeschlagen, indem er eine stärkere Professionalisierung der Geisteswissenschaftler im Umgang mit den Computern forderte, vgl. THALLER (wie Anm. 16) S.239ff.

[45] Eine solchen positiven Nebeneffekt erhoffte sich schon KAUFHOLD (wie Anm. 23) S. 13.

Literaturverzeichnis

GERD ALTHOFF, Die Macht der Rituale. Symbolik und Herrschaft im Mittelalter, Darmstadt 2003

GERD ALTHOFF (Hg.), Zeichen – Rituale – Werte. Internationales Kolloquium des Sonderforschungsbereich 496 an der Westfälischen Wilhelms-Universität Münster, Münster 2004

GERD ALTHOFF und LUDWIG SIEP, Symbolische Kommunikation und gesellschaftliche Wertesysteme vom Mittelalter bis zur französischen Revolution. Der neue Münsterer Sonderforschungsbereich 496, in: Frühmittelalterliche Studien 34, 2000

BÄRBEL BISTE und DERS. (Hgg.), Fachinformation und EDV – Arbeitstechniken für Historiker. Einführung und Arbeitsbuch (HSR-Supplement-Heft 12), Köln 2000

PETER BURKE, Papier und Marktgeschrei. Die Geburt der Wissensgesellschaft, Berlin 2001

ROBERT DARNTON, Das große Katzenmassaker. Streifzüge durch die französische Kultur vor der Revolution, München 1989

CHRISTOPH DARTMANN, MARIAN FÜSSEL und STEFANIE RÜTHER (Hgg.), Raum und Konflikt. Zur symbolischen Konstituierung gesellschaftlicher Ordnung in Mittelalter und Früher Neuzeit, Münster 2004

MICHEL DE CERTEAU, Theoretische Fiktionen. Geschichte und Analyse, Wien 1997 (franz. 1987)

DERS., Spielregeln der Politik im Mittelalter. Kommunikation in Frieden und Fehde, Darmstadt 1997

DIESS. (Hgg.), „Praemium virtutis II“. Grabmäler und Begräbniszeremoniell in der italienischen Renaissance des 16. Jahrhunderts, Münster 2005

DANIELA DONZELLI-KLUCKERT, Computer und geisteswissenschaftliche Forschung. Alltag: Themen – Motive – Symbole, Darmstadt 1990

MARTIN FELL, WOLGANG SPICKERMANN und LOTHAR WIERSCHOWSKI (Hgg.), Machina computatoria. Zur Anwendung von EDV in den Altertumswissenschaften, St. Katharinen 1997

MARIAN FÜSSEL, Riten der Gewalt. Zur Geschichte der akademischen Deposition und des Pennalismus in der frühen Neuzeit, in: Zeitschrift für Historische Forschung 32, 2005

MARIAN FÜSSEL und THOMAS WELLER (Hgg.), Ordnung und Distinktion. Praktiken sozialer Repräsentation in der ständischen Gesellschaft, Münster 2005

KNUT GÖRICH, Die Ehre Friedrich Barbarossas. Kommunikation, Konflikt und politisches Handeln im 12. Jahrhundert, Darmstadt 2001

ROLF GUNDLACH und CARL AUGUST LÜCKERATH, Historische Wissenschaften und elektronische Datenverarbeitung, Frankfurt a.M./Wien/Berlin 1976

KONRAD JARAUSCH, GERHARD ARMINGER und MANFRED THALLER (Hgg.), Quantitative Methoden in der Geschichtswissenschaft. Eine Einführung in die Forschung, Datenverarbeitung und Statistik, Darmstadt 1985

KARL HEINRICH KAUFHOLD und JÜRGEN SCHNEIDER (Hgg.), Geschichtswissenschaft und Elektronische Datenverarbeitung, Stuttgart 1988

MARKUS KRAJEWSKI, ZettelWirtschaft. Die Geburt der Kartei aus dem Geiste der Bibliothek, Berlin 2002

BARBARA KRUG-RICHTER und MAGNUS ERIKSSON (Hgg.), Streitkulturen. Gewalt, Konflikt und Kommunikation in der ländlichen Gesellschaft (16.-19. Jh.), Köln/Weimar/Wien 2003

BARABARA KRUG-RICHTER und RUTH E. MOHRMANN (Hgg.), Praktiken des Konfliktaustrags in der Frühen Neuzeit, Münster 2004

EMMANUEL LE ROY LADURIE, Le territoire de l'historien, Paris 1973

NIKLAS LUHMANN, Legitimation durch Verfahren, Frankfurt a.M. 1983

CARL AUGUST LÜCKERATH, Prolegomena zur elektronischen Datenverarbeitung im Bereich der Geschichtswissenschaft, in: Historische Zeitschrift 207, 1968

CHRISTEL MEIER, HEINZ MEYER und CLAUDIA SPANILY (Hgg.), Das Theater des Mittelalters und der frühen Neuzeit als Ort und Medium sozialer und symbolischer Kommunikation, Münster 2004

CHRISTIAN MEIER und JÖRN RÜSEN (Hgg.) Historische Methode, München 1988

WILHELM OTT, Datenverarbeitung in den Geisteswissenschaften – Ein Rückblick aus aktuellem Anlaß, in: Historische Sozialforschung 57, 1991

JOACHIM POESCHKE, BRITTA KUSCH und THOMAS WEIGEL (Hgg.), „Praemium virtutis". Grabmonumente und Begräbniszeremoniell im Zeichen des Humanismus, Münster 2002

REINER SCHULZE (Hg.), Symbolische Kommunikation vor Gericht in der Frühen Neuzeit, Berlin 2006

THEO STAMMEN und WOLFGANG E. J. WEBER (Hgg.), Wissenssicherung, Wissensordnung und Wissensverarbeitung. Das europäische Modell der Enzyklopädien, Berlin 2004

BARBARA STOLLBERG-RILINGER, Die Wissenschaft der Feinen Unterschiede. Das Präzedenzrecht und die europäischen Monarchien vom 16. bis zum 18. Jahrhundert, in: Majestas 10, 2002

BARBARA STOLLBERG-RILINGER, Symbolische Kommunikation in der Vormoderne. Begriffe – Thesen – Forschungsperspektiven, in: Zeitschrift für Historische Forschung 31, 2004

MANFRED THALLER (Hg.) Digitale Bausteine für die geisteswissenschaftliche Forschung, Göttingen 2003

MANFRED THALLER und ALBERT MÜLLER (Hgg.), Computer in den Geisteswissenschaften. Konzepte und Berichte, Frankfurt a.M/New York 1989

MILOŠ VEC, Zeremonialwissenschaft im Fürstenstaat. Studien zur juristischen und politischen Theorie absolutistischer Herrschaftsrepräsentation, Frankfurt a.M. 1998

Das Virtuelle Kafka-Bureau[1]

Benno Wagner / Timo Reinhard

Im Innern ist alles abgeschrieben.
Aber der Beweis wird, fürchte ich, schwer.
F.K., Protokoll des Gesprächs mit dem Recitator Reichmann

Wie erfrischend es ist, mit einem vollkommenen Narren zu reden.
Ich habe fast nicht gelacht, sondern war nur ganz aufgeweckt.
F. K., Notiz zum Gespräch mit dem Recitator Reichmann

Der Recitator Reichmann ist den Tag nach unserem Gespräch ins Irrenhaus gekommen.
F. K., Postskriptum zum Gespräch mit dem Recitator Reichmann

0. Einleitung

Kein anderer moderner Autor steht wörtlicher für jenen „Wahnsinn des Schreibens" ein, „durch den jeder Schreibende das Archiv seiner eigenen Auslöschung hinterlässt",[2] als der Prager Schriftsteller und Sozialversicherungsbeamte Franz Kafka. In seinem einzigartigen Schreibprojekt hat er für die Menschen und die Völker die Aufgabe übernommen, die in Theodor Herzls politischer Programmschrift ‚Der Judenstaat' dem kulturellen Organ seines Staatsgründungsprojekts, der Society of Jews, zufällt. Indem er Verfahren der Bürotechnik und der Administration mit literarischen Techniken und Effekten des Zitats, der Anspielung, des Echos etc. zu einer einzigartigen, nomadischen Textverwaltung kreuzt, wird der Schriftsteller Franz Kafka zugleich zum Schriftführer seiner Zeit. Sein

[1] Das hier skizzierte Projekt befindet sich zum Zeitpunkt der Drucklegung im Aufbau. Die erste Projektphase, die derzeit mit Transcoop-Mitteln der Alexander-von Humboldt-Stiftung als deutsch-amerikanischer Forscherverbund (Siegen, Regensburg, HU Berlin, Tübingen, und Princeton) finanziert wird, erschließt und verdatet zunächst das Feld der – intermedial verstandenen – Kafka'schen Lektüren in Form einer relationalen Datenbank. In der zweiten Phase des Projekts sollen die abfragbaren Datensätze der Mediathek in der Logik eines dynamischen *Kafka-Hypertextes* navigierbar gemacht werden. Eine einfaches Abfrage-Angebot der Datenbank, kritische Essays und weitere Informationen zum Stand und zur Richtung der Projektentwicklung werden in Kürze unter www.kafkabureau.net verfügbar sein.

[2] Jacques Derrida, Two words for Joyce, in: Derek Attridge/Daniel Ferrer, Hg., *Poststructuralist Joyce: Essays from the French*, Cambridge 1984, S. 145-159; S. 146 (Übersetzungen hier und im folgenden B.W.).

literarisches Werk fungiert so als dynamisches Archiv, welches „alle Kundgebungen der Staatsmänner, Parlamente, [...]gemeinden, Vereine, die in Wort und Schrift, in Versammlungen, Zeitungen und Büchern hervorkommen“[3], sammelt und, in Überschreitung des zitierten Auftrags, miteinander in Resonanz, in hierarchielose Serien von Dialogen setzt.

Das *Virtuelle Kafka-Bureau* zielt darauf ab, den transtextuellen und transmedialen Raum des Kafka'schen Werks auf der Grundlage literatur-, medien- und kulturwissenschaftlicher Konzepte als digitales Arbeitsumfeld für Literatur-, Medien- und Kulturwissenschaftler sowie weitere Nutzergruppen zu erschliessen. Forschungslogisch lässt es sich am Schnittpunkt zweier Ausgangsbefunde verorten:

Erstens: *Der Zugriff printbasierter Forschung auf den Gegenstand einer transklassischen Literatur*[4] *ist begrenzt.* Kaum ein anderer ‚moderner' Text hat die Diskrepanz zwischen einer auf ein- oder vieldeutige Repräsentationsbeziehungen abstellenden Lektüre und einer lediglich aus transtextuellen Verweisen oder Signalen bestehenden, offen vielstimmigen Textualität so eindringlich vorgeführt wie derjenige Franz Kafkas. Aus dem Spannungsverhältnis zwischen dem durch diesen Text immer wieder adressierten Entschlüsselungsreflex beim hermeneutisch geschulten Leser und seiner strukturellen Widerständigkeit gegen jede Etablierung überschüssiger Bedeutung resultierte eine Reihe methodischer Gesten, der sich, immer grob typisierend, einer Reihe forschungsliterarischer Textgenres zuordnen lässt:

➔ die autoritative Meisterdeutung (Große Monographie -> Totalisierung der Vielstimmigkeit)

➔ der ‚ästhetische' Rückzug auf die Beschreibung der Textstruktur (Essay -> Ausblendung der Vielstimmigkeit bzw. ihre Hypostasierung als ‚unlesbares' ‚Rauschen')

➔ die Umstellung des Textes durch den Kontext (Kommentar, Handbuch -> Inventarisierung der Vielstimmigkeit)

➔ die reiche monokontextuelle Lektüre (kleine Monographie -> Provinzialisierung der Vielstimmigkeit).

Haben diese Gesten und Genres in ihrer Gesamtheit einen beeindruckenden und bis heute mit zunehmender Geschwindigkeit wachsenden Forschungskontinent hervorgebracht, so sind in dieser Produktivität doch bereits die tektonischen

---

[3] Theodor Herzl, Der Judenstaat. Versuch einer modernen Lösung der Judenfrage, Leipzig/ Wien 1896, S. 70.

[4] „Die Kopräsenz einer Mehrheit monokontexturaler Systeme wird mit dem Ausdruck *Polykontexturalität* belegt. Für das dabei entstehende ‚Objekt' gibt es keine angemessene zweiwertige Logik, es ist *transklassisch*, mit Seinsannahmen und entsprechenden Geltungsansprüchen nicht überziehbar [...]“, definiert Peter Fuchs (http://www.fen.ch/texte/gast_fuchs_zoegling.pdf).

Spannungen angelegt, die auf das Hervorbrechen einer neuen Faltung drängen. So war der Anspruch der germanistischen Meisterdeutungen auf Notwendigkeit durch die auch in der ‚feudalistischen' Vergangenheit des Faches kaum stillzustellende Vielfalt der Lektüren ebenso mit dem Keim der Beliebigkeit infiziert wie umgekehrt die neueren, kulturwissenschaftlich ‚inspirierten' monokontextuellen Lektüren dazu tendieren, das häufig, wenn auch nicht immer vorhandene Bewusstsein ihrer Kontingenz im Laufe der Untersuchung zu verlieren. Und während die ‚kontext'-asketischen Lektüren dekonstruktivistischer Bauart immer wieder mit dem Befund der Unlesbarkeit des Kafka'schen Textes überraschen, gibt es kaum eindrucksvollere Belege für diese nun endlich einmal hinlänglich bekannte Beobachtung als die positivistische Handbuch-Literatur, die sich als Streudienst gegen das Gleiten der Signifikate unter den Signifikanten beauftragt wähnt – jene Schloss-Telefonbücher mithin, die zur ‚Erläuterung' des literarischen Textes aus seinem – zumeist noch auf den ‚biographischen' Sektor des Schreibers, seiner Familie, Freunde und Leiden reduzierten – Kontext mit immer neuen Einträgen bzw. ‚Funden' zu überraschen wissen.

Zweitens: *Die digital gestützte Literaturforschung verharrt noch weitgehend in einem biblionomen Bezugshorizont.* In den vergangenen fünfzehn Jahren haben die intensiven Diskussionen über den digitalen „Schreibraum" (J. D. Bolter) Hoffnungen geweckt, dass die oben skizzierten Spiegelfechtereien im langen Schatten Diltheys mindestens zum Teil medial bedingt sein könnten, dass sich, mit anderen Worten, die multiple und hierarchielose Verweisstruktur transklassischer Literatur mit Hilfe der ‚netzförmigen' und ‚flexiblen' Struktur elektronischer Texte adäquater erschließen ließe als durch den ‚linearen' und ‚starren' Print-Text. Diese Annahme wird, noch vor jeder medientheoretischen Überprüfung, durch einen Blick auf die einschlägigen digitalen Tatsachen kaum erhärtet. Denn entgegen manchen (medien)revolutionären Szenarien der 90er Jahre beschränkt sich die digitale „Remediatisierung"[5] i.w.S. literarischer Hand- und Druckschriften weitgehend auf die – fraglos effiziente – Optimierung biblionomer und archivalischer Strukturen und Funktionen der ‚Gutenberg-Galaxis'.[6] Dagegen bleiben Versuche, die komplexen Verweisstrukturen literarischer Print-Texte, also den durch sie erzeugten ‚autonomen' ästhetischen

[5] Unter Remediatisierung versteht Bolter die nicht nur medientechnische Übertragung, sondern auch medientheoretische Reperspektivierung eines alten Mediums in einem neuen, bei Redefinition kultureller Schlüsselwerte (vgl. Jay D. Bolter, *Writing Space. Computers, Hypertext and the Remediation of Print*, Mahwah, NJ/London 2001, S. 40ff.

[6] So entlastet etwa die Möglichkeit, genetische Stufen und Varianten eines Textes zusammen mit autorisierten Druckfassungen oder editorisch vorgeschlagenen Lesefassungen in virtueller Kopräsenz darzubieten, Editoren von ihrer Verantwortung für die Gestalt des Textes oder gar des Autors. Das Bolter'sche Kriterium einer Redefinition kultureller Schlüsselwerte im Hinblick auf Gebrauch von Drucktexten bleibt von solchen Optimierungen freilich unberührt.

Raum selbst hypertextuell zu erschließen, in der Minderheit. Am weitesten in diese Richtung hat sich die nicht nur medien- sondern auch literaturtheoretisch fundierte und differenzierte Forschung bewegt, die sich auf das Werk von James Joyce richtet, insbesondere auf die beiden großen ‚Romane', *Ulysses* und *Finnegans Wake*. Während hier seit Mitte der 1980er Jahre die Unterscheidung zwischen einem ‚klassischen', auf semiotische Korrespondenz- und Repräsentationsbeziehungen und einem ‚kybernetischen', auf die hypertrophe Proliferation von Bedeutungen gerichteten Zugang zu Joyce deutlich benannt und reflektiert worden ist,[7] erreichten die praktischen Experimente zur Herstellung und Darbietung eines „Hypertextual Joyce" an kaum einer Stelle das Niveau dieser theoretischen Debatten. Sofern die in diesem Zusammenhang entstandenen bzw. entstehenden Hypertexte überhaupt über den Horizont einer möglichst vollständigen Rekonstruktion der überlieferten Textgestalt (v.a. der Textstufen und –varianten des Ulysses) hinausweisen, beschränken sie sich auf den Aufweis der ‚prä-, oder ‚proto-hypertextuellen' Struktur des *Ulysses* und des *Wake*, d.h. in praxi auf die – nicht selten intuitive – (Re)konstruktion intratextueller Verweise und der Erläuterung ihrer mythologischen Quellen.
Vor dem Hintergrund dieser Befunde zielt das „Virtuelle Kafka-Bureau" darauf ab, die Möglichkeiten und Grenzen der digitalen Remediatisierung eines im eminenten Sinne transklassischen Textes theoretisch zu reflektieren und empirisch zu erkunden. Dies geschieht aus vier unterschiedlichen, jedoch eng miteinander verknüpften Perspektiven.

1. Gegenstand: Kafkas Text als Verfahren

Nach einem Postskriptum J. Kristevas zu Bachtin unterscheidet sich der „moderne" Roman (Joyce, Proust, Kafka) vom polyphonen Roman früherer Epochen (Rabelais, Swift, Dostojewskij) durch die Überschreitung des geschlossenen Raums der fiktionalen Repräsentation auf den offenen Raum einer sei es als Unlesbarkeit (Joyce), sei es als Latenz (Proust, Kafka) wahrgenommenen und zugleich verstellten Vielstimmigkeit.[8] Diesen Raum, so lautet der für unser Projekt konstitutive Ausgangsbefund, adressiert Kafka mit einem singulären poetologischen Projekt, mit einem Schreibverfahren, das unter medialen, diskursiven und materialen Gesichtspunkten als (hochgradig unwahrscheinlicher) *res-*

---

[7] Vgl. Mark Nunes, Metaphors of Multiplicity: A Genealogy of the Joycean Hypertext (http://www.gpc.edu/~mnunes/ijjf_98.htm): "The confluence of these [poststructuralist; BW] approaches has led in the '80s and '90s to a vision of Joyce that emphasizes permutations of the text over artistic organicism, proliferation of signal over classical correspondence".

[8] Vgl. Julia Kristeva, Bachtin, das Wort, der Dialog und der Roman, in: *Texte zur Literaturtheorie der Gegenwart*, hrsg. u. kommentiert v. Dorothee Kimmich, Rolf Günter Renner u. Bernd Stiegler, Stuttgart 1996, S. 334-348; S. 344f.

ponse auf die *challenges* der Zeit rekonstruiert werden kann. Fungierte, wie Michel Foucault aufgewiesen hat, für Flaubert noch das Wissen der Bibliothek als (verborgener) Referenzraum seines poetischen Phantasierens, so tritt bei Kafka, einem führenden Experten in der Verwaltung des mitteleuropäischen Menschen, an die Stelle der „phantastischen Bibliothek" das „phantastische Büro" als diskursiver und medialer Bezugshorizont.[9] In einer Konjunktur, in der das Weltwissen nicht mehr in Bibliotheken, sondern in Verwaltungen zu finden ist; in der es nicht mehr in Bücher gebunden ist, sondern in Akten zirkuliert; in der zudem das „Ende des Buches" durch das mächtige Heraufkommen elektronischer Medien (Telegraph, Telephon, Grammophon, Film, und nicht zuletzt die für Kafkas schriftstellerisches Verfahren so maßgebliche statistische Zählmaschine, der Vorläufer des IBM-Computers) sich ankündigt[10] – in diesem Moment des Verschwindens der Schrift lässt Kafkas Schreibprojekt sie ein erstes und letztes Mal als prädigitales Proto-Hypermedium, als „Medium unter physikalisch gegeneinander sondierten Medien"[11] funktionieren. Für diese Schreibweise gilt im gesteigerten Sinne, was aus dem Blickwinkel einer hypertextuellen Remediatisierung über Joyce zu sagen war: dass "jede Texteinheit einen potentiellen ‚kybernetischen Schlüssel' zur Verfügung stellt, der eine Matrix von Signalen formiert", dass mithin „jede Person und jedes Ereignis eine Chiffre" darstellt, wobei freilich diese Chiffren bei Kafka zwar immer auch, aber nicht in erster Linie „auf einen anderen Teil seines Werks",[12] sondern auf mehr oder weniger umfangreiche, gleichermaßen jeweils endliche wie prinzipiell unbegrenzte Serien anderer Texte, Medien und Stimmen verweisen. So betreibt Kafka neben seiner Arbeit im Bureau der Prager Arbeiter-Unfall-Versicherungs-Anstalt eine hybride Verwaltung ohne Zentrum und Hierarchie, generiert er eine Notationsweise, in der die protokollarische Knappheit und Strenge seiner Geschichten an jeder Stelle von der proliferierenden Logik einer wilden, durch eine offene Liste von Schlagworten organisierten Aktenführung gekreuzt, irritiert bzw. aufgebrochen wird. Kafkas gestische *icons*, seine nachahmenden Affen, mauerbauenden Chinesen, hungernden Hunde und paranoiden Maulwürfe nebst allen ihren Reden, Situationen und Schicksalen durchkreuzen, speichern

[9] Dazu ausführlich B.W., Kafkas phantastisches Büro, in: K. Scherpe/E. Wagner, Hg., *Kontinent Kafka*, Berlin 2006, S. 104-118.

[10] Vgl. Bernhard J. Dotzler, Die Schaltbarkeit der Welt. Herman Hollerith und die Archäologie der Medien, in: Stefan Andriopoulos/B.J.D., Hg., *1929. Beiträge zur Archäologie der Medien*, Frankfurt a.M. 2001, S. 288-315.

[11] Für eine vergleichende Diskussion der Intermedialität des modernen Textes und der digital generierten Hypermedialität des Computers s. den für den theoretischen Zuschnitt des hier skizzierten Projekts maßgeblichen Aufsatz von Bernhard Dotzler, Kafka zwischen den Medien, in: Joachim Paech/Jens Schröter Hg., *Untersuchungen zur Intermedialität*, München 2007 (in Vorbereitung).

[12] Vgl. André Topia, The Matrix and the Echo: Intertextuality in 'Ulysses', in: *Poststructuralist Joyce* (Anm. 2), S. 103-125; S. 109ff.

und verbergen anspielend, zitierend, parodierend den gesamten Kontinent des modernen Wissens: von der religiösen, philosophischen und literarischen Überlieferung über die modernen Wissensfelder der Technik, des Rechts, der Geo- und Biopolitik und des Sozialen bis zu den politischen und kulturellen Debatten, Ideologien und Propagandadiskursen der Zeit.

Was zwischen den Weltkriegen Aby Warburg im unvollendeten Projekt seines Mnemosyne-Atlas auf dem Wege kulturhistorischer Rekonstruktion anstrebte – die mit der bildlichen Gebärdensprache der Antike im Zuge ihrer Überlieferung und kontextuellen Diversifikation verbundene Transformation affektiver Energien ("transformatio energetica") zum einen zu rekonstruieren, zum anderen kulturpolitisch bzw. –didaktisch zu moderieren –[13] hat Kafka unter der gleichen epochalen Signatur, jedoch bereits spätestens seit 1914, im Medium der Sprache realisiert. Der zunehmend engmaschigeren staatlichen Verfügung über menschliche Energien – physische wie affektive – setzt Kafka eine inverse Bio-Politik entgegen. Das dichte Netzwerk der verborgenen Zitate, Anspielungen, Parodien etc., das seine Ungeziefer, Affen, Hunde, Mäuse und Barbaren über die Texte und Rede seiner Zeit und ihrer Traditionslinien werfen, verwandelt diese Stigma-Symbole in polyvoke Allegorien, verkehrt sie von Medien der Ausgrenzung (Dissoziation) in Medien der Integration (Assoziation): im Bilder-Code des jeweils 'Anderen' halten sie dem Leser seine 'eigenen' Züge entgegen und unterlaufen so die Grenzen und Antinomien sozialer und kultureller Körperschaften. Diese "Ver*a*nderung" der Kafka'schen Erzählstimme[14] verkehrt die "Aufstachelungsfunktion" der medialen Bilder in die "Funktion eines Quietivs"[15].

Unter diesen Voraussetzungen ist das Verhältnis zwischen literarischem Text und dem Raum der Vielstimmigkeit, zwischen den Chiffren und der Serie der Resonanzen zwar semiologisch (durch die basale Bedeutungshaftigkeit von Sprache) konstituiert, doch ist es selbst nur als pragmatisches fassbar, d.h. nicht als Repräsentations- oder Abbildungsbeziehung, sondern als Verhältnis wechselseitiger Perspektivierung/Kommentierung der Serien durch die Chiffren (Aspekt der Lesbarkeit bzw. Sinnbildung), und der Intensivierung/Aufladung der Chiffren durch die Serien (Aspekt der Unlesbarkeit bzw. Sinnzerstörung). Kafkas Literatur wird so fassbar als *intensives Protokoll*, als narratives Syntagma aus weniger universalen als vielmehr transversalen Sprachgesten. Der poetologische Schlüssel zu seinem Werk liegt unter diesen Voraussetzungen in der Irritierung des geläufigen produktionsparadigmatischen Zugangs durch einen emergenzparadigmatischen: Kafkas „spontaner Nachahmungstrieb" treibt die

[13] Vgl. Ulrich Port, 'Transformatio energetica'. Aby Warburgs Bild-Text-Atlas Mnemosyne, in: *1929* (Anm. 10), S. 9-30; S. 15.

[14] Joseph Vogl, Vierte Person. Kafkas Erzählstimme, in: *DVjs* 68, S. 745-756; S. 748; S. 752.

[15] Warburg, nach Port, Transformatio (Anm. 11), S. 14.

Tendenz der modernen Literatur, „das Lesen [zu] schreiben“,[16] so weit über sich hinaus, dass die – aus der Forschung hinlänglich bekannten – Versuche, seine Texte als ‚Montagen' aus anderen Texten und aus ‚Realitätspartikeln' zu rekonstruieren, sein Schreiben als ‚Verweben' fremder Muster, ihren Gegenstand hier besonders weit verfehlen müssen. Stattdessen käme es darauf an, den *Produktionsprozess* begrifflich aufzuspalten in ein *Schreibverfahren* und einen durch dieses Verfahren begünstigten, affizierten *Emergenzprozess,* ihn als Prozess „der allmählichen Anreicherung von Elementen und Beziehungseinfällen zwischen diesen zu einem mehr oder weniger einheitlichen Komplex, der sich unter dem Eindruck eines dominanten Erlebnisses zu einer vagen Gesamtvorstellung zusammenschließt, die dann die Niederschrift auslöst.“[17] Umgekehrt wäre der *Rezeptionseffekt* der Kafka'schen Texte nicht zuerst als Empfang einer wie immer verschlüsselten Botschaft zu begreifen, sondern vielmehr als Potential der Aktualisierung bzw. *Auslösung* divergenter Stimmen durch eine einzelne oder eine Sequenz gegebener Chiffren, die somit dem zeitgenössischen Leser Räume für virtuelle Konferenzen zu den drängenden kulturellen Fragen der Zeit eröffnen.

Am Kreuzungspunkt von Produktionsästhetik, Textlogik und Rezeptionsästhetik gelegen, konfrontiert das Konzept der Auslösung die poetologische Analyse mit der gleichermaßen irreduziblen wie konstitutiven Unschärfe zwischen auktorialem Kalkül bzw. Schreibverfahren, dem textimpliziten Auslösungspotential und seiner jeweils rezeptionsgebundenen Realisierung. So aktualisiert beispielsweise der nahezu das ganze Werk durchziehende und offensichtlich höchst kalkulierte Dialog der Kafka'schen Bildgesten mit dem Werk Friedrich Nietzsches (Kafkas ‚Nietzsche-Spiel')[18] an jeder Stelle potentiell nicht nur die jeweils schon bei Nietzsche mitzitierten Quellen, sondern auch die Gesamtheit der entsprechenden Nietzscheanismen, die die kulturellen und politischen Debatten der Zeit durchziehen. Kafka selbst hat dieses Verhältnis von auktorialem Kalkül und textueller Proliferation in einer Bemerkung über seinen Bureau-Schreibtisch treffend beschrieben: „Ich kenne beiläufig nur das, was obenauf liegt, unten ahne ich bloß Fürchterliches.“[19]

---

[16] Vgl. Gerhard Neumann, Lektüre und Lebenswelt, in: ders., Hg., *Canetti als Leser*, Freiburg, S. 7-32; S. 12.

[17] Heinz Hillmann, Der Schaffensprozess, in: *Kafka-Handbuch, Bd. 2: Das Werk und seine Wirkung.* Unter Mitarbeit zahlreicher Fachwissenschaftler hrsg. v. Hartmut Binder, Stuttgart 1979, S. 15-35; S. 16f.

[18] Dazu ausführlich B.W., Insuring Nietzsche. Kafka's Files, in: *New German Critique*, no. 99, 2007 (im Druck).

[19] Franz Kafka, *Briefe an Felice und andere Korrespondenz aus der Verlobungszeit*, hrsg. v. Erich Heller und Jürgen Born, Frankfurt a.M. 1976, S. 153.

2. Forschung: Grundlinien und Grenzen digitaler Erschließung

a. Konzeption. Erst an diesem Punkt der Reflexion und unter diesen Voraussetzungen ist es u.E. sinnvoll, über eine hypertextuelle Remediatisierung des Kafka'schen Schreibverfahrens nachzudenken. Die Vorstellung einer *Implementierung* des Buches durch Hypertext, die die einschlägigen Projekte bis heute dominiert, mithin die Idee der Einlösung oder gar Erlösung des Print-Textes im elektronischen Schreibraum, ist vor dem skizzierten Hintergrund zu streichen.[20] Erheblichen Erkenntnis- und Nutzungsgewinn verspricht das neue Medium freilich dann, wenn man es konsequent als *Supplementierung* des alten, als *neuartige Möglichkeit nicht der Decodierung, sondern der Exploration* jenes Schreibraums der Print-Literatur konzipiert, der in der literarischen Moderne seinerseits zum einem Raum intermedialen Experimentierens im Zeichen der durch die heraufkommenden elektronischen Medien ,bedrohten' Schrift wird. Das lässt sich am Gegenstand der Kafka'schen Krypto-Protokolle, seiner Literatur, die zugleich Medium des Vergessens und historisches Archiv ist, beispielhaft vorführen. Jenseits der beiden vertrauten Pole hermeneutischer Lektüre: der schon von Bachtin beklagten Vereindeutigung der seriellen Vielstimmigkeit, die „das symphonische (orchestrierte) Thema in einen Klavierauszug [transponiert]",[21] und dem sich am Rauschen des Textes berauschenden Beharren auf dessen Unlesbarkeit, eröffnet seine hypertextuelle Supplementierung einen neuen Zugang zum und Umgang mit dem gedruckten Text, eine Technik und Praxis der Lektüre, die den Aufschub der Sinnbildung zu einem historischen Explorationsprozess in der „frische[n] Luft der referentiellen Bedeutung"[22] geraten lässt und die zugleich die Selektivität solcher Explorationen im Bewusstsein hält, reflektierbar macht und somit in eine schriftliche Entfaltung der Lektüre (in die Forschungsliteratur mithin) zurückspeist.

Der *Kafka-Hypertext* bewegt sich demnach methodisch im Horizont des oben zitierten Schreibtisch-Szenarios. Er stellt darauf ab, Kafkas Text (den *Matrix-Text*) als „hypermnemische Maschine" (Derrida, s.o., Anm. 20) zu rekonstruieren, aus dem Gemurmel der Stimmen und Diskurse der Kafka-Zeit (den *Echo-Texten*) die Umrisse seines ,Bureaus' hervortreten zu lassen. Durch das

---

[20] Für Kafka gilt wörtlich das, was xbereits vor mehr als zwei Jahrzehnten Derrida für Joyce konstatiert hat. Ebenso wenig, wie Kafkas Schreibtisch der seine ist, ist Joyces Werk das seine, sondern das eines „sadistic demiurge, setting up a hypermnesiac machine, there in advance, decades in advance, to compute you, control you, forbid you the slightest inaugural syllable because you can say nothing that is not programmed on this 1000th generation computer [...] beside which the current technology of our computers and micro-computerified archives and our translating machines remains a *bricolage* of a prehistoric child's toys" (Derrida, Two Words [Anm. 2], S. 147.

[21] Michail M. Bachtin, Das Wort im Roman, in: M.M.B., *Die Ästhetik des Wortes*, hrsg. v. Rainer Grübel, Frankfurt a.M. 1979, S. 154-300; S. 158.

[22] Paul de Man, *Allegorien des Lesens*, Frankfurt a.M. 1988, S. 33.

Raster der Erzähl-Chiffren hindurch soll zum einen die durch Kafkas auktoriales Kalkül zumindest „beiläufig“ kontrollierte „Oberfläche“ seines „Schreibtisches“ (das *auktoriale Emergenzfeld*) – methodisch zu verifizieren anhand ‚starker‘ Resonanzen zwischen dem Matrix-Text und solchen Echo-Texten, die sich im Lektürefeld des Verfassers ansiedeln lassen – möglichst präzise konturiert, zum anderen die für den Schreibenden allenfalls ahnungsweise zu erfassende Proliferationszone (das *historische Emergenzfeld*) seiner Signal-Chiffren Punkt für Punkt angedeutet werden.[23] Dabei ist die Unschärfezone, die den Grenzwert dieser Explorationen bildet, nicht als Problem mangelnder quellenphilologischer Eindeutigkeit zu begreifen, sondern a) als genuin ästhetischer Effekt der Kafka'schen Schreibweise und damit b) zugleich als Grundvoraussetzung eben dieser remediatisierenden Exploration mittels Hypertext.[24] Mit diesem Zugang zu Kafkas Werk ist eine grundlegende Umwälzung der bisher dominanten Forschungslogik verbunden: an die Stelle des Widerstreits oder Nebeneinanders divergenter quellenphilologischer Wahrheiten einerseits und der gleichermaßen radikalen wie unmöglichen Ausblendung des ‚Außen‘ des literarischen Textes

[23] Es geht hier, mit anderen Worten, nicht länger um den traditionellen editionsphilologischen Kampf um Gewissheiten, sondern um die methodisch kontrollierte Entfaltung eines Wahrscheinlichkeitsfeldes, dessen konstitutive Kriterien sich aus (a) intertextuellen Befunden (prägnante und/oder rekurrente Matrixtext-Echotext-Beziehungen (b) rezeptionsbiographischen Fakten/Indizien und (c) problemalen Analogien zwischen Matrixtext und Echotext bestehen.

[24] Die literaturtheoretischen Implikationen dieser Begriffsbildung können an dieser Stelle nur angedeutet werden. Bekanntlich hat der *new historicism* die quasi-religiöse Abtrennung der Rhetorizität eines Textes von seiner Historizität zurückgewiesen und stattdessen die Zirkulation rhetorischer Figuren zwischen literarischen und nicht-literarischen Texten in den Blick genommen, ohne dabei freilich auf ein außertextuell oder prädiskursiv existentes Autoren-Subjekt zurückzugreifen (für einen Überblick über diese Debatte s. Stefan Andriopoulos, *Unfall und Verbrechen. Konfigurationen zwischen juristischem und literarischem Diskurs um 1900*, Pfaffenweiler 1996, S. 5-12). Erscheint die Differenz zwischen der Literatur und ihrem Außen so nicht mehr als unüberbrückbar Hiatus, sondern als Schwelle zwischen unterschiedlichen Diskursen, so zielt die Unterscheidung zwischen auktorialem und historischem Emergenzfeld auf eine Reemphatisierung dieser Schwelle ab. Denn wenn auch der literarische Diskurs durch dieselben kulturellen Poetiken mit-konstituiert sein mag wie etwa der juristische, der medizinische, der ökonomische etc., so ist so die Komplexität und die Mannigfaltigkeit der Verknüpfungsregeln (des Referentials im Sinne Foucaults) dort weit größer als hier. Ein gegebener literarischer Gegenstand (etwa: das Werk Franz Kafkas) ist deshalb von diesen kulturellen Poetiken her in seiner Spezifik nicht angemessen zu erfassen, er ist zunächst auf das – mehr oder weniger – singuläre *Schreibverfahren* zurückzuführen, das sich mit dem Namen eines Autors verbindet. Diese Besonderheit des literarischen ‚Diskurses‘ wird in der Unterscheidung zwischen auktorialem und historischem Emergenzfeld notiert. Der Begriff des ‚Autors‘ verweist in diesem Zusammenhang dann nicht auf einen Ursprung des Textes, sondern auf den empirischen Ort der Kreuzung und Überlagerung von Datenströmen und des Experimentierens mit ihrem Rearrangement. Der ästhetische Sonderstatus literarischer Texte im intermedialen Feld wird damit weder ‚transzendentalisiert‘ noch ‚kulturpoetisch‘ eingeebnet.

tritt, als Spezialfall einer „medialen Historiographie“[25], die methodisch kontrollierte und differenzierte Entfaltung seines historischen Emergenzfeldes, das dem Leser/Nutzer nun als singuläres historisches Archiv kultureller Fragen und Problemstellungen zur Verfügung steht.

b. Erschließung

Als Ausgangspunkt und Grundlage für die digitale Erschließung dieses Archivs dient uns die Rekonstruktion des auktorialen Feldes. Dazu gehört zunächst die Auswertung der eigenen Kommentare und Notizen, die uns von Kafka im Hinblick auf seine Lektüren, aber auch seine Theater- oder Kinobesuche, Bildbetrachtungen, Reisen etc. überliefert sind. Hierauf aufbauend wird es darum gehen, einen Grundriss der Kafka'schen Lektüre-Biographie zu gewinnen, die Felder, Ströme und Konjunkturen seiner Rezeptionen zu vermessen und seine Rezeptionsgewohnheiten und –haltungen zu skizzieren. In dieser Hinsicht lässt sich auf eine reiche Forschungslage aufbauen, etwa die detailreichen Handbücher und Kommentare Hartmut Binders, oder so inspirierte Spezialuntersuchungen wie Hanns Zischlers Buch über Kafka als Kinogänger. Hingegen gibt es immer noch weite Bereiche, die einer detaillierten Bearbeitung harren, so etwa der Sektor der soziologischen, sozialpolitischen, -medizinischen und –statistischen Schriften, der sich Kafka durch seine Arbeit als Sozialversicherungsjurist eröffnete, oder auch der Strom der Kafka zugänglichen Zeitschriften und Tageszeitungen, der durch die beginnende digitale Aufbereitung in naher Zukunft erstmals gezielt zu erschließen sein wird.
Die primäre Verdatung des auktorialen Feldes erfolgt mithilfe einer relationalen Datenbank. Dabei sind zunächst drei Gruppen oder Sorten von Datensätzen methodisch zu unterscheiden:

1) die gesicherten, durch Kafka selbst, seine Zeitgenossen oder andere Quellen bezeugten Lektüren
2) die in der Forschungsliteratur behaupteten oder erörterten Lektüren
3) durch projekteigene Forschungen erschlossene Lektüren

Die Datenbank enthält demnach Informationen über Kafkas Lektüren (Primärmediographeme bzw. Echo-Texte) ebenso wie über die vorliegenden bzw. laufenden Forschungen zu diesen Lektüren (Sekundärmediographeme). In letzterer Hinsicht werden nicht allein bibliographische Angaben aufgenommen, sondern, idealiter, jeweils auch Exzerpte zu den wichtigsten Rezeptionshypothesen sowie ggf. zu Befunden von ‚Intertextualitäts'-Beziehungen (einschließlich der jeweiligen ‚begrifflichen' Klassifikation dieser Beziehungen, wie etwa ‚Motiv', ‚Material', ‚Einfluss', ‚Zitat', ‚Anspielung', ‚Kontrafaktur' etc.).

---

[25] Vogl, Joseph, et alii, *Konzept zum Graduiertenkolleg "Mediale Historiographien*, http://www.uni-weimar.de/medien/kuenstlichewelten/ forschung/forschung_kolleg.htm.

Dabei wird sogleich deutlich, dass nur die Echo-Texte der ersten Datengruppe eine klar begrenzte Menge bilden und somit bereits in der laufenden ersten Projektphase vollständig erfasst werden können. Schon die vorliegende Forschungsliteratur zu den ‚gesicherten Lektüren' ist extrem weitläufig und zudem permanent im Wachsen begriffen. Ein Vielfaches davon ergibt das – umso rascher wachsende – Korpus der Sekundärliteratur über vermutete Lektüren und ‚Einflüsse'; es kann daher von Beginn an nur in Form scharf definierter Teilprojekte erschlossen werden. Gleiches gilt für die Erschließung noch wenig oder überhaupt nicht beforschter Lektürefelder und –ströme, deren Ausmaß weit größer ist als es die weitgehend auf einigen Haupttrassen sich bewegende printbasierte Forschung[26] vermuten lässt.
In einer zweiten Verdatungsstufe werden die erfassten Primärmediographeme mithilfe einer Reihe von Deskriptoren gerastert, das Feld der Lektüren mithin durch forschungslogische Kriterien strukturiert: *medientheoretisch* nach Medienelementen (Schrift/Bild/Ton) und nach den diversen Einzelmedien, *diskurstheoretisch* nach Wissensfeldern und Problemkonjunkturen (die Serie der damals virulenten ‚Fragen', wie etwa der ‚Arbeiterfrage', und ‚Frauenfrage', oder der ‚Tschechenfrage' und der ‚Judenfrage'), *literaturtheoretisch* nach Textgenres, *historisch* nach Epochen und *biographisch* nach dem Zeitpunkt bzw. der Lebensphase, der sich eine Lektüre zuordnen lässt.
Die dritte Verdatungsstufe schließlich soll die Darstellbarkeit der Datenbank durch einen dynamischen Hypertext ermöglichen. Sie besteht in der Verknüpfung der hier gespeicherten Echo-Texte mit dem Kafka'schen Matrix-Text anhand von Chiffren. Deren Konzeption und Definition bezeichnet den theoretischen bzw. methodischen Angelpunkt des ganzen Vorhabens; sie bilden daher den Mittelpunkt des folgenden Abschnitts.

3. Darstellung/Nutzung

Die im vorigen Abschnitt skizzierten Erschließungsarbeiten ermöglichen – bereits in einem frühen Stadium der Projektentwicklung beschränkt verfügbare – Datenbankabfrage zu Kafkas Lektüren im Horizont seines literarischen Werkes. Schon mit der Realisierung dieses Nutzungsangebots wäre nicht nur eine im Vergleich zur printbasierten Sekundärliteratur deutliche Optimierung der Verfügbarkeit forschungsrelevanter Basisinformationen erreicht, sondern auch um-

[26] Die Frage des Trägermediums betrifft ja nicht erst die Darstellung der Ergebnisse, sondern vielmehr bereits die Erschließung der Quellen. So wird im Zuge der Digitalisierung historischer Bestände von Zeitschriften und Zeitungen die Funktion des Findens und Verbindens von ‚Stellen' mit dem Kafka'schen Matrix-Text sehr rasch den ihr gebührenden Rang einer sekundären bzw. tertiären Forschungsleistung einnehmen, die zahlreichen Fundbüros werden womöglich gar durch eine Reihe weniger zahlreicher Bureaus zur Vermessung des Kafka'schen Matrix-Textes in seiner ganzen intermedialen Komplexität ersetzt werden.

gekehrt würde der gezielte Zugriff auf eben diese gedruckte Forschungsliteratur begünstigt. Die entscheidende Innovation des *Virtuellen Kafka-Bureaus* besteht aber erst in dem Angebot, das Informationspotential der Datenbank mithilfe der Navigationsfunktionen eines dynamischen Hypertextes zu erschließen.

Bietet das Medium Hypertext die prinzipielle Möglichkeit, ein gegebenes Werk als materialen Text mitsamt dem durch ihn konstituierten transtextuellen/transmedialen Raum als „freie Zusammenstellung unendlich manipulierbarer Bruchstücke"[27] erscheinen zu lassen, so stellt der *Kafka-Hypertext* aufgrund des bislang skizzierten Forschungsrahmens bereits eine organisierte Intervention in diesen Raum dar. Seine *Elemente* sind

➔ (a) der *Matrix-Text*: Kafkas literarische Texte

➔ (b) der *Echo-Text*: idealerweise die Gesamtheit der medialen Einheiten (Textfragmente, Bilder, Filmsequenzen, etc.), die der Matrix-Text als transtextuellen/transmedialen Raum konstituiert. In der Praxis wird diese Gesamtheit vom Zentrum zu den Rändern hin und in differenzierten Teilprojekten zu erschließen sein (s. oben, Abschnitt 2b).

➔ (c) *Kommentare* zum Ort der Elemente aus (b) in Kafkas Lektürebiographie

➔ (d) *ikonologische und ikonographische Informationen*

➔ (e) *Erläuterungen* (enzyklopädische Informationen) zu Personen, Ereignissen, Sachverhalten etc.

➔ (f) *Essays* zu theoretischen, historischen und informatischen Aspekten des *Kafka-Hypertextes.*

Die Zusammenstellung dieser Elemente erfolgt am Leitfaden vierer *Raster*:

➔ (a) dem konstitutiven Raster der *Chiffren* (Matrix-Text-Raster). In der Generierung/Entwicklung dieses Rasters liegt die zentrale methodische Herausforderung des Vorhabens. Wie oben bereits angedeutet wurde, bezeichnen Chiffren keine semiologischen Strukturen wie etwa Symbole oder Allegorien, sondern Elemente bzw. Element-Bündel eines Matrix-Textes in Bezug auf ihr jeweiliges Potential, einen Raum von Echo-Texten zu konstituieren. Sie bezeichnen also den Schnittpunkt zwischen einer oder mehreren intratextuellen und einer oder mehreren intertextuellen Verknüpfungslinie, emergieren stets aus der komplexen Differenz zwischen mehreren Matrix-Text-Elementen und den durch sie ausgelösten Echo-Text-Elementen. Chiffren sind demnach niemals textuelle Gegebenheiten, sondern die Resultate von methodisch reflektierten Zuordnungsleistungen.

➔ (b-d) den differenzierenden Rastern der *Diskurse*, der *Medien* und der *Echo-Texte.*

---

[27] Roger Chartier, Die geschriebene Botschaft und ihre Rezeptionen. Vom Codex zum Bildschirm, in: *Neue Rundschau*, Jg. 106, Nr. 3, S. 117-131; S. 122.

Auf dieser Grundlage eröffnet der *Kafka-Hypertext* dem Nutzer zunächst drei verschiedene *Zugänge* (*Nutzungs-Modi*) zu einer gegebenen Einheit des Matrix-Textes (z.B. Geschichte, Romankapitel) und ihrem transtextuellen/transmedialen Emergenzfeld:

➔ (a) die *Übersicht* über sämtliche Chiffren, Diskurse, Medien und Quellen, die mit dem Matrix-Text korreliert sind. Zudem knappe Informationen zur Entstehungs- und Publikationsgeschichte, bibliographische Informationen zur Forschungsliteratur, sowie Links zu den je relevanten HT-internen Essays und Erläuterungstexten (in Gestalt eines ‚story menue')

➔ (b) die *kontextualisierte Lektüre*

➔ (c) die *explorative Navigation*

In der operationalen Unterscheidung und Verknüpfung von (b) und (c) liegt die für die gesamte Konzeption des *Kafka-Hypertextes* grundlegende methodische Vorentscheidung. Sie basiert auf der Annahme, dass Transtextualität zwar durch semiotische Prozesse konstituiert wird, dass der Begriff selbst aber nicht semiotische, sondern pragmatische, vor allem interdiskursive und intermediale Beziehungen bezeichnet. Die Chiffren des Matrix-Textes verweisen, in der hier gewählten produktionsästhetischen Blickrichtung, nicht auf verschlüsselte Bedeutungen, sondern sie konstituieren Nachbarschaftszonen[28] für heterogene und divergente Stimmen, Diskurse und Medien. Unter dieser Voraussetzung geht die

---

[28] Im Sinne des ‚maschinellen' Textes bei Deleuze, der, anstatt stabile semiotische Beziehungen (durch Identifikation, Nachahmung, Mimesis) zu etablieren, Prozesse eines Werdens auslöst, die darin bestehen, die „Zone einer Nachbarschaft, Ununterscheidbarkeit oder Nicht-Differenzierung [zu] finden, so dass man sich nicht mehr von *einer* Frau, von *einem* Tier oder *einem* Molekül unterscheiden kann: Diese sind nicht ungenau oder allgemein, sondern unvorhergesehen, nicht-vorgegeben und um so weniger in einer Form bestimmt, als sie sich in einer bloßen Menge singularisieren. Man kann eine Nachbarschaftszone mit allem Möglichen einrichten, vorausgesetzt man schafft dazu die literarischen Mittel [...]" (Gilles Deleuze, *Kritik und Klinik*, Frankfurt a.M. 2000, S. 11.) In diesem Sinne stiftet etwa Kafkas die Menschen nachahmender Affe Rotpeter keine vorhersehbare Allegorie, sondern er/seine Lektüre singularisiert sich in jeweils derjenigen Menge von Echos (Texte, Bilder, Töne), die seine detailreiche Rede im historischen Emergenzfeld auslöst. Die digitale Remediatisierung der „literarischen Mittel", die dieses kollektive Affe-Werden-im-Mensch-Werden der Juden, Deutschen, Tschechen, Künstler, Studenten, Menschen und Tiere ermöglichen, die ihrerseits nichts anderes ‚sind' als ein virtueller Medienverbund, zielt dabei nicht auf die sinnbildende Kolonisierung dieser Zone des Unvorhergesehenen, ihre Territorialisierung als Kontext, sondern auf die Steigerung und Intensivierung ihres Unbestimmtheits-Potentials. Hinter dem Affenplan des Schulcurriculums winken hier die Praxis und die Technik einer Lektüre, in der das ‚Mensch-Werden' einmal vom ‚Affe-Werden', vom gebeugten Rücken im schwitzenden Pelz abgetrennt wäre.

verbreitete Vorstellung fehl, das Medium Hypertext müsse in den semiotischen Prozess der Lektüre gleichsam intervenieren, indem es die Wörter, Wortgruppen oder „Lexien" (Barthes) des literarischen Textes in „clickable links" verwandelt.[29] *Anstatt* – im Gefolge Vannevar Bushs und dem Entwurf seiner Memex-Maschine („As we may think")[30] – *den Hyperlink mit der assoziativen Bewegung der Textlektüre zu gleichzusetzen und zu verwechseln, kommt es darauf an, die Grenze zwischen dem Textkörper und dem Hypertext und damit den Spielraum des durch die Lektüre ausgelösten semiotischen Prozesses zu wahren.* Zu diesem Zweck wird zunächst auf der linken Seite eines vertikal geteilten Bildschirms der Kafka'sche Matrix-Text ohne weitere Eingriffe zur linearen Lektüre dargeboten, während die recht Spalte durch prägnante Textstellen, Bilder oder Icons diejenigen Echo-Texte knapp andeutet, die nach den oben skizzierten Kriterien (historisches Emergenzfeld, auktoriales Feld) dem laufenden Text jeweils zuzuordnen sind. Über das ‚story menue' kann der Nutzer dabei auswählen, ob er alle erfassten Echo-Texte neben dem laufenden Matrix-Text aktualisieren möchte oder, aufgrund eines bereits selektiv zugespitzten Interesses, einen einzelnen Echo-Text oder eine (chiffren-, autor-, diskurs- oder medienspezifische) Gruppe. In jedem Falle bleibt die Zuordnung oder Nicht-Zuordnung zwischen Matrix-Text-Elementen und Echo-Text-Elementen prinzipiell eine Leistung des Lesers bzw. eine Funktion des durch die Lektüre ausgelösten semiotischen Prozesses. Der Hypertext fungiert nicht als Implementierung, sondern als Supplementierung dieses Prozesses.

An jeder Stelle der kontextualisierenden Lektüre wird es dabei dem Nutzer ermöglicht, diese Lektüre für kürzere oder längere Zeit zu unterbrechen und in den Modus der *explorativen Navigation* zu wechseln. Das Aktivieren (‚Anklicken') eines gegebenen Echo-Text-Icons öffnet den Zugang zur Tiefenstruktur des Hypertextes. Der Nutzer kann hier, ausgehend von und verbleibend im Horizont einer spezifischen Beziehung zwischen Matrix-Text und Echo-Text, die Informationsbestände der Datenbank abrufen; er verfügt somit neben dem abstrahierend-selektiven Zugang einer Datenbankabfrage auch über den konnektiv-explorativen Zugang eines Hypertextes auf deren Datenmaterial. Dabei gelangt er zunächst auf eine Relais-Seite, über die das vollständige Echo-Element mit den vier Rastern verlinkt ist. Durch Aktivierung des Chiffren-Menüs öffnet sich zunächst ein Überblick über das gesamte Echo-Feld, das die dem Ausgangselement zugeordnete(n) Chiffre(n) konstituiert, sowie der Zugriff auf die je relevanten allgemeinen medien-, diskurs-, quellen- und bildgeschichtliche Informationen. Analoges gilt für die anderen Raster-Elemente. Dabei kann

[29] Vgl. George Landow, *Hypertext: The Convergence of Contemporary Critical Theory and Technology*. Baltimore 1992, S. 52f.

[30] So der Titel des ‚klassischen' Aufsatzes von Vannevar Bush, zuerst erschienen in Atlantic Monthly, no. 176, 1945, S. 101-108; wiederabgedruckt in Paul A. Mayer, Hg., *Computer media and communication: a reader*, Oxford 1999, S. 23-36.

der Nutzer von jedem Punkt des gewählten Navigationspfades zu dem im Zuge der linearen, kontextualisierten Lektüre gewählten Ausgangspunkt zurückkehren. Die hier umrissene Unterscheidung zwischen kontextualisierter Lektüre und explorativer Navigation löst im Übrigen mit dem informationsökonomischen Widerspruch zwischen Lesbarkeit (readability) und Verwendbarkeit (usability) ein hypertexttechnisches Grundproblem mit literaturtheoretischen Implikationen: *jenseits der (begrenzt produktiven) Unterscheidung zwischen Lesbarkeit und Unlesbarkeit entfaltet die hypertextuelle Remediatisierung des Kafka-Textes den Raum seiner Nutzbarkeit als Portal zu einem kulturgeschichtlichen Archiv eigenen Zuschnitts*. Die lineare Lektüre wird hierdurch nicht ersetzt, sondern im Hinblick auf ihre Komplexität und Reflexivität entscheidend erweitert.

4. Adressaten

Der *Kafka-Hypertext* stellt eine digitale Arbeitsumgebung für eine integrale, zeichen-, diskurs-, und medientheoretisch informierte Literaturwissenschaft zur Verfügung. Dabei handelt es sich zunächst um ein Angebot für

➔ die *fachlich spezialisierte Forschung* zum literarischen Werk Franz Kafkas und seinem diskursiven, medialen und kulturellen Feld. Hier fungiert der *Kafka-Hypertext* (1) als werkspezifisch organisiertes Archiv, (2) als Forum für methodische und theoretische Diskussionen und somit (3) als Medium zur Weiterentwicklung („Remediatisierung“) der literaturwissenschaftlichen Forschungslogik und –ökonomie. Auf dieser Basis ergibt sich, je nach institutionellem Organisationsgrad, eine Reihe weiterer potentieller Adressatengruppen:

➔ *Forschungsprojekte im Bereich der dynamischen digitalen Archivierung* von i.w.S. kulturellen Verweiszusammenhängen, insbesondere unter dem Aspekt hypertexttechnischer Lösungsmöglichkeiten

➔ *die Forschung zur Mediengeschichte und zur Kulturgeschichte der Kafka-Zeit*, die hier auf wohlstrukturierte Materialbestände wie auch auf differenzierte theoretische Diskussionen zugreifen kann

➔ *Studierende*; die Konfrontation der gerade im digitalen Schreibraum aufblühenden studentischen Kopierkunst mit der Kopierkunst Kafkas würde Studierenden einen idealen, mit dem knappen Zeitbudget eines Studiums noch kompatiblen Raum für eigene Forschungen eröffnen

➔ *Lehrer/Schüler*; der *Kafka-Hypertext* begünstigt die Einübung einer Lektürehaltung und –technik, die zwischen Texterfassung und Sinnbildung einen unabhängigen Explorationsprozess schiebt. Er könnte damit als propädeutisches Feld für ein Programm wie das in Bielefeld erprobte T.I.D.E. (Texte in digitalen Erfahrungsräumen) fungieren, das den Lernern hermeneutische Agenten zur Darstellung „interpretationsrelevante[r] Textelemente als mehr oder weniger komplexe Gefüge von Aussagen, Annahmen und Wertungen" zu Verfügung stellt.

➔ *Öffentlichkeit, Medien*

➔ *Übersetzer*; die Reflexion des historischen Resonanzraums von Wörtern und Aussagen in literarischen Texten gehört zu den zentralen Themen aktueller Debatten der Übersetzungstheorie; auf dieser Grundlage ließe sich ein kommentiertes Varianten-Archiv für die Übersetzung vom Deutschen ins Englische in den *Kafka-Hypertext* integrieren.

Literaturverzeichnis:

Andriopoulos, Stefan, 1996: *Unfall und Verbrechen. Konfigurationen zwischen juristischem und literarischem Diskurs um 1900*, Pfaffenweiler.

Bachtin, Michail M., 1979: Das Wort im Roman. In: M.M.B.: *Die Ästhetik des Wortes*, hrsg. v. Rainer Grübel, Frankfurt a.M.: Suhrkamp, S. 154-300.

Bolter, Jay D., 2001: *Writing Space. Computers, Hypertext and the Remediation of Print*, Mahwah, NJ/London.

Bush, Vannevar, 1999: As we may think. In: Paul A. Mayer, hg., 1999: *Computer media and communication: a reader*, Oxford, S. 23-36.

Chartier, Roger. 1995: Die geschriebene Botschaft und ihre Rezeptionen. Vom Codex zum Bildschirm. In: *Neue Rundschau*, Jg. 106, Nr. 3, S. 117-131.

Man, Paul de, 1988: *Allegorien des Lesens*, Frankfurt a.M.

Deleuze, Gilles, 2000: *Kritik und Klinik*, Frankfurt a.M.

Derrida, Jacques, 1984: Two words for Joyce. Trans. Geoffrey Bennington. In: *Poststructuralist Joyce: Essays from the French.* Ed. Derek Attridge and Daniel Ferrer. Cambridge, S. 145-159.

Dotzler, Bernhard J., 2002: Die Schaltbarkeit der Welt. Herman Hollerith und die Archäologie der Medien. In: Stefan Andriopoulos, B.J.D., Hg., *1929. Beiträge zur Archäologie der Medien*, Frankfurt a.M., S. 288-315.

Dotzler, Bernhard J., 2007: „Kafka zwischen den Medien". In: Joachim Paech und Jens Schröter Hg., *Untersuchungen zur Intermedialität*, München (in Vorbereitung).

Herzl, Theodor, 1896: *Der Judenstaat. Versuch einer modernen Lösung der Judenfrage*, Leipzig/Wien.

Hillmann, Heinz, 1979: Der Schaffensprozess. In: *Kafka-Handbuch, Bd. 2: Das Werk und seine Wirkung.* Unter Mitarbeit zahlreicher Fachwissenschaftler hrsg. v. Hartmut Binder, Stuttgart, S. 15-35.

Kafka, Franz, 1976: *Briefe an Felice und andere Korrespondenz aus der Verlobungszeit*, hrsg. v. Erich Heller und Jürgen Born, Frankfurt a.M.

Kristeva, Julia, 1972: Bachtin, das Wort, der Dialog und der Roman. In: *Texte zur Literaturtheorie der Gegenwart.* Jens Ihwe, hg., Literaturwissenschaft und Linguistik. Ergebnisse und Perspektiven. Bd. 3: Zur Linguistischen Basis der Literaturwissenschaft II. Frankfurt a.M., S. 345-375.

Landow, George, 1992: *Hypertext: The Convergence of Contemporary Critical Theory and Technology*. Baltimore.

Neumann, Gerhard , 1996: Lektüre und Lebenswelt. In: G.N., Hg., *Canetti als Leser*, Freiburg, S. 7-32.

Vogl, Joseph, 1994: Vierte Person. Kafkas Erzählstimme. In: *DVjs* 68, S. 745-756.

Wagner, Benno, 2006: Kafkas phantastisches Büro. In: K. Scherpe und E. Wagner, Hg., *Kontinent Kafka*, Berlin, S. 104-118.

Wagner, Benno, 2007: Insuring Nietzsche. Kafka's Files, in: *New German Critique* no. 99, (im Druck).

Teil II

Bibliographie der älteren niederländischsprachigen Literatur in deutscher Übersetzung

Dana Pflugmacher

Moderne niederländischsprachige Autoren, wie Hugo Claus, Harry Mulisch und Cees Nooteboom haben seit Mitte der achtziger Jahre ihren festen Platz auf dem deutschsprachigen Literaturmarkt.[1] Die neunziger Jahre und insbesondere 1993, das Jahr, in dem Flandern und die Niederlande Themenschwerpunkt bei der Frankfurter Buchmesse waren, gelten gemeinhin als Auslöser großen Interesses an der niederländischsprachigen Literatur in Deutschland.[2] Über hundert neue Übersetzungen erschienen aus diesem Anlass. Autoren, die, wie oben genannte, dem deutschsprachigen Publikum schon länger vertraut waren, ebneten neuen Generationen von Schriftstellern wie Connie Palmen, Thomas Rosenboom und Arnon Grünberg den Weg.

Doch ist dies nicht das erste Mal, dass die niederländischsprachige Literatur in Deutschland soviel Aufmerksamkeit genießt. Die 1993 erschienene Übersichtsstudie des Niederlandisten Herbert van Uffelen Moderne niederländische Literatur in deutscher Übersetzung 1830-1990, eine umfassende Beschreibung der Rezeption der niederländischsprachigen Literatur im deutschen Sprachraum, macht deutlich, dass beispielsweise auch im neunzehnten Jahrhundert und anschließend um die Jahrhundertwende die Literatur der Flamen und Niederländer hierzulande populär war.[3] Das umfangreiche Werk von Hendrik Conscience wurde nahezu vollständig ins Deutsche übersetzt, zur Jahrhundertwende erschien Multatulis gesellschaftskritischer Romanklassiker Max Havelaar, der bis in die siebziger Jahre zahlreiche Neuauflagen und Übersetzungen erlebte. Auch die Gedichte von Frederik van Eeden und die historischen Romane von Louis Couperus fanden bei den deutschsprachigen Lesern breite Anerkennung.

Grundlage der Studie Van Uffelens ist eine Bibliographie, die nahezu vollständig die zwischen 1830 und 1990 in der Bundesrepublik Deutschland, der ehemaligen DDR, in Österreich und der Schweiz als selbständige Publikationen erschienenen Übersetzungen niederländischsprachiger Poesie und Prosa enthält.[4] Erfasst wurden rund 3300 alphabetisch geordnete Nachweise zu Übersetzungen, ergänzt durch verschiedene Register zu Autoren, Herausgebern, Redakteuren, Übersetzern, Einheitssachtiteln, Titeln der deutschen Übersetzungen, Verfassern von Vor- und Nachworten, Illustratoren, Verlagen und Verlagsorten.

---

[1] Der Begriff niederländischsprachig umfasst in diesem Artikel die Literatur der Niederlande und Flanderns.

[2] Siehe dazu z. B. Van Uffelen (1994), S. 64-73.

[3] Van Uffelen (1993), Band 1.

[4] Van Uffelen (1993), Band 2.

Der Einfluss der niederländischsprachigen Literatur im deutschsprachigen Raum vor 1830 wurde bisher in zahlreichen Artikeln und einigen Monographien thematisiert. Eine Übersichtsstudie, wie sie Van Uffelen für die moderne Literatur geschaffen hat, existiert für diese Zeit nicht.
Im Rahmen eines von der DFG geförderten Projektes entsteht nun in Zusammenarbeit der FU Berlin mit der Universität Leipzig eine Bibliographie der älteren niederländischsprachigen Literatur in deutscher Übersetzung. An der Universität Leipzig wird unter der Leitung von HD Dr. Rita Schlusemann das Mittelalter (ca. 1100 bis ca. 1550), an der FU Berlin unter Leitung von Prof. Dr. Jan Konst und Dr. Bettina Noak die frühe Neuzeit (ca. 1550 – 1830) bearbeitet.
Die Bibliographie versteht sich als Ergänzung der Bibliographie von Van Uffelen. Geplant ist nach Abschluss der Arbeit eine Veröffentlichung sowohl in Druckform als auch als eine über das Internet zugängliche Datenbank, die Aktualisierungen ermöglicht. Ziel ist es, eine möglichst vollständige Übersicht über die zwischen 1100 und 1830 ins Deutsche übersetzte niederländischsprachige Literatur zu schaffen, die weitere Forschung ermöglicht. Aufgenommen werden selbständige und unselbständige, integrale und fragmentarische Übersetzungen. Auch Werke, die aus einer anderen Ursprungssprache über eine niederländische Zwischenstufe ins Deutsche übersetzt wurden, werden erfasst.

Die frühe Neuzeit, die an dieser Stelle nur am Rande erwähnt werden soll, gilt, allgemein betrachtet, als eine Zeit intensiver literarischer Kontakte zwischen Deutschland und den Niederlanden. Besonders viel übersetzt wurden Werke des Leidener Altphilologen Daniel Heinsius sowie des Moralisten und Em-blematikers Jacob Cats, dessen Gesamtwerk zwei Mal komplett ins Deutsche übertragen wurde.[5]
Im Folgenden soll es speziell um die Erstellung der Bibliographie hinsichtlich der mittelniederländischen Literatur in deutscher Übersetzung gehen und um einige Probleme und Fragestellungen, die diese Periode betreffen.
Das ist zunächst die Frage der Sprachgrenzen, die bis ins Spätmittelalter nicht eindeutig festgelegt werden können.[6] Diese Problematik zeigt sich besonders deutlich an der Literatur des historischen Kulturraumes an Rhein und Maas, der aufgrund seiner heutigen geographischen Lage überwiegend zum Randgebiet der mediävistischen Niederlandistik und Germanistik gehört.[7] Der überragende

[5] Zu einer Übersicht zur niederländischsprachigen Literatur in deutscher Übersetzung im siebzehnten Jahrhundert siehe F. van Ingen (1981) und G. Schönle (1968).
[6] Siehe dazu de Grauwe (2003).
[7] Der rhein-maasländische Raum umfasst die Bistümer Köln und Lüttich, im Norden Teile der Bistümer Utrecht und Münster, im Süden die Kirchenprovinz Trier. Den politischen Rahmen weltlicher Herrschaften bilden die Territorien Geldern, Kleve, Brabant (in seinen östlichen und nordöstlichen Teilen), Loon, Limburg, Jülich, Berg und einige kleinere Herrschaften in der Nordeifel, an der Maas und am Ostrand; siehe Goossens (1996), S. 45-60 und Tervooren (2006).

Autor dieses Raumes ist Heinrich van Veldeke. Er stammt wahrscheinlich aus dem Gebiet westlich der Maas, vermutlich aus der Nähe von Hasselt und war in den letzten Jahrzehnten des zwölften Jahrhunderts tätig. Veldeke wird als Dichter sowohl von der niederländischen als auch von der deutschen Literaturgeschichtsschreibung große Bedeutung zugemessen. Sein Eneasroman ist in sieben beinahe vollständigen Textzeugen und fünf weiteren Fragmenten überliefert, die aus mitteldeutschen und oberdeutschen Handschriften aus dem zwölften bis fünfzehnten Jahrhundert stammen.[8] Die Untersuchung seiner Reimtechnik belegt, dass Veldeke den Roman nicht, wie lange Zeit vermutet, ursprünglich in einem maasländisch-westlimburgischen Dialekt verfasst hat, sondern, dass er sich an der rheinfränkisch-hessischen Dichtung orientierte.[9] Um 1170 schrieb Heinrich von Veldeke eine Servatius-Legende, für die er eine lateinische Quelle benutzte. Servatius ist der große Heilige des Maaslandes, seine Verehrung verbreitete sich von Maastricht über die Kölner Kirchenprovinz bis zur Untermosel nach Trier. Überliefert ist eine vollständige Handschrift aus dem späten fünfzehnten Jahrhundert, die aus einem Haus der Begarden in Maastricht stammt und einen limburgischen Dialekt, wie er in Maastricht und seiner Umgebung gesprochen wurde, verwendet.[10] Die Fragmente (rund 350 Verse) stammen aus der Zeit um 1220 und sind ebenfalls in einem limburgischen Idiom verfasst.[11] Man nimmt daher an, dass Heinrich von Veldeke hier die Sprache seiner Heimat verwendete und nicht wie im Eneasroman das Mittel- und Oberdeutsche, das einen breiteren Leser- und Hörerkreis erreichen konnte.

Als zweites Beispiel für das Problem der Sprachgrenzen soll an dieser Stelle noch kurz auf das sog. Maastrichter (ripuarische) Passionsspiel eingegangen werden.[12] Dieses Spiel, das Julius Zacher 1842 in der Erstedition als „ältesten überrest niederländischer dramatischer poesie“ bezeichnete, ist in einer Sammelhandschrift der Königlichen Bibliothek in Den Haag (unvollständig) überliefert, die nach dem Hauptteil der Texte gemeinhin als Limburger Sermoenen bezeichnet wird.[13] Die sprachliche Einordnung der etwa 1500 meist paargereimten Verse war lange umstritten: Während Zacher das Spiel dem Mittelniederländischen zuordnete, beschrieb der Niederlandist Henrik Moltzer den Text in einer neueren Edition als „nederrijnsch“.[14]

Im Gegensatz zu Heinrich von Veldeke, den die beiden Nachbarphilologien jeweils für sich beanspruchen, war im Falle des Passionsspiels zumindest in der Vergangenheit eher die Tendenz zu beobachten, den Text gerade der jeweils an-

---

[8] Die Angaben beruhen auf Tervooren (2006), S. 89.
[9] Siehe Tervooren (2006), S. 99.
[10] Die Handschrift befindet sich in der UB Leiden.
[11] Die Fragmente befinden sich in München, Berlin, Leipzig und London.
[12] Zur Bezeichnung Maastrichter (ripuarisches) Passionsspiel, siehe Dauven-van Knippenberg (2003), S. 95-108.
[13] Zacher (1842), S. 302-350.
[14] Moltzer (1875).

deren Seite zuzuweisen. Vielleicht ist das auch ein Grund für die im Gegensatz zu Veldeke eher bescheidene Beachtung, die diese Dichtung erfuhr. Im Falle des Passionsspiels ist man sich, wie die Bezeichnung auch schon vorgibt, inzwischen einig hinsichtlich der Lokalisierung in das Westripuarische, genauer auf den Aachener Raum.[15] Der Text wurde aufgrund dieser Lokalisierung nicht in die neuere niederländische Literaturgeschichtsschreibung aufgenommen.[16]
Vor allem das letzte Beispiel zeigt, dass eine Interpretation mittelalterlicher Texte vor dem Hintergrund der neuen nationalstaatlichen Grenzen der Forschung nicht immer förderlich ist. Immer häufiger rückt daher in letzter Zeit eine Betrachtungsweise in den Vordergrund, die stattdessen den kulturhistorischen Raum betont.
Ein zweites Problem hinsichtlich einer Bibliographie der älteren niederländischen Literatur in Deutschland ist die Auslegung des Begriffes der Übersetzung für diese Periode.
Nach heutigen Normen gestatten sich mittelalterliche Übersetzer oft große Freiheiten hinsichtlich ihrer Quelle. Ein Beispiel dafür ist der Roman van (Heinric ende Margriete van) Limborch, ein ursprünglich mittelniederländisches Gedicht von mehr als 22000 Versen, verteilt über zwölf Bücher, dessen Entstehungszeitraum im Allgemeinen auf die Jahre 1291 bis 1317 datiert wird. Verfasst wurde es von einem anonymen flämischen Dichter am brabantischen Hof.[17]
Der Sängermeister Johann von Soest vollendete 1480 am Heidelberger Hof eine rheinfränkische Version des Romans, der die Geschicke der Kinder Heinric und Margriete des Herzogs Otto von Limburg behandelt. Hauptthema ist die Verteidigung Konstantinopels gegen die heidnischen Völker, zu der sich die Fürsten des christlichen Abendlandes zusammenfinden. Das Werk endet mit zahlreichen Hochzeiten, darunter der Heinrics (er heiratet die Thronerbin von Konstantinopel) und Margrietes (sie heiratet den Herrscher von Armenien).
Im Prolog zum IV. Buch erklärt Johann von Soest, er habe das Buch aus dem Flämischen ins Deutsche umgesetzt, „transfyryrt“. Wie dieser Begriff auzulegen ist, wird in der Literatur diskutiert.[18] Ein Vergleich der niederländischen Tradi-

---

[15] Siehe Bergmann (1972); Tervooren (2006), S. 226.

[16] Siehe Erenstein (1996), S. 25.

[17] Die Angaben beziehen sich auf Kienhorst (1988), S. 102 – 112. Der Roman ist in zwei Handschriften vollständig erhalten (daneben gibt es neun Fragmente). Handschrift A (UB Leiden) aus Westbrabant, datiert auf die erste Hälfte des vierzehnten Jahrhunderts, Handschrift B (Königliche Bibliothek Brüssel), eine wortgetreue Umsetzung Übersetzung ins Ripuarische, die zwischen 1420 und 1430 entstanden ist und als Repräsentant für die niederländische Tradition gilt.

[18] Duijvestijn (1994), S. 153 interpretiert Johanns Bezeichnung als keine wörtliche Übersetzung, sondern eine freie, persönliche Behandlung des Stoffes, ohne in den Verlauf der Geschichte einzugreifen. R. Schlusemann (1997), S. 186 -188, geht davon aus, dass der Auftraggeber (Phillip der Aufrichtige) eine Übersetzung des Originals wollte, Johann machte daraus eine eigenmächtige und eigenwillige Bearbeitung.

tion mit Johanns Bearbeitung zeigt, dass Johann den Text zwar nahe am Original übersetzte, jedoch eine Reihe von Versen und teilweise auch ganze Textabschnitte hinzufügte, andererseits Verse wegließ und mit seiner Bearbeitung deutlich didaktische Zwecke verfolgte.[19]

Doch es sind auch Texte überliefert, die mit unseren heutigen Erwartungen an eine Übersetzung übereinstimmenen. Beispiele dafür sind die drei anderen Romane mittelniederländischen Ursprungs am Heidelberger Hof, Malagis, Reinolt von Montelban und Ogier von Dänemark. Die Epen, in denen der mächtige Frankenkönig Karl eine zentrale Rolle spielt, sind so wortgetreue Übersetzungen, dass sie als Repräsentanten der niederländischen Tradition betrachtet werden.[20]

Um solche wortgetreuen Übersetzungen von freieren Umsetzungen, wie dem Limborch-Roman abzugrenzen, führte der Medioniederlandist Willem Gerritsen die Unterscheidung zwischen Übersetzung, Bearbeitung (oder Adaption) und Umschrift ein. Werke, die wie der Limborch-Roman inhaltlich von ihrem Ursprungstext abweichen, ohne deutlich in den Verlauf der Handlung einzugreifen, werden demnach als Bearbeitungen oder Adaptionen bezeichnet.[21] In Bearbeitungen finden sich, im Unterschied zu Übersetzungen, Veränderungen, die sich nicht aus notwendigen Gründen des Reimes, der Verslänge oder verschiedener Ausdrucksmöglichkeit in beiden Sprachen ergeben, sondern dem bewussten Wunsch des Übersetzers entspringen, den Text zu verändern. Im Gegensatz dazu übernimmt der Autor einer Umschrift die Intrige nicht, er lässt sich vom Original nur noch hinsichtlich des Motivs, des Stoffes etc. inspirieren.

Die Grenzen zwischen den Kategorien Übersetzung – Bearbeitung – Umschrift sind natürlich fließend und das Spektrum von Textveränderungen in der mittelalterlichen Literatur ist so breit, dass eine derartige Kategorisierung aller Bearbeitungen kaum möglich ist. Es gibt daher einen neueren Vorschlag, die verschiedenen Ebenen und Aspekte solcher Bearbeitungen mit dem neutralen und generellen Begriff der Retextualisierung, der „die verschiedensten Ebenen und Aspekte vormoderner ′Arbeit am Text′ als eine Interaktion von Prä- und Re-Text fasst“ zu beschreiben.[22] Für die Bibliographie stellt sich die Frage, wie stark die Übersetzung vom Original abweichen darf um in die Datenbank aufgenommen zu werden. Dafür sind Aufnahmekriterien notwendig, die noch erstellt werden müssen.

Anhand der skizzierten Problemfelder Sprachgrenzen und Übersetzungsterminologie wurde gleichfalls eine weitere Charakteristik mittelalterlicher Textkultur

---

[19] Siehe dazu Schlusemann (1997), S. 181-186.

[20] Von den drei Romanen sind nur die rheinfränkischen Übersetzungen vollständig überliefert. Sie befinden sich in der UB Heidelberg. Siehe dazu Kienhorst (1988), S. 127-139, 148-152, 171-177.

[21] W.P. Gerritsen (1965), S. 28-41. Er führte die Unterscheidung zwischen Übersetzung, Bearbeitung und Umarbeitung ein.

[22] J. Bumke (2005).

deutlich, die für die Erstellung der Bibliographie eine nicht unwesentliche Rolle spielt und auf die abschließend noch verwiesen werden soll: Die von den Autoren ursprünglich erstellten Texte stehen uns nicht mehr zur Verfügung, meist sind nur spätere Abschriften überliefert, die sich voneinander unterscheiden. Die mittelalterliche Textkultur ist daher, im Gegensatz zu unserer heutigen, von Variation geprägt, einer Variation, die sich der Kontrolle des Autors entzieht. Das erschwert Aussagen zu einem Werk oder einem Autor. Die Überlieferungs- und Rezeptionsgeschichte der in diesem Artikel besprochenen Werke zeigt, wie eng die mittelalterliche niederländische und deutsche Literatur miteinander verbunden sind. Für die Forschung ist zu hoffen, dass das Interesse, das seit einiger Zeit an der Literatur des Rhein- und Maasgebietes besteht, dazu beiträgt, das Bild über die Region weiter zu bereichern und dass neue Räume „erschlossen" werden. Die Bibliographie historischer niederländischsprachiger Literatur in deutscher Übersetzung kann dafür eine Grundlage sein.

Literaturverzeichnis

Bergmann, R. (1972). Studien zur Entstehung und Geschichte der deutschen Passionsspiele des 13. und 14. Jahrhunderts. München: Fink.

Bumke, J. (2005). Retextualisierung in der mittelalterlichen Literatur, in: ZfdPh. 124, (Sonderheft).

Dauwen-van Knippenberg, C. (2003). Texte auf der Grenze. Zum 'Maastrichter (ripuarischen) Passionsspiel', in: Lehmann-Benz, A./Zellmann, U./ Küsters, U. (Hgg.), Schnittpunkte. Deutsch-Niederländische Literaturbeziehungen im späten Mittelalter. Münster: Waxmann.

Duijvestijn, B. (1989). Middelnederlandse litteratuur in Duitse overlevering, in: De studie van de Middelnederlandse letterkunde: stand en toekomst. Hilversum: Verloren.

Erenstein, R. (1996). Tien eeuwen drama en theater in Nederland en Vlaanderen. Amsterdam: AUP.

Gerritsen, W.P. (1965). Les relations littéraires entre la France et les Pays-Bas au Moyen Age. Quelques observations sur la technique des traducteurs, in: Actes du Septième Congrès national de la Société française de littérature comparée (Poitiers, 27.-29. Mai 1965).

Goossens, J. (1996). Das Rhein-Maasgebiet als Gegenstand einer integrierten historischen Kulturraumforschung, in: Rheinisch-westfälische Zeitschrift für Volkskunde 41.

De Grauwe, L. (2003). Theodistik. Zur Begründung eines Faches und ein Plädoyer für eine kontinentalwestgermanische Sicht auf die neuzeitliche Bifurkation Deutsch/Niederländisch, in: R. Berthele, Helen Christen u.a. (Hgg.), Die deutsche Schriftsprache und ihre Regionen. Berlin/New York: Walter de Gruyter.

Van Ingen, F. (1981). Holländisch-deutsche Wechselbeziehungen in der Literatur des 17. Jahrhunderts. Bonn: Kulturabteilung der Kgl. Niederländischen Botschaft.

Kienhorst, S. H. (1988). De handschriften van de Middelnederlandse ridderepiek. Een codiologische beschrijving. Deventer: Sub Rosa.

Moltzer, H. E. (1875). De middelnederlandsche dramatische poezie ingeleid en toegelicht. Groningen: HE.

Schlusemann, R. (1997). Das ir begyr wolt halten reyn. Zur Rezeption des 'Limborch` -Romans bei Johann von Soest, in: Schlusemann, R./Wackers, P. (Hgg.), Die spätmittelalterliche Rezeption niederländischer Literatur im deutschen Sprachgebiet. Amsterdam: Rodopi (= Beiträge zur älteren Germanistik 47).

Schönle, G. (1968). Deutsch-niederländische Beziehungen in der Literatur des 17. Jahrhunderts. Leiden: UP.

Tervooren, H. (2006). Van der Masen tot op den Rijn. Ein Handbuch zur Geschichte der mittelalterlichen volkssprachlichen Literatur im Raum von Rhein und Maas. Berlin: Erich Schmidt.

Van Uffelen, H. (1993). Moderne niederländische Literatur im deutschen Sprachraum 1830 – 1990. 3 Bände. Münster/Hamburg: Lit (=Niederlande-Studien).

Van Uffelen, H. (1994). Die Mühen der Ebene: Niederländischsprachige Literatur im deutschen Sprachraum in den neunziger Jahren, in: Juni, Nr. 20, 1994.

Zacher, J. (1842). Mittelniederländisches Osterspiel, in: ZfdA 2.

Die Datenbank des Kurt Schwitters Archiv im Sprengel Museum Hannover

Karin Orchard

Kurt Schwitters (Hannover 1887 – Kendal 1948) ist einer der individuellsten und vielseitigsten Künstler der ersten Hälfte des 20. Jahrhunderts. Seine Kreativität äußerte er in allen Bereichen der bildenden Kunst, vor allem in Assemblage und Collage, in abstrakter sowie gegenständlicher Malerei und Zeichnung, in Relief und Skulptur, in vielen Gebieten der angewandten Kunst wie Typografie, Architektur, Vortragskunst und Performance, in allen Sparten der Literatur wie Lyrik, Drama, Prosa, Kunstkritik, sowie schließlich der (Laut-) Musik.

Geschichte des Kurt Schwitters Archiv

Seit 1994 ist das Kurt Schwitters Archiv eine eigenständige Abteilung innerhalb des Sprengel Museum Hannover. Im Jahr 1993 übergab der Sohn des Künstlers, Ernst Schwitters, dem Museum sein Karteikartenarchiv mit der Vorgabe, dieses Archiv weiter zu pflegen und ein Werkverzeichnis des bildnerischen Werkes herauszugeben. Ausgehend von dieser Werkkartei wurde der Catalogue raisonné erarbeitet und in den Jahren 2000 bis 2006 im Abstand von jeweils drei Jahren in drei Bänden publiziert.[1] Nicht berücksichtigt wurden das literarische sowie das typografische Werk, für das die Gesamtausgabe beziehungsweise das Werkverzeichnis bereits vorliegen.[2]

Nachdem Kurt Schwitters während des Zweiten Weltkrieges fast vergessen war, nahm das Interesse an seinem Werk seit Mitte der 1950er Jahre wieder zu und führte weltweit zu Ausstellungen in Museen und Galerien. Der Sohn wurde immer häufiger gebeten, mit großen Konvoluten aus dem Nachlass als Leihgeber zu den Ausstellungen beizutragen. Um diesen umfangreichen Nachlass von etwa 1630 Werken verwalten zu können, begann er, alle Angaben zu den Werken systematisch auf Karteikarten zu sammeln, diese mit Schwarzweiß- oder Farbaufnahmen der Werke zu versehen und sie chronologisch sowie nach Werkgruppen zu ordnen. [Abb. 1] Im Laufe der Jahre ergänzte er das Karteikartenar-

---

1 Karin Orchard/Isabel Schulz, *Kurt Schwitters. Catalogue raisonné 1905–1948*, 3 Bde., hg. v. Sprengel Museum Hannover im Auftrag der Niedersächsischen Sparkassenstiftung, der NORD/LB Norddeutschen Landesbank, der Sparkasse Hannover und der Kurt und Ernst Schwitters Stiftung, Ostfildern-Ruit 2000–2006.

2 *Kurt Schwitters. Das literarische Werk*, hg. von Friedhelm Lach, 5 Bde., Köln 1973–1981. Die typografischen Arbeiten sind in dem von Carola Schelle, Maria Haldenwanger und Werner Heine bearbeiteten Werkverzeichnis innerhalb des Ausstellungskatalogs *„Typographie kann unter Umständen Kunst sein“*, Bd. I: *Kurt Schwitters. Typographie und Werbegestaltung*, Landesmuseum Wiesbaden, Wiesbaden 1990, dokumentiert.

chiv auch über die Werke in seinem Besitz hinaus. Das Archiv diente zudem dem Zweck, bei den häufigen Anfragen nach der Authentizität von Werken Hilfsmittel und Vergleichsmaterial für die gutachterliche Überprüfung bereitzuhalten.

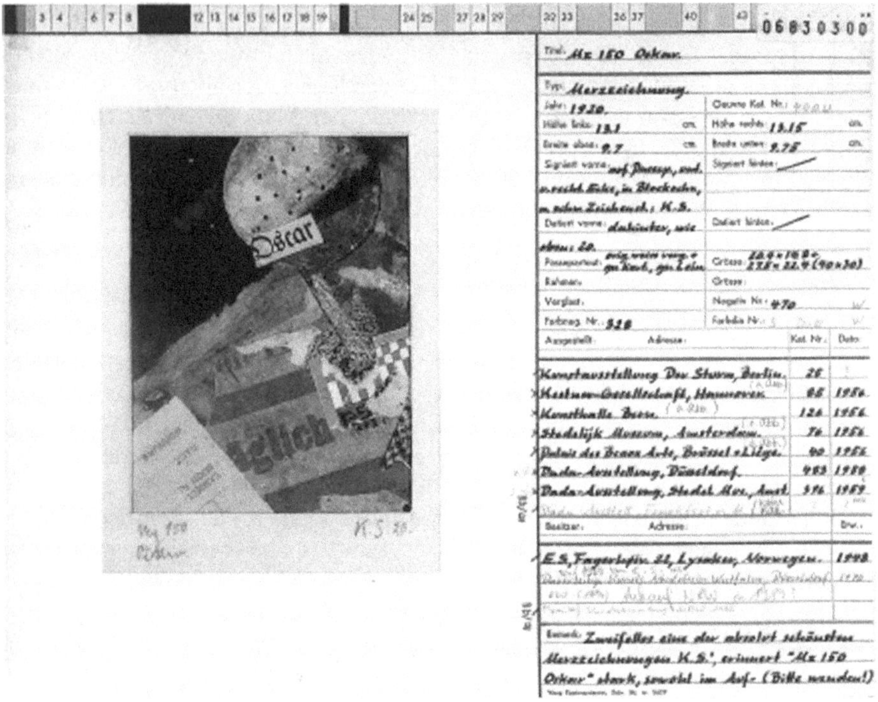

Abb. 1
Vorderseite der von Ernst Schwitters angelegten Karteikarte von *Mz 150 Oskar*, 1920, Kurt Schwitters Archiv im Sprengel Museum Hannover, Fotonachweis: Michael Herling/Aline Gwose, Sprengel Museum Hannover

Bei der Übergabe an das Sprengel Museum Hannover im Jahr 1993 umfasste das Archiv etwa 2000 Karteikarten mit zirka 1700 Fotografien. Seitdem hat sich die Zahl der bekannten Werke nahezu verdoppelt, sodass bei Redaktionsschluss zum dritten Band des Catalogue raisonné 3926 Werke im Kurt Schwitters Archiv im Sprengel Museum Hannover dokumentiert waren. Bei den neu hinzugekommenen Werken handelt es sich zum Teil um gegenständliche Gemälde und Zeichnungen, die sich im Nachlass befanden. Ernst Schwitters hatte diese Werke nicht in seine Kartei aufgenommen und sie offenbar nicht für das von ihm geplante Werkverzeichnis vorgesehen. Der größere Teil, darunter verschollene

Werke, konnte durch systematische Recherche in der Literatur, in öffentlichen und privaten Sammlungen, Galerien und Auktionshäusern nachgewiesen werden. Ernst Schwitters schätzte den Umfang des Œuvre seines Vaters auf etwa 8000 Werke sowie etwa 400 Plastiken. Erhalten seien etwa 2500 abstrakte und 2000 gegenständliche Werke sowie zirka 30 Plastiken. Diese Hochrechnung erweist sich bis heute als realistisch.

Nach der Übernahme der Werkkartei von Ernst Schwitters bestand die vorrangige Aufgabe zunächst darin, einen Überblick über die bereits bewältigte und noch zu leistende Arbeit für das Werkverzeichnis zu gewinnen. Karin Orchard wurde mit der Leitung des 1994 eingerichteten Kurt Schwitters Archiv im Sprengel Museum Hannover betraut, 1996 kam Isabel Schulz als wissenschaftliche Mitarbeiterin hinzu. Mit Hilfe des Datenbanksystems HIDA/MIDAS wurde zunächst, ausgehend von den vorhandenen Karteikarten, eine Datenbank erstellt und die Basisdaten zu den Werken aufgenommen. Nach und nach wurden die Angaben, soweit möglich, kritisch überprüft und ergänzt. Der Nachlass, der neben der umfangreichen Korrespondenz des Künstlers und seiner Familie, etwa ein Drittel des noch vorhandenen Œuvres umfasst, wurde aufgearbeitet, insbesondere die gegenständlichen Gemälde und Zeichnungen wurden erstmalig erfasst. Ein Desiderat der alten Werkkartei war vor allem die Ermittlung und Aufarbeitung derjenigen Werke, die bereits zu Lebzeiten von Kurt Schwitters verkauft, getauscht oder verschenkt worden waren oder aber bereits vor Beginn der systematischen Arbeit an der Kartei dem Sohn nicht mehr zugänglich waren, wie etwa jene Werke, die Edith Thomas, die letzte Lebensgefährtin des Künstlers, geerbt hatte und die vornehmlich ihren Weg in englische und amerikanische Sammlungen gefunden haben. Vordringliches Ziel des Kurt Schwitters Archiv war und ist es daher, diese verschollenen Werke ausfindig zu machen oder zumindest in zeitgenössischen Quellen nachzuweisen. Systematisch wurden daher weltweit öffentliche Sammlungen kontaktiert, Archive und Bibliotheken durchforscht sowie zahlreiche Besitzer von Werken aufgesucht und um ihre Mitarbeit gebeten.

Seit seiner Gründung 1994 etablierte sich das Kurt Schwitters Archiv zudem als international wirkende Forschungsstätte für Anfragen und Recherchen zu Kurt Schwitters und seinem Umkreis, die Kunstwissenschaftlern und anderen Interessierten offen steht. Der Catalogue raisonné, das noch umfangreichere Bildarchiv, die Suchmöglichkeiten der Datenbank, die Fachbibliothek, die die Spezialliteratur von etwa 2600 Titeln fast vollständig bereithält und 90 Einzel- und etwa 1100 Gruppenausstellungen nachweist, sowie die im Archiv vorhandenen Dokumente, Briefe und Typoskripte bieten ideale Bedingungen für zukünftige Forschungen und Ausstellungen zu Kurt Schwitters. Vor allem bilden jedoch die 112 Werke von Kurt Schwitters in der Sammlung des Sprengel Museum Hannover und die 1010 Werke, die als Leihgabe der Kurt und Ernst Schwitters

Stiftung im Sprengel Museum Hannover verwahrt werden, den weltweit umfangreichsten Bestand seiner Werke. Sie sind die grundlegende Voraussetzung für jede weitere intensive Beschäftigung mit dem Künstler und seinem Œuvre. Im Jahr 2001 wurde die Kurt und Ernst Schwitters Stiftung gegründet und ist seitdem im Sprengel Museum Hannover beheimatet.

Die Datenbank HIDA/MIDAS

Unerlässlich für den Aufbau einer Datenbank sind Ansetzungsregeln für alle Informationen, damit fehlerlose und konsistente Daten entstehen. Ein solches Regelwerk wurde seit Ende der 1970er Jahre vom Bildarchiv Foto Marburg für seine Bestände von mittlerweile 1,7 Millionen Aufnahmen zur europäischen Kunst und Architektur entwickelt und 1989 unter dem Titel „Marburger Inventarisations-, Dokumentations-, und Administrationssystem (MIDAS)" publiziert. Dabei wurden bereits existierende Thesauri und Regelwerke wie etwa ICONCLASS, ein alphanumerisches Codesystem zur Verschlagwortung ikonografischer Sachverhalte, oder RAK, die „Regeln für die Katalogisierung in wissenschaftlichen Bibliotheken" einbezogen. Darüber hinaus bietet MIDAS ein flexibles Strukturierungsmodell der Daten, das sich am entity relationship-Modell orientiert: Jede Entität sollte möglichst nur einmal erfasst werden. An den Hauptdatensatz, dem sogenannten Objektdokument, in dem Kunst- und Bauwerke erfasst werden, gliedern sich Seitendateien an, die Informationen zur Literatur, zu Ausstellungen, Personen, Adressen und Quellen beinhalten können. Durch identische Informationsteile innerhalb dieser Datensätze sind alle Dateien relational miteinander verknüpft, so dass ein optimales Retrieval gewährleistet ist. Die Vorgaben, die MIDAS anbietet, dienen dem Einstieg in das System und können flexibel verändert und den eigenen Bedürfnissen angepasst werden. Auf der Basis von MIDAS wurde sodann von der Firma startext in Bonn die Software „HIDA (Hierarchischer Dokument-Administrator)" entwickelt. Im Vergleich zu anderen Datenbanken hat diese Software wichtige Merkmale und Vorteile: Die Beschreibung des Kunstwerkes kann baumstrukturartig hierarchisch erfolgen, d.h. Teile und Details werden in einem Zusammenhang erfasst, davon unbenommen ist die relationale Verknüpfbarkeit der Daten. Zusammenhängende Informationen, sogenannte Aspektgruppen, können innerhalb einer Datei beliebig oft wiederholt werden. Die Einbindung von Abbildungen und Texten ist gegeben. Die Daten können als ASCII-Dateien ge- und entladen werden, so dass auch eine Software-unabhängige Sicherung der Daten gewährleistet ist und die Daten in Textverarbeitungsprogrammen weiterverarbeitet werden können. Da die direkt ausgelesenen Daten für Publikations- und museumsinterne Verwaltungszwecke in der Version HIDA3 jedoch nicht genügend aufbereitet werden können, entwickelte Tobias Nagel für die Kölner Museen ein komfortables Umwandlungsprogramm, die Metadatenbank „MeDA", die den Bedürfnissen des „Catalogue raisonné Kurt Schwitters“ angepasst wurde. Neben der vorrangigen Publikation der Daten zu den einzelnen Kunstwerken ist es mit MeDA auch möglich, Literatur- und Ausstellungsregister für den wissenschaftlichen Anhang einer solchen Publikation zu erstellen. [Abb.2]

Abb. 2

Screenshot des Objektdokuments von *Wantees hair*, 1947, und des Personendokuments von Edith Thomas aus der Datenbank HIDA/MIDAS, Fotonachweis: Sprengel Museum Hannover

Der Einsatz der Datenbank im Kurt Schwitters Archiv

Vorrangiges Ziel des Einsatzes der Datenbank im Kurt Schwitters Archiv war zunächst, die Daten mit einem kontrollierten Thesaurus in konsistenter Form für die Publikation des Werkverzeichnisses in Printform vorzubereiten. Bei der Datenerfassung ist es möglich, durch das Kopieren aus dem Thesaurus die Eingabe zu erleichtern und (Schreib-)Fehler zu vermeiden. Dafür muss der Thesaurus allerdings regelmäßig überprüft und korrekturgelesen werden. Für die Publikation wurden Dateien zu den Kunstwerken, zur Literatur und zu Ausstellungen benötigt. Darüber hinaus wurden jedoch weitere Dateien zu Personen, Adressen und Quellen angelegt, des weiteren Inventardokumente zu denjenigen

Werken von Kurt Schwitters, die sich im Sprengel Museum Hannover befinden, und in denen u.a. museumsinterne Angaben zu Versicherungswerten, Standort, Zuständigkeit sowie Restaurierungsprotokolle festgehalten werden. Da das Kurt Schwitters Archiv bestrebt ist, alle Informationen zu dem Künstler und seinem Umfeld zu sammeln, werden diese Dateien in einer größtmöglichen Tiefe und Detailliertheit geführt. Diese zusätzlichen Seitendateien erwiesen sich bei der Arbeit am Werkverzeichnis als außerordentlich nützlich, bzw. wurden erst eingeführt als sich ihr potenzieller Nutzen andeutete, wie beispielsweise die Personen- und Quellendokumente.

Bei der Erstellung eines Werkverzeichnisses müssen einige wichtige Kriterien berücksichtigt werden, die sich mit Hilfe der Datenbank schneller und gründlicher lösen lassen:

- Die Authentizität eines Werkes muss so sicher wie möglich gewährleistet werden. Neben der unerlässlichen stilistischen Begutachtung eines Werkes gibt es weitere Kriterien, nach denen die Echtheit beurteilt werden kann. Dazu gehören u.a. eine lückenlose und/oder frühe Provenienz oder etwa der Nachweis einer zeitgenössischen Ausstellungsbeteiligung, Publikation oder eine Erwähnung in Briefen, Listen oder Galeriekarteikarten. Beispielsweise wurde ein zeitgenössischer Ausstellungskatalog ausgewertet und einem Eintrag konnte kein Werk zugewiesen werden, da diese Kataloge oftmals nur Nummern, Titel, gegebenenfalls Technik und Maße, aber keine Abbildungen beinhalteten. Es wird nun ein unbezeichnetes Werk ohne bekannte Provenienz gefunden, das rückwärtig einen Aufkleber mit einer Katalognummer trägt. Durch das Abgleichen der Daten kann die mögliche Schnittmenge eingegrenzt werden. Stimmt auch noch das im Katalog beschriebene Bildmotiv überein, so lässt sich das Werk ohne Titel und Geschichte dem Katalogeintrag ohne Bild zuordnen. Zugleich ergibt sich für das Werk durch den zugewiesenen Katalogeintrag eine Datierung ante quem.
- Die Datierung eines Werkes und somit die Einordnung in das Gesamtœuvre ist ein weiterer wichtiger Gesichtspunkt. Beispielsweise lassen sich einige undatierte Collagen von Schwitters aus der zweiten Hälfte der 1920er Jahre stilistisch nicht sicher datieren. Durch die Verwendung von gleichen Papiermaterialien (z.B. Apfelsinenpapier [Italia], Bonbonpapier [Kölnische Toffeenetten], Fahrschein [Amsterdam]), die in der Datenbank verschlagwortet sind, ließen sie sich aber datierten Collagen zuordnen, und der Datierungszeitraum kann eingegrenzt werden. Ein weiteres Beispiel sind eine Reihe von stilistisch sehr ungewöhnlichen und voneinander abweichenden Zeichnungen aus dem Nachlass. Erst beim Korrekturlesen des Thesaurus fiel ins Auge, dass dreizehn Zeichnungen fast identische Blattmaße haben. Nach erneuter Prüfung der noch im Nachlass zugänglichen Werke stellte sich zudem heraus, dass sie auch auf iden-

tischem Papier gezeichnet waren. Einige dieser Zeichnungen sind „1938“ datiert, so dass die übrigen Zeichnungen nun ebenfalls „um 1938“ datiert werden können.[3]

- Die Identifizierung des dargestellten Motivs ist ebenfalls wesentlich für ein Werkverzeichnis. Bei Kurt Schwitters betrifft dies vor allem die Porträts und Landschaftsbilder, die er zeitlebens parallel zum abstrakten Œuvre gemalt und gezeichnet hat. Zu jeder dargestellten Person und zu jeder Person, der ein Werk gewidmet ist, sollte für den Catalogue raisonné, wenn möglich, ein kurzer biografischer Kommentar verfasst werden. Manchmal findet sich auf der Rückseite eines Porträts nur ein Nachname. Der zugehörige Vorname und weitere biografische Zusammenhänge lassen sich jedoch eventuell aus den Seitendokumenten der Datenbank ermitteln. Da all diese Dateien, wie oben beschrieben, relational miteinander verknüpft sind, ist es ein Leichtes, z.B. eine historische Person zum einen als Erstbesitzer eines Werkes von Schwitters, zugleich als Autor einer zeitgenössischen Ausstellungsbesprechung, als Bruder eines befreundeten Galeristen, als Adressaten einer Widmung auf einer Collage und als Verfasser eines Briefes an die Ehefrau des Künstlers zu identifizieren. Auch Werkdatierungen lassen sich durch die Zuordnung zu Personen und ihren Lebensdaten und Umständen besser eingrenzen.
- Bei einem Werkverzeichnis eines sehr umfangreichen Œuvre wie dem vom Schwitters besteht die Gefahr, dass Werke doppelt erfasst werden, wenn keine Abbildungen oder detaillierte Beschreibungen vorhanden sind. Insbesondere viele Werke aus dem Nachlass von Edith Thomas sind nur unzureichend auf Listen ohne Abbildungen dokumentiert, wurden frühzeitig verkauft und befinden sich jetzt im Kunsthandel oder in Sammlungen. Durch den Datenabgleich auch mit komplexen Suchmöglichkeiten ließen sich Dubletten in der Datenbank auffinden. Auch bei der Thesaurusredaktion fallen Dubletten auf.

Aussichten und Pläne

Schon seit Beginn der Arbeit an dem gedruckten Werkverzeichnis wurde über eine elektronische Publikation nachgedacht, da Ergänzungen und Korrekturen

[3] Es handelt sich um die Nrn. 1812–1819 und 2400–2405. Ursprünglich waren die Nrn. 1812–1819 aus stilistischen Gründen im Bd. 2 unter der Datierung „um 1931“ publiziert. Ernst Schwitters hatte die Nrn. 1817–1819 in seiner Werkdatei sogar auf „1919“ datiert. Erst bei der Thesaurusredaktion zum Bd. 3 fiel die Ähnlichkeit der Maße und Papiere auf, so dass die Werke inzwischen umdatiert wurden. Es wird an einem solchen Beispiel deutlich, dass auch die Bearbeiterinnen des Werkverzeichnisses lange Erfahrung mit der Datenbank sammeln mussten, um die Recherchemöglichkeiten beim Datenabgleich vollständig auszunutzen und zu diesen Ergebnissen zu kommen.

am bereits Veröffentlichtem selbstverständlich nicht ausbleiben werden. Ein Werkverzeichnis ist naturgemäß ein dynamisches Projekt, das kontinuierlich anwächst und Veränderungen und Ergänzungen berücksichtigen sollte. Denn bereits jetzt, sechs Jahre nach Erscheinen des ersten Bandes, sind bereits 149 Nachträge zu verzeichnen. Seit 2002 wurde auf der Website des Kurt Schwitters Archiv/Kurt und Ernst Schwitters Stiftung (www.schwitters.info) auf der Grundlage von HIDA/MIDAS mit MeDA eine vereinfacht recherchierbare Datenbank erstellt, die jedoch nur die Werke aus Band 1 mit farbigen Abbildungen der Werke aus dem Sprengel Museum Hannover enthält. Es wird überlegt, nach Ausverkauf der Printedition des Werkverzeichnisses dieses auf die Website zu stellen und regelmäßig zu aktualisieren. Des weiteren sollte mit der Datenbank an übergreifenden wissenschaftlichen Datenverbünden teilgenommen werden.

Zur Zeit wird die Inventarisierung der Dokumente in der Kurt und Ernst Schwitters Stiftung (10.000 Briefe, dokumentarische Fotografien, Drucksachen, Typoskripte, etc.) durchgeführt, um zunächst Findbücher zu erstellen und online zu veröffentlichen. Dabei werden alle erwähnten Personen erfasst und gegebenenfalls Personendokumente angelegt. Die Transkribierung wird in diesem Stadium jedoch noch nicht durchgeführt. Dies ist im Hinblick auf eine kritische Werkausgabe der Briefe von und an Kurt Schwitters geplant. Des Weiteren soll an einer kritischen, überarbeiteten Werkausgabe der Schriften von Schwitters gearbeitet werden, so dass in absehbarer Zeit zusätzlich zum künstlerischen Werk eine Gesamtedition seines schriftlichen Werkes vorliegen wird. Grundlage all der kritischen Kommentierungen wird auch zukünftig immer eine komplexe Datenbank mit relationalen Verknüpfungen sein.

Literaturverzeichnis

Karin Orchard/Isabel Schulz, *Kurt Schwitters. Catalogue raisonné 1905–1948*, 3 Bde., hg. von Sprengel Museum Hannover im Auftrag der Niedersächsischen Sparkassenstiftung, der NORD/LB Norddeutschen Landesbank, der Sparkasse Hannover und der Kurt und Ernst Schwitters Stiftung, Ostfildern-Ruit 2000-2006.

Kurt Schwitters. Das literarische Werk, hg. von Friedhelm Lach, 5 Bde., Köln 1973–1981.

„Typographie kann unter Umständen Kunst sein", Bd. I: *Kurt Schwitters. Typographie und Werbegestaltung,* Landesmuseum Wiesbaden, Wiesbaden 1990.

Das "Digitale Design Archiv" (dda) und die Entwicklung eines polyhierarchischen Thesaurus für Designgeschichte

Kerstin Albrecht

Einleitung

Das „Digitale Design Archiv (dda)" ist ein Forschungsprojekt des FB Design der Hochschule Anhalt (FH) in Dessau.[1] Es sammelt und archiviert Bildmaterial mit den dazugehörigen Metadaten aus dem Bereich der Designgeschichte. Die momentane Forschungsarbeit liegt vor allem in der Entwicklung eines Thesaurus für Designgeschichte. Bei der Erstellung steht strukturell die Polyhierarchie im Vordergrund. Im vorliegenden Beitrag wird zu Anfang Bezug auf das aktuelle Forschungsprojekt (dda) genommen. Das zweite Kapitel befasst sich mit den Eigenschaften von Designgeschichtsobjekten und den damit verbundenen Vorüberlegungen zu einem Thesaurus für den Designbereich, um im folgenden Kapitel auf die Erstellung eines solchen in polyhierarchischer Struktur eingehen zu können. Der Ausblick im vierten Kapitel nimmt sowohl Bezug auf die Bedeutung eines solchen Thesaurus im Bereich der Wissenschaft und Designtheorie, als auch auf die Verstetigung des Digitalen Design Archivs.

1) Das Digitale Design Archiv (dda)

Das „Digitale Design Archiv (dda)" sammelt und archiviert digitales Bildmaterial mit dazugehörigen Textinformationen zu Objekten, Personen und Events zur Designgeschichte von 1850 bis heute. Im Fokus steht zunächst die Eingabe von Produktdesign, wobei sowohl Industriedesignprodukte, als auch solche des Kunsthandwerks und Kunstgewerbes im Archiv Platz finden. Entstanden aus dem Bedarf für Forschung und Lehre, richtet sich das Archiv an Studierende, Lehrende und Wissenschaftler. Zu breit gefächerten Themengebieten ist bisher Bildmaterial bearbeitet worden bzw. befindet sich in der Erfassungsphase.[2]

---

[1] http://www.dda-dessau.de; Projektleitung: Prof. Rochus Hartmann, Prof. Nicolai Neubert. Programmierung: Dr. Reinhard Greulich, Design: Dirk Schuster, Dipl.-Des., Inhalt/ Projektkoordination: Kerstin Albrecht M.A. Teilweise Förderung durch das Land Sachsen-Anhalt und die EU (Sept. 2003 – Dez. 2005).

[2] Auszugsweise: Marianne Brandt, Marcel Breuer, Deutsche Werkstätten, Charles und Ray Eames, Glasgow School, Italienische Möbel, Arne Jacobsen, Memphis, Jasper Morrison, Verner Panton, Ettore Sottsass, Skandinavisches Design, Wiener Werkstätte, Produkte der 60er Jahre, ausgewähltes Material der Jahre zwischen 1880-1930, Bildmaterial der Firmen Erco (Lüdenscheid), Franz Schneider Brakel GmbH + Co (fsb) und Wilkhahn (Bad Münder).

Einige Unternehmen und Sammlungen deutscher Produktkultur stellen dem dda Bildmaterial zur Verfügung.[3] Im Rahmen einer Partnerschaft können verschiedene Servicepakete und Dienstleistungen angeboten werden sowie zwischen drei Arten der Kooperation gewählt werden. Das Archiv kann durch Studierende oder Wissenschaftler zum Gebrauch im Bereich Forschung und Lehre verwendet werden. Des Weiteren kann ein Partner bei Bereitstellung von Bildmaterial im Bereich der Digitalisierung seitens des dda teilweise unterstützt werden. Außerdem besteht die Möglichkeit, eine Kopie der Datenbank als Container zu erhalten und die Software zu verwenden. Die Kopie wird auf dem Server des dda gelagert, wobei das Bildmaterial des kooperierenden Partners dem dda zur Recherche zur Verfügung steht. Dem Partner würde somit ein eigenständiger Archivbereich ohne Installations- und Administrationsaufwand zur Verfügung stehen. Alle Zugänge zum Archiv sind durch die Vergabe von Benutzername und Passwort geregelt.

Datenbankstruktur

Flexibilität war bei der Erstellung der Datenbank ein wichtiger Aspekt, so dass als Datenbanktyp eine relationale Datenbank auf Basis des Datenbanksystems MySQL gewählt wurde. Auf der Basis von Open-Source-Software und Eigenentwicklungen wurde die Datenbank speziell für die Verwendung als Designarchiv strukturiert. Das Hauptmerkmal besteht in der Trennung zwischen Objekt und Abbildungen. So werden bei der Erfassung einerseits alle objektbezogenen Kriterien, wie Beschreibung, Maßangaben, Entstehungsdatum oder die das Objekt betreffenden Personen und Orte usw. gesammelt. Auf der anderen Seite spielt bei der Archivierung der Abbildungsdaten vor allem die Dokumentation des Bildrechteinhabers und Fotografen eine wesentliche Rolle. Ein ursprünglicher Abbildungstitel, z.B. eigene Bildbenennung eines kooperierenden Partners, kann mitgeführt werden oder es kann angegeben werden, um welchen Typ von Abbildung es sich handelt. Dadurch, dass das Entstehungsdatum der Abbildung dokumentiert werden kann, ist es möglich zwischen der Objekt- und der Abbildungsentstehung zu unterscheiden.
Da es sich bei Designbobjekten überwiegend um dreidimensionale Gegenstände handelt, ist die Dokumentation aller Ansichtsseiten sinnvoll und notwendig, um einen genauen Eindruck zu bekommen. Durch die Unterscheidung in Objekt- und Abbildungsdaten ist es möglich, einem Objekt mehrere Abbildungen zuzuordnen. Ein bereits in der Datenbank existierendes Objekt muss bei weiteren Abbildungserfassungen somit nicht neu angelegt werden.
Die meisten Inhalte sind in Einzeltabellen, wie z.B. bezüglich Personen, Orte,

[3] Bisher sind die Freie Universität Bozen sowie die Industrieunternehmen Burkhardt Leitner constructiv, ERCO, fsb, Rosenthal AG und Wilkhahn Fördermitglieder des dda.

Institutionen, Materialien (Werkstoffen), Techniken usw. erfasst, die teilweise auch weiterführende Erklärungen haben. Bei den Materialien können sich diese beispielsweise auf Produktionseigenschaften beziehen. Die Zuordnung und Verknüpfung der einzelnen Daten untereinander sowie mit den Objekten und Abbildungen werden individuell vorgenommen.[4] Aus fast 60 Eingabefeldern wird detaillierte Information und aus deren Vernetzung zusätzliche Metainformation generiert. Es werden auch Audio- Video- und 3d-Daten digital archiviert.

Die Suchmodule

Das Material mit den jeweiligen Zusatzinformationen wird über verschiedene Suchmodule über das Internet zugänglich gemacht.[5] Dabei stehen jeweils unterschiedliche Bedürfnisse im Vordergrund. Exemplarisch sollen hier zwei speziell ausgerichtete Suchmodule vorgestellt werden, da sie einerseits den Zweck der Datenbankstruktur widerspiegeln und andererseits das Suchergebnis visualisieren.[6]
Die Expertensuche richtet sich v.a. an User, die spezielle Suchanfragen stellen möchten und hier dementsprechende Filterfunktionen zur Verfügung haben.
Sie gibt die Trennung von Objekt und Abbildung, analog der Datenbankstruktur wieder. Es lässt sich objektbezogen, abbildungsbezogen oder nach beidem in Kombination suchen. Die einzelnen Suchkriterien lassen sich hinzuschalten und durch die Boolschen Operatoren und/oder verbinden. Im Objektbereich kann bei der Suche z.B. zwischen dem Entwerfer, dem Hersteller und dem Auftraggeber unterschieden werden. Abbildungsbezogene Fakten können recherchiert werden, wie z.B. das Aufnahmedatum, was bei der Dokumentation von Renovierungszuständen eines Gebäudes ein relevantes Kriterium ist.[7] Bildgebende Partner können hier nach Parametern der eigenen Abbildungen recherchieren, wie z.B. nach ursprünglichem Abbildungstitel, dem Namen des Fotografen oder der Dokumentart (Abbildung/Animation.)

---

[4] Stand (Mai 2006), auszugsweise: Objekte: ca. 4600, Abbildungen: ca. 4700, Materialien: ca. 930, Techniken: ca. 200, Personen: ca. 2250, Institutionen: ca. 1500, Orte: ca. 800; Rohmaterial insgesamt: 8000 Abbildungen.

[5] Der Zugang erfolgt über einen passwortgeschützten Bereich. Siehe oben.

[6] Darüber hinaus gibt es die „Schnellsuche", in der mit einem oder mehreren Suchbegriffen, abgetrennt durch Komma einen rascher Gesamtüberblick gegeben wird, und die „Einfache Suche", die eine Recherche über sieben verschiedene Suchkategorien (Titel, Person, Schlagwort, Gattung, Material, Ort, Entstehungszeit) ermöglicht.

[7] In der Datenbank werden auch Randgebiete der Designgeschichte erfasst, wie zum Beispiel Bereiche, wie (Innen-)Architektur, Kunst oder Technik.

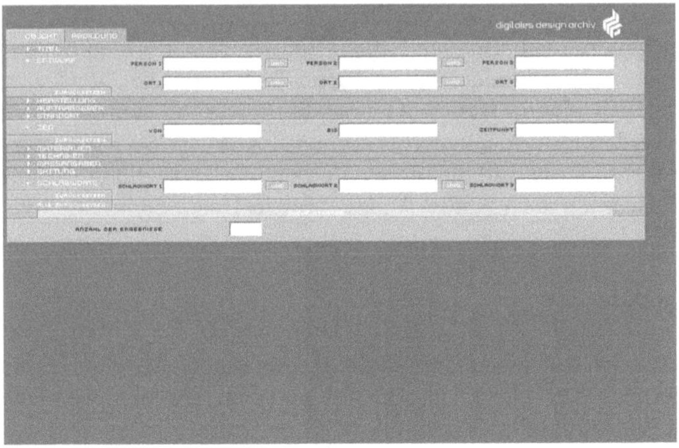

Expertensuche: Objektsuchbereich mit einer Auswahl an geöffneten Suchkriterien (Entwurf, Zeit, Schlagwort)

Die sog. Timeline ermöglicht, wie der Name schon sagt, eine zeitbasierte Suche. Die Suchergebnisse werden entlang einer Zeitskala dargestellt.
Der Screen gliedert sich horizontal in den Suchbereich (unten) und den Anzeigebereich (oben). Es stehen acht Suchfelder zur Verfügung: Schlagwort, Gattung, Titel, Material, Technik, Entwerfer, Produzent, Entstehungsort. Jede Eingabe kann durch die daneben angebrachten Button entweder de-/aktiviert werden oder zurückgesetzt werden. Bei der Ergebnisanzeige werden die einzelnen Datensätze oberhalb der Jahreszahlenbereiche mit jeweils einem waagerechten Strich visualisiert. Je mehr Gegenstände in einem Jahr entstanden sind, desto mehr Striche werden übereinander aufgelistet. Durch Roll-over erhält man beim Berühren eines Striches eine Vorschau mit einer Abbildung in geringer Auflösung. Durch Anklicken eines Striches wählt man einen Datensatz aus. Dabei gliedert sich der Anzeigebereich in zwei vertikale Bereiche. Auf der linken Seite werden die Textdaten angezeigt; auf der rechten ist die Abbildung in der nächsten Vergrößerungsstufe zu sehen. Durch Aktivieren des Zoom-Buttons (Lupe) erhält man in einem Extra-Frame nochmals eine Vergrößerung. Beide Anzeigefelder lassen sich an der inneren unteren Ecke mit dem Kreuz schließen. So gelangt man auch wieder zur allgemeinen Ergebnisanzeige. Die Navigation innerhalb des Suchergebnisses erfolgt durch Verschieben des Zeitstrahls. Dafür kann jeweils ein Pfeil an beiden Rändern der Zeitachse durch Gedrückthalten aktiviert werden.
Die Timeline ermöglicht einen neuartigen Zugang bzgl. der Objekte der Designgeschichte, ihren Entwerfern und Zusammenhängen. Bei einer allgemeinen Suche nach einem Entwerfer können so z.B. visuell die zeitlichen Ausmaße

seines aktiven Wirkens erfasst werden, vorausgesetzt, eine komplexe und abgedeckte Dateneingabe ist bereits erfolgt.

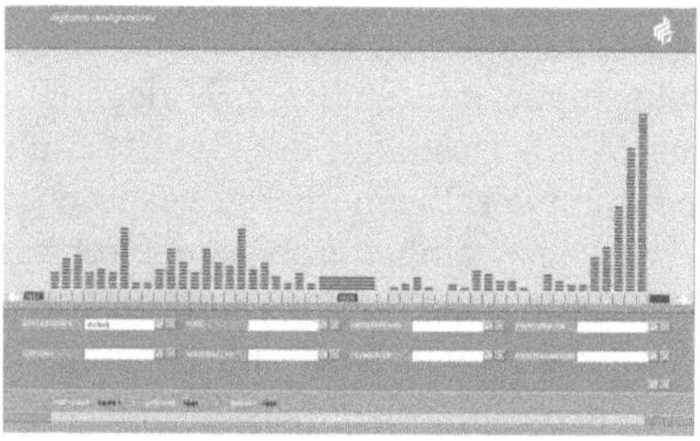

Timeline: Visualisierte Ergebnisanzeige von Datensätzen zum Schlagwort Möbel.

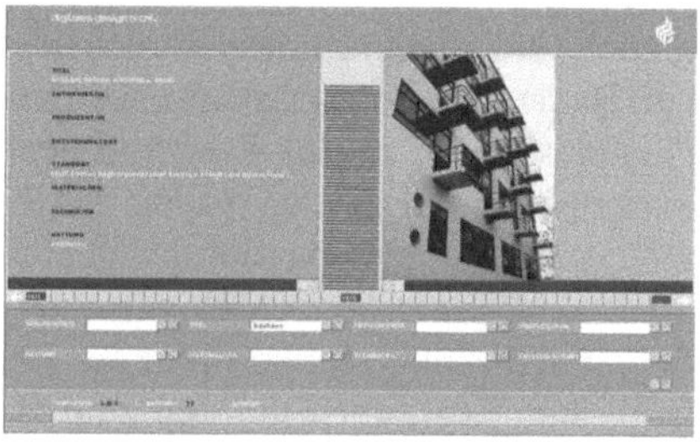

Timeline: Anzeige eines Ergebnistreffers

Für alle Suchmodule wird für zufrieden stellende Recherche-Ergebnisse im Archiv ein gut organisierter Thesaurus bzw. Schlagwortkatalog benötigt.[8] Im Archiv steht momentan eine eindimensionale Schlagwortliste zur Indizierung zur Verfügung. Ein langfristiges Ziel des Projekts ist die Erstellung eines Designgeschichtsthesaurus. Mit der theoretischen Umsetzung wurde bereits begonnen. Bevor auf diese theoretischen Vorüberlegungen Bezug genommen wird, ist es wesentlich und grundlegend, die Objekte der Designgeschichte näher unter die Lupe zu nehmen.

2) Kategorienfindung im Design

Eine generelle Hauptproblematik im Bereich der Designgeschichte und deren Elementen besteht oftmals in ungeklärten Begrifflichkeiten bzgl. der Objekte. Alltägliche Gebrauchsgegenstände, wie Löffel, Tasse, Teller, Stuhl oder Tisch sind bisher nicht einheitlich definiert, bedürfen aber einer klaren Kategorisierung, um sie in das jeweilige semantische Netz einordnen zu können.[9] Dies sind Voraussetzungen für einen Thesaurus.

Designobjekte sind zum überwiegenden Teil Alltagsobjekte des Menschen. Versucht man diese Objekte zu kategorisieren, spielen zwei Aspekte eine Rolle: der Bezug Mensch-Objekt und die Varietäten der einzelnen Objekte bzw. ihre Unterschiede zueinander von der Herstellung bis zum Gebrauch. Beide Aspekte

[8] Siehe Punkt 4.

[9] Ein „Semantisches Netz" ist ein Modell, das aus Knoten (Begriffen) und Kanten (Beziehungsgraphen zwischen den Begriffen) besteht. Durch Generalisierung (Oberbegriffszuordnung), Spezifizierung (Unterbegriffszuordnung) und das Erfassen von Synonymen sowie Homonymen lässt sich die Beziehung eines Begriffes zu anderen Begriffen darstellen.

haben fließende Übergänge und gestalten sich sehr vielschichtig. Der Facettenreichtum und die mehrdimensionale Ausrichtung der Designgeschichte machen sich hier bemerkbar. Aspekte, wie Form und Funktion der Produkte sowie Gebrauch und Zweck, unter Berücksichtigung des räumlichen Bezugs, sind einige der Bausteine im Konstrukt. In der Produktgruppe der Stühle z.B. liegt eine Gemeinsamkeit in der Funktion des Sitzens. Auch lässt sich der Begriff Stuhl zunächst einmal in die Gruppe der Sitzmöbel, und verallgemeinernd gesprochen in die Produktgruppe der Möbel einordnen. Diese einhierarchische Ordnung reicht aber nicht aus, da es verschiedene Arten von Stühlen gibt. Aufgrund von Spezifizierungen stehen nicht alle Stühle an der gleichen Stelle im System. So kann man bzgl. der Funktion zum Beispiel rollbare und klappbare Stühle, bzgl. des Gebrauchs Bürostühle und Gartenstühle, auf ihr Aussehen bezogen drei- oder vierbeinige Stühle unterscheiden. Eine weitere Differenzierungsebene ist die Entfremdung eines Stuhls bzgl. seiner eigentlichen Funktion; ein beliebtes Gestaltungselemente der italienischen Gruppe Studio Alchimia in den 1980er Jahren zum Beispiel. Hier wird die enge Verzahnung von Design mit der Kunst bzw. deren nahtloser Übergang deutlich. Dieser enge Bezug gilt gleichermaßen auch für die Bereiche Architektur, Technik, Industrie sowie die des Handwerks.
Des Weiteren ist die Mannigfaltigkeit der Verwendungsbereiche ein zu berücksichtigendes Kriterium bei der Thesauruserstellung. Zum Beispiel lässt sich die Schreibmaschine sowohl dem Gebiet der Kommunikation zuordnen, aber auch dem Bereich der Arbeits- bzw. Bürogeräte.[10] Nicht nur das sichtbare Produkt sollte Beachtung finden, sondern auch dessen Genese. Daher sind der Herstellungsprozess mit den angewandten Technologien und Materialien sowie Aspekten des Produktionsprozesses wie Serienproduktion, Kleinserie, Modell, Stadium der Ausführung (Prototyp, Unikat) und der Bezug Entwurf-Konzept relevant. Zu guter Letzt seien die speziellen Merkmale und das individuelle Aussehen der Objekte angesprochen, die ja auch deren Unter-scheidbarkeit definieren und daher auch Erwähnung im Thesaurus finden sollten. Ein designgeschichtlich relevantes Merkmal der Reiseschreibmaschine „Valentine" von Ettore Sottsass aus dem Jahre 1969 der Firma Olivetti z.B. besteht in der Farbe Rot. Dies ist kulturgeschichtlich bedeutend, weil Schreibmaschinen bis dato eine gedeckte Farbigkeit in grau/grün hatten und Gebrauchsgegenstände waren, die nicht sonderlich auffielen. Die „Valentine" hingegen „entstand [...] zum Gebrauch überall außer im Büro, damit niemand an monotone Arbeitstunden erinnert wird; eher, um Amateurpoeten an stillen Sonntagen auf dem Lande Gesellschaft zu leisten."[11] Die Farbe Rot fungiert als signifikantes Zeichen und wird im Sinne der Popkultur der 1960er Jahre zum Aussagemittel.[12] Auch wird

---

[10] Siehe hierzu auch Punkt 3, Umsetzung.
[11] (Riley 2004), S. 478.
[12] Durch die Gestaltungselemente wirkt die „Valentine" somit eher wie ein „Wochenendkoffer für den Bonvivant des Weltraumzeitalters". (Riley 2004), S. 480.

rückwirkend eine Aussage über das Material getroffen, denn erst Mitte des 20. Jahrhunderts war es technisch möglich, Plastik mit dieser leuchtenden Farbigkeit in der Produktgestaltung einzusetzen.
Diese Aspekte geben einen kleinen Einblick in die Vielschichtigkeit der Designgeschichte wieder. Die einzelnen und möglichen Ebenen, die sich auf Designobjekte beziehen, und von denen hier einige exemplarisch aufgeführt wurden, müssen erfasst werden, um eine umfassende Verschlagwortung zu gewährleisten. Die einhierarchische Struktur (Stuhl-Sitzmöbel-Möbel) ist nicht ausreichend, so dass eine polyhierarchische Umsetzung angestrebt werden sollte.[13]

3) Ein polyhierarchischer Thesaurus für Designgeschichte

Bereits seit langem stellen Thesauri als Kernbestand von Bibliotheken innerhalb eines Dokumentationssystems ein grundlegendes Hilfsmittel zum inhaltlichen Erschließen und Wiederauffinden von Dokumenten (Text und Bild) dar.[14] Eine Recherche nach einem verwendbaren System ergab, dass es für den Bereich der Designgeschichte als einem Randgebiet oder Teilgebiet der Kunstgeschichte bisher keinen umfassenden Thesaurus gibt.[15] Im Bereich der Kunstgeschichte entstanden bisher einige Thesauri im Zusammenhang mit digitalen Bildarchiven; sie beziehen sich aber eher auf die kunsthistorischen Kerngebiete wie Malerei, Skulptur, Architektur und nur zum geringen Teil auf die Dingwelt des Alltags.[16] Der Fokus ist im Design - trotz mancher Überschneidungsgebiete mit der Kunstgeschichte (z.B. Möbel und Mode) - andersartig. Designobjekte sind

---

[13] "Polyhierarchisch" bedeutet, dass einem Begriff mehr als ein übergeordneter Begriff zugewiesen werden kann.

[14] Der Begriff Thesaurus (Pl: die Thesauren/Thesauri) ist lateinisch und stammt von dem griechischen Wort thesaurós (Schatz, Schatzhaus) ab. Das Deutsche Institut für Normung e.V. definiert wie folgt: Ein Thesaurus ist "eine geordnete Zusammenstellung von Begriffen und ihren Bezeichnungen, die in einem Dokumentationsgebiet zum Indexieren, Speichern und Wiederauffinden dient." (DIN 1463), S.6.

[15] Sowohl bei der Deutschen Gesellschaft für Informationswissenschaft und Informationspraxis e.V. in Frankfurt/Main sowie beim Europäischen Medieninstitut in Düsseldorf ist diesbezüglich nichts gemeldet. Die Entwicklungen aus dem Museumswesen erwiesen sich als nicht optimale Lösung, weil die Produktgruppen z.B. nur in Teilgebieten erfasst vorliegen oder vom System her nicht den gewünschten Anforderungen entsprechend in das dda einzubinden sind. Vgl. z.B. die Thesaurusentwicklungen bzgl. Waffen oder Möbel im Verlag Müller-Straten, München. Vgl. auch die themenbezogene Publikation (Bräuer 2002).

[16] Exemplarisch sind hier zu nennen: der kunsthistorische Thesaurus der Bilddatenbank IMAGO, vgl. (Schlieper 2000); das "Marburger Informations-, Dokumentations- und Administrationssystem (MIDAS)", vgl. (Heusinger 2001); oder auch der "Art and Architecture Thesaurus,"(AAT), (http://www.getty.edu/research/conducting_research/vocabularies/aat/); der J.Paul Getty Trust und Iconclass (http://www.iconclass.nl)

primär Gebrauchsgegenstände und im Gegensatz zu reinen Kunstwerken als integraler Bestandteil unseres prak-tischen Lebens zu verstehen. Die Verschlagwortung eines Werkes der Malerei bezieht sich vor allem auf ikonographische Aspekte, während durch die doch zu großen Teilen zweckorientierte Entstehung eines Designobjektes hier vermehrt Bezug auf materielle und produktionstechnische Eigenschaften genommen werden muss. Die meisten der bereits existierenden Thesauri sind monohierarchisch angelegt, sowohl die zugrunde liegende Struktur, als auch oftmals die Benutzerführung betreffend und somit an dieser Stelle nicht einsetzbar. Dies trifft auch auf bereits existierende und spezifisch ausgerichtete Verschlagwortungskataloge aus dem Bereich des Bibliothekswesens zu. Die Regensburger Verbundklassifikation (RVK) beispielsweise besitzt als Univer-salklassifikation für Freihandaufstellung eine Struktur, die dem Mitarbeiter bei der Einordnung eines Buches verschiedene Notationen liefert, aus der er schließlich eine ausgewählt. Ziel ist es hier, das (Buch)-Objekt eindeutig zuzuordnen, weil es lediglich einen Standort innerhalb der Bibliothek haben kann. Bei einem polyhierarchischen Thesaurus für Designgeschichte wird eine solche definitive Einordnung des Objektes an nur eine Stelle im System eben gerade nicht vorgenommen und bewusst vermieden. Das Objekt ist nicht direkt greifbar und ihm ist nicht immer auf dieselbe Art zu begegnen. Es arrangiert sich vielmehr im System entsprechend des jeweiligen Zusammenhanges, der sich durch die ihm zugewiesenen Eigenschaften ergibt.
Zwei Eigenschaften soll der Thesaurus für Designgeschichte besitzen: zum einen die bereits dargelegte Polyhierarchie, zum anderen eine Benutzerfreundlichkeit mit hohem Objektivitätsgrad. Bezüglich der Hierarchie-Erstellung erfolgte zunächst die Auseinandersetzung mit den jeweiligen semantischen Netzen einzelner Objekte.

Umsetzung

Die praktische Umsetzung der Zuordnung der Begriffe untereinander und somit die Einordnung ins semantische Netz geschieht derzeit in einer Tabelle mit folgenden Haupttopics: der eigentliche Begriff, alle möglichen Oberbegriffe zu diesem Begriff, alle möglichen Unterbegriffe zu diesem Begriff, Synonyme sowie Assoziationsbegriffe.
Im Fokus der Umsetzung steht momentan der Bereich der Kommunikationsgeräte. Exemplarisch sei hier die „Schreibmaschine" angeführt. Mögliche Oberbegriffe zum Wort „Schreibmaschine" sind „Bürogerät", „Kommunikat-ionsgerät" und „Schreibgerät". Unterbegriffe können sein: „Schreibmaschine, elektrisch", „Schreibmaschine; mechanisch", „Reiseschreibmaschine". Der Begriff „Tastatur" ist Zubehör der Schreibmaschine und wird somit als Assoziationsmerkmalen erfasst. Ein Synonym zu „Reiseschreibmaschine" ist „Schreibmaschine, transportabel". Die Polyhierarchie wird sichtbar durch die Zuordnung

von mehr als einem Ober- bzw. Unterbegriff. Bei den Unter-begriffen genügt es im Prinzip lediglich „elektrisch“ und „mechanisch“ zu erfassen. Durch die getätigte Verbindung zum Begriff Schreibmaschine ist klar, was gemeint ist. „Elektrisch“ ist z.B. auch ein möglicher Unterbegriff zu „Rechenmaschine“ und hat durch den entsprechenden Eintrag in der Tabelle den dement-sprechenden Sinnzusammenhang. Dadurch, dass der Begriff „ Kommuni-kationsgerät“ zum Beispiel auch als Oberbegriff zu „Telefon“, „Faxgerät“ und „Radio“ zuordenbar ist, pflanzen sich die semantischen Bezüge automatisch fort. Schon bei diesen wenigen Begriffen wird die Ver-zahnung deutlich und die Dimension in Grundzügen erahnbar.

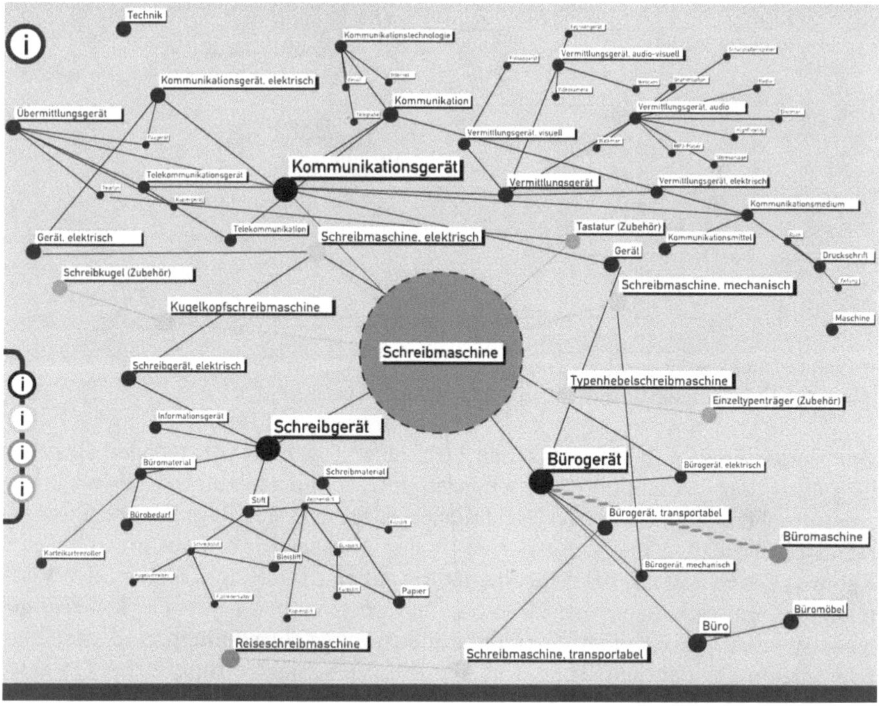

Visualisierung des Semantischen Netzes Schreibmaschine (exemplarisch)

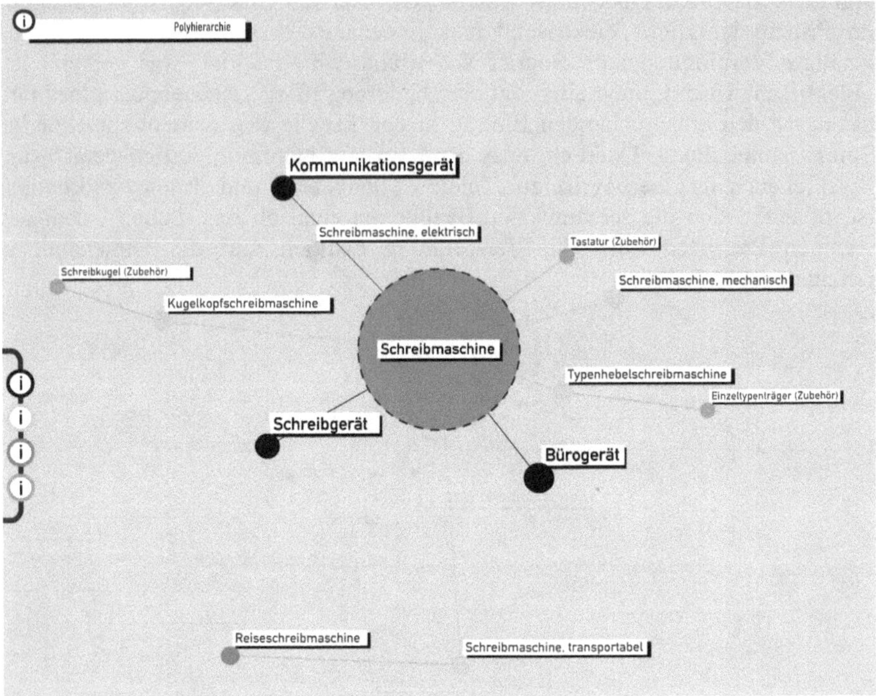

Darstellung von Polyhierarchie am Bsp. bzgl. Schreibmaschine

Der Vorteil einer polyhierarchischen Struktur mit sich fortpflanzenden Bezügen liegt in der Adaption in weitere Entwicklungsbereiche. Wie schon angesprochen, steht neben der eigentlichen Erfassung der Begriffe und ihrer semantischen Bezüge die Verwendbarkeit des Thesaurus als Tool im Fokus. Im Rahmen der Erstellung des Eingabemoduls sollen neue Möglichkeiten der Visualisierung entwickelt werden, die von einer polyhierarchischen Denk-weise gelenkt werden. Im Rahmen einer dreidimensionalen Darstellung, soll derjenige oder diejenige, der den Thesaurus für die Verschlagwortung eines Objektes verwendet, an irgendeiner Stelle in das semantische Netz „einsteigen" und mit der Schlagwortzuordnung beginnen können. Angenom-men im Falle der Reiseschreibmaschine „Valentine" (s.o.) würde er/sie aus einem bereitgestellten Index den Begriff „Schreibmaschine, transportabel" auswählen, würden automatisch alle weiteren Oberbegriffe (s.o.), das Zubehör-Merkmal „Tastatur" sowie das Synonym „Reiseschreibmaschine" zugeordnet werden. Über diese Begriffe wäre diese Schreibmaschine im dda bei entsprechender Suchanfrage recherchierbar. Dadurch, dass auch andere Schreibmaschinen oder Kommunikationsgeräte nach dem gleichen Muster verschlagwortet sind, gestaltet sich, je nach dem wie spezifisch die Anfrage ist, das Suchergebnis. Der Objektivitätsgrad kann bei spezifischer Verschlagwortung relativ hoch bleiben.

4) Ausblick

Sobald eine ausreichende Zahl an Begriffen auf die geschilderte Art erfasst ist, soll mit ersten Umsetzungen der Programmierung begonnen werden. Hier soll die Polyhierarchie im Fokus sowohl bei der eigentlichen Systemerstellung liegen, als auch bei der Benutzerführung. Das umfasst sowohl Modulentwicklungen für die Eingabe von Schlagworten, als auch solche zur Zuordnung von Schlagworten zu den Objekten. So soll die Generierung von Bezügen und dann auch deren Visualisierung möglich sein. Langfristig gesehen soll der Thesaurus durch eine Visualisierung der aus ihm generierten Metadaten eine Basis für den entsprechenden Wissenschaftsdiskurs liefern, der im Bereich der Designgeschichte/-theorie neue Grundlagenzugänge zur Folge haben könnte. Die Schaffung neuartiger Visualisierungen im Bereich „Interface-Design" wäre eine weitere Konsequenz. Sehr langfristig gedacht, soll ein solcher Thesaurus in Sammlungseinrichtungen und Archiven für Design verwendbar sein (sowohl anwendbar auf den realen Sammlungsbestand, als auch auf den Dokumentarbereich). Außerdem soll eine Normierung von Fachbegriffen angestrebt werden, damit eine EU-weite Forschungsgrundlage daraus resultieren kann (Multilingualität).

Der weitere Ausbau und die Erweiterung des Archivbestandes sowie die Verstetigung des dda sind kurzfristige Ziele. Das Digitale Design Archiv kann an Hochschulen, Institutionen, in Museen und Sammlungen als grundlegendes Arbeitsmittel im Bereich Forschung und Lehre Verwendung finden. Weiterhin werden Partner gesucht, die im Rahmen der verschiedenen Kooperationsmöglichkeiten daran interessiert sind, das Archiv zu unterstützen oder zu nutzen. Auch strebt das dda bzgl. der Thesaurusentwicklung Zusammenarbeit mit anderen Einrichtungen, wie Hochschulen, Museen oder anderen designorientierten Institutionen an.

Literatur/ Quellen:

www.getty.edu/research/conducting_research/vocabularies/aat/ (Stand: Febru-ar 2006).

(Bräuer 2002) Bräuer, Hasso (Hrsg.): „Archiv des deutschen Alltagsdesigns: Warenkunden des 20. Jahrhunderts“. Aus der Reihe „Digitale Bibliothek“, Nr. 56, Berlin 2002.

(DIN 1463) „DIN 1463, Teil 1: Erstellung und Weiterentwicklung von Thesauri: Einsprachige Thesauri“, November 1987. In: „DIN-Taschenbuch 343: Bibliotheks- und Dokumentationswesen“, hrsg. v. DIN Deutsches Institut für Normung e.V., 1. Auflage, Berlin, Wien, Zürich 2002, S. 5-16.

(Heusinger 2001) Heusinger, Lutz; u.a.: “Marburger Informations-, Dokumentations- und Administrationssystem (MIDAS), Handbuch und CD, 4. überarb. Auflage, München/Leipzig 2001.

(Riley 2004) Riley, Noel: „Kunsthandwerk & Design. Stile, Techniken, Dekors von der Renaissance bis zur Gegenwart“, Leipzig 2004.

(Schaeder 2001) Schaeder, Burkhard: „Begriff und Benennung. Einführung in die Terminologielehre, Terminologiearbeit und Fachlexikographie“, 3. überarb. und erw. Aufl., SISIB-Schriftenreihe: Skripten2, Siegen 2001.

(Schlieper 2000) Schlieper, Ulrike: “Entwurf eines Thesaurus für die Bilddatenbank IMAGO am Kunsthistorischen Institut der Humboldt-Universität in Berlin“. In: Pieper/ Schlieper/Wolf: “Dokumentation - Präsentation-Qualität“, Potsdam 2000, S. 79-133.

(Trachsler 1981) Trachsler, Walter: „Systematik kunsthistorischer Sachgüter. Eine Klassifikation nach Funktionsgruppen zum Gebrauch in Museen und Sammlungen“, Bern, Stuttgart 1981.

(Waidacher 1999) Waidacher, Friedrich: „Museologische Grundlagen der Objektdokumentation“, Institut für Museumskunde Berlin 1999.

(Wüster 1991) Wüster, Eugen: „Einführung in die allgemeine Terminologielehre und terminologische Lexikographie“, 3. Auflage Bonn 1991.

Das Mainzer Model – eine uniweite Multimediadatenbank für Forschung und Lehre

Klaus T. Weber

An der Johannes Gutenberg-Universität in Mainz wird seit 2004 die kommerzielle Software ImageAccess der Firma Imagic zum Aufbau einer Multimediadatenbank verwendet. Im Folgenden wird kurz skizziert, wie es dazu kam, und einige der dabei gemachten Erfahrungen und Einsatzmöglichkeiten vorgestellt. Hierbei wird nicht auf technische Details eingegangen, sondern die Historie der Datenbank aus der Sicht der Anwendung im universitären bzw. geisteswissenschaftlichen, insbesondere kunstgeschichtlichen Bereich vorgestellt.

Zur universitären Situation:

Die Kunstgeschichte ist eine objektbezogene Wissenschaft, die an der Universität in der Regel mit Hilfe von Bildreproduktionen vermittelt wird. Aus diesem Grund hat das Mainzer Institut für Kunstgeschichte eine eigene Abteilung mit Fotografin, Fotolaboranten und studentischen Hilfskräften sowie entsprechende Laboratorien und Archivräume. Es wird dabei professionelles Bildmaterial für Lehrveranstaltungen, Forschungsprojekte und Publikationen hergestellt. Seit Gründung der Universität im Jahre 1946 hat das Kunstgeschichtsinstitut eine Diathek mit über 250.000 Arbeitsdias aufgebaut, eine Fotothek mit 100.000en von Abbildungen zusammengetragen sowie einen umfangreichen Bestand an anderen Bildträgern, wie z. B. Mikrofiche, Glasplatten, Stereoaufnahmen, Großdias. Vergleichbares lässt sich bei allen anderen kunsthistorischen Hochschulinstituten und wohl auch bei einer Vielzahl anderer geisteswissenschaftlicher aber auch naturwissenschaftlicher Institute finden.
Die multimedialen Entwicklungen haben bekanntlich weit reichende gesellschaftliche Folgen und führen auch an den Universitäten zu einem sukzessiven Wandel der dortigen Arbeitsprozesse. Eine der schwierigsten Aufgaben ist in diesem Zusammenhang, die Möglichkeiten der Erneuerung auszuloten, ohne dabei die traditionellen Errungenschaften bzw. Qualitätsstandards zu vernachlässigen oder gar abzuschaffen. Dass dies nicht immer einfach ist, macht gerade die digitale Revolution der letzten Jahre im Bereich der Fotografie deutlich. Schon jetzt ist nicht mehr aufzuhalten, dass die traditionellen Foto- und Reproduktionstechniken durch die digitalen ersetzt werden beziehungsweise dies in einzelnen Bereichen bereits geschehen ist. Da das digitale Bildmaterial einer eigenen Form der Archivierung und Präsentation bedarf, muss auch in dieser Hinsicht ein Wandel einsetzen. Disziplinen, deren Wissenstransfer mit der Bildvermittlung einhergeht, können sich dieser Entwicklung nicht entziehen. In der Regel geschieht dieser Wandel mit einem großen Aufwand an personellen

und finanziellen Mitteln, wozu nicht jedes Institut gleichermaßen in der Lage ist. Bedauerlicherweise ist die Umstellung oft mit einem beträchtlichen Verlust der Bildqualität verbunden. Gründe hierfür sind vielfältig und hängen häufig mit der Unwissenheit bezüglich der technischen Gegebenheiten, aber oft auch mit den finanziellen Möglichkeiten der einzelnen Hochschulinstitute zusammen.
Im Bereich der Kunstgeschichte hat die digitale Bildproduktion zu einer Vielzahl kunsthistorischer Datenbanken, zumeist als Insellösung einzelner Institute, Sammlungen und Unternehmen, geführt. Diese sind mehr oder weniger im Internet für Forschung und Lehre nutzbar. Mitunter sind auch kommerzielle Angebote im Netz zu finden, die jedoch für ein Hochschulinstitut häufig schon aus finanziellen Erwägungen nicht brauchbar sind. Erfreulicherweise hat hierauf die kunsthistorische Zunft mit dem Datenbankbroker *Prometheus – Das verteilte digitale Bildarchiv für Forschung und Lehre* (www.prometheus-bildarchiv.de) bereits reagiert, welcher verschiedene nichtkommerzielle Bildsammlungen bündelt und einem in sich geschlossenen Nutzerkreis durch ein Internetportal für einen relativ geringen Grundbetrag zur Verfügung stellt. Auch das Mainzer Institut trägt hierzu mit *Phoenix-Mz* eigene digitale Bestände bei. Prometheus hat sich in den nur wenigen Jahren seines Bestehens zu einem elementaren Hilfsmittel für die Kunstgeschichte entwickelt. Leider ist bislang unklar, ob die Nachhaltigkeit von Prometheus zumindest für die nächsten Jahrzehnte gesichert ist. Dies hängt im Wesentlichen mit dem Problem zusammen, dass bislang von Seiten des Gesetzgebers eine befriedigende Klärung des Themas Bildrechte für den Hochschulbereich fehlt. Der jüngste Gesetzentwurf zur Regelung des Urheberrechts vom Frühjahr 2006 hat hier zu einer weiteren starken Verunsicherung geführt und die Möglichkeit des Scheiterns des Prometheus-Projektes nicht gebannt, sondern eher noch verstärkt.
Geisteswissenschaftliche Institute, mit meist recht geringen finanziellen Möglichkeiten, wie die Mainzer Kunstgeschichte, sind stark an kostenneutralen E-Learning-Tools interessiert, wie sie die Universität Mainz z. B. mit *ReaderPlus* (www.zdv.uni-mainz.de/readerplus) zur Verfügung stellt. Diese reichen jedoch für die spezifisch kunsthistorische Arbeit, z. B. aufgrund des Fehlens eines Bildmanagements, nicht aus. Im Bereich der Kunstgeschichte entstanden bislang eine Reihe verschiedener E-Learning-Projekte, die sich zumeist als Lernplattformen mit normierten Inhalten präsentieren und deshalb in den Instituten nur bedingt durchsetzen können oder von so komplexer Struktur sind, dass für die Arbeit mit ihnen ein erheblicher Zeit-, Geld- und Personalaufwand nötig ist. Auch hier stellt sich oft die Frage nach der Nachhaltigkeit des jeweiligen Projektes. Selbstverständlich sind von der multimedialen Revolution der letzten Jahrzehnte auch die anderen geisteswissenschaftlichen Fächer betroffen und in weit größerem Maße die naturwissenschaftlichen Disziplinen.

Zur Mainzer Lösung:

Die geschilderte universitäre Situation führte in Mainz 2002 zur Überlegung, ob hier eine interdisziplinäre Lösung für ein letztendlich universitäres Problem gefunden werden könnte. Die vom Institut für Kunstgeschichte vorgebrachte Idee wurde von der Hochschulleitung begrüßt und eine interdisziplinäre Arbeitsgruppe hierfür eingesetzt. Eine erforderliche finanzielle bzw. personelle Unterstützung wurde jedoch zunächst nicht gewährt. Auch Förderprogramme, die dieses hätten leisten können, waren nicht zu bekommen bzw. nicht vorhanden. Dies hing einerseits damit zusammen, dass das zu lösende Problem eher das Gebiet der Lehre als das der Forschung betrifft und andererseits, dass zwar eine konkrete institutsübergreifende aber keine wünschenswertere hochschulübergreifende Lösung gesucht wurde.
Umso wichtiger und von zentraler Bedeutung war daher, dass sich das Mainzer Rechenzentrum (Zentrum für Datenverarbeitung) für dieses Problem interessierte und maßgeblich die Umsetzung eines solchen Vorhabens kompetent vorantrieb. Nur so konnte und kann das Mainzer Model überhaupt technisch realisiert werden. Hier finden sich das nötige Wissenspotential und die Mittel für ein campusweites Netzwerk-Projekt. Man entschied sich in Mainz, die nötige Software nicht neu zu entwickeln, sondern auf dem Markt nach einem geeigneten Angebot zu suchen. Nach einer ausgiebigen Auswahl- und Evaluationsphase wurde das Produkt ImageAccess der Firma Imagic (www.imagic.ch) 2004 an der Johannes-Gutenberg Universität für den Aufbau einer Multimedia-Datenbank eingeführt. Gründe für diese Wahl waren unter anderem:

- Die Software konnte in das Konzept des Rechenzentrums integriert werden.
- Die Software und die damit verbundene Firma ließ eine gewisse ‚Beständigkeit' erwarten.
- Eine differenzierte Administration von Einzelpersonen und Gruppen war möglich.
- Die Software erlaubt die interdisziplinäre Anwendung (z. B. differenzierte bzw. divergierende Eingaben) und ist dennoch recht einfach in der Handhabung. Hierbei ist die Datenweitergabe zu Word und PowerPoint per Drag&Drop besonders attraktiv.

Primäre Aufgabe der Software ist eine Dokumentenverwaltung. Dabei war zunächst an Bilddaten gedacht worden, doch stellte sich schon bald heraus, dass auch das Bedürfnis nach einem geeigneten Programm zur Verwaltung anderer Datenfils zum Beispiel für Film, CAD oder Tondokumente an der Universität besteht.
Nachdem man sich auf die Software geeinigt hatte, stellte sich bei der Realisie-

rung der Datenbank heraus, dass man völlig falsche Vorstellungen von der Rechtslage hatte.
Ein campusweiter Zugriff auf eine gemeinsame bzw. interdisziplinäre Datenbank wurde durch die Rechtsabteilung der Universität untersagt. Dies hängt damit zusammen, dass für die Forschung und Lehre zumeist auf fremdes Material zurückgegriffen wird, an dem die Universität und ihre Mitarbeiter keine Urheberrechte haben. Dabei spielt es keine Rolle, dass häufig überhaupt nicht klar ist, bei welchen Reproduktionen das Urheberrecht berührt wird. Bislang bleibt in der sehr aufgeregt geführten Urheberrechtsdebatte das Problem von Original, Reproduktion und digitaler Reproduktion einer gedruckten Reproduktion nur sehr unzureichend geklärt. Momentan kann an Hochschulen im Bereich von Forschung und Lehre ein rechtlich unbedenkliches interdisziplinäres bzw. institutsübergreifendes Arbeiten nur mit Material geschehen, an dem der Betreiber der Datenbank selbst die Urheberschaft besitzt oder für das eine solche Nutzung durch den Rechteinhaber eingeräumt wurde. Dies erscheint in der heutigen Medienlandschaft wirklichkeitsfremd und letztlich hochschulfeindlich. Durch das Fehlen einer an den Bedürfnissen der modernen Hochschulen orientierten Gesetzesgrundlage besteht eine starke Verunsicherung, die schon jetzt negative Auswirkungen auf den Wissenstransfer hat. Zukünftig wird von der Regulierung dieser Frage abhängen, ob es insbesondere in den Geisteswissenschaften zu einer Weiterentwicklung dieser massiven Behinderung mit weit reichenden, katastrophalen Folgen kommt.

Was ist seit 2004 in Mainz geschehen:

Die Multimedia-Datenbank ist campusweit im Einsatz und kann von jedem universitären Institut bzw. Projekt für die Verwaltung von Bild- und Multimediadaten für Forschung, Lehre und E-Learning benutzt werden. Technische Fragen bzw. Belange werden durch das Rechenzentrum bedient. Datenmasken können individuell und für die jeweiligen Bedürfnisse in den verschiedenen Teilbereichen angepasst werden. Im Bereich der Geisteswissenschaften wurde jedoch eine gemeinsame Eingabemaske mit ‚Basisfeldern', wie Titel, Künstler, Standort, Herkunft, Datierung, Abbildungsnachweis, Copyright und Bearbeiter, sowie ‚Erweiterungsfelder', wie Inventarnummer, Objektbezeichnung, Ikonographie, Material, Technik, Maße, und Epoche, erstellt. Einzelne Felder werden mit Hilfe von Dateibäumen (Listen) beschriftet, die zu einem schnelleren und verlässlicheren Arbeiten beitragen. Daneben gibt es ein ‚offenes' Feld, in dem mehrseitige Texte zu dem jeweiligen Datensatz eingegeben bzw. Diskussionen geführt werden können. Die im geisteswissenschaftlichen Bereich genutzten Eingabefelder können auch von anderen Datenbankgruppen verwendet werden, so dass die eingegebenen Dateibäume campusweit nutzbar sind. Im Bereich der Geisteswissenschaften erfolgt eine inhaltliche Koordination der beteiligten

Gruppen durch das Institut für Kunstgeschichte. Durch die Verwendung einer 3-stufigen Hierarchie (Institut/Gruppe/Bilder) und die Regulierung der Nutzungsrechte können verschiedene Gruppen (z. B. Dissertationsprojekt, Forschergruppe, Seminar, Institut) mit Ihren Beständen administriert werden. Die Gruppenteilnehmer können durch unterschiedliche Zugriffsrechte (Einstellen von Bildern, Beschriften bzw. Lesen oder Löschen der Datensätze) verschieden definiert werden. Durch Remote-Zugriff ist es den Gruppenteilnehmern möglich, auch von außerhalb des Campus auf ihren Bereich zuzugreifen. Ein Webinterface wird hier in den nächsten Monaten folgen.
Aktuell arbeiten mit der Multimedia-Datenbank 11 Institute bzw. 17 Abteilungen. Insgesamt werden über 100.000 Datensätze verwaltet. Mehr als die Hälfte des Bestandes entstammt den Gruppen des Institutes für Kunstgeschichte. Für das Mainzer Institut bedeutete die Arbeit mit der Multimedia-Datenbank konkret, dass die Mitarbeiter der Fotoabteilung für die zusätzliche Produktion digitaler Datensätze umgeschult werden mussten. Die für die Arbeit notwendige Hardware, z. B. Digitalkamera, Scanner, Drucker und Beamer, sowie entsprechende Software (Bild- und Filmbearbeitungsprogramme) mussten erworben werden. Zudem benötigte man weiteren Platz für die Aufstellung studentischer PCs für Bild-Recherche und universitäre Referatspräsentation. Nachdem in Abstimmung mit anderen Fachdisziplinen die gemeinsame Eingabemaske erstellt war, musste die Datenbank nun mit Inhalten gefüllt werden. Geplant war, den Diabestand sukzessive in die Datenbank zu übertragen. Dies erwies sich aus qualitativen Erwägungen heraus als unzweckmäßig. So zeigen insbesondere verglaste Dias eine Verschmutzung, die bei herkömmlicher Projektion zu vernachlässigen ist, jedoch beim Scannen zu erheblichen Problemen führt. Daher werden in Mainz in erster Linie Scans von Druckvorlagen und digitale Fotos erstellt. Dias werden vornehmlich dann digitalisiert, wenn es sich nicht um Reproduktionen, sondern um Originalaufnahmen handelt. Damit die Datenbank angenommen wird, wird der Umgang mit ihr kontinuierlich an Studierende und Wissenschaftler vermittelt. Dies geschieht zudem in Hinblick auf den Gebrauch von digitalen Medien und ihrer Präsentation. Die systemimmanenten Farbschwankungen sind aus kunsthistorischer Sicht eine der größten Schwachpunkte der digitalen Präsentation. Durch die Kalibrierung der inhomogenen Hardware bzw. der Verwendung eines einheitlichen Farbmanagements im Institut für Kunstgeschichte konnte dieses Problem bislang nur in einem gewissen Grade behoben werden. Die Verlässlichkeit eines Dias will sich beim digitalen Bild bislang nicht einstellen. So kunsthistorisch problematisch das neue Medium noch erscheint und so berechtigt mitunter die Kritik an ihm ist, die Ablösung der Diapräsentation durch die Digitalpräsentation ist an der Universität unumkehrbar vollzogen.
In der Kunstgeschichte entsteht ein Bildbestand, dessen Datensätze grundsätzlich in den Basisfeldern beschriftet sind. Dieser Datenbestand wird unter-

schiedlich administriert, was bedeutet, dass geregelt wird welche Person welche Bilder und welche Beschreibungsfelder sehen darf. Innerhalb des Gesamtbestandes gibt es den Bereich an Bildern, der von der Allgemeinheit des Instituts genutzt werden kann. Nur ein Teil dieses Bestandes wird über das Institut hinaus anderen Nutzern an der Universität zur Verfügung gestellt und wiederum ein kleinerer Teil davon wird an Prometheus weitergeleitet und steht damit letztlich weltweit zur Verfügung. Für einzelne Lehrveranstaltungen werden Bildbestände eingegeben, auf die nur die Teilnehmer der Veranstaltung zugreifen können. Hier findet sich teils Material aus dem Bereich der allgemeinen Bildbestände, aber auch gruppenspezifisches, das nicht zur Allgemeinheit gehört. Zudem gibt es Forschungsbestände, auf die nur einzelne Forschergruppen bzw. Einzelpersonen zugreifen. Dieser unterschiedliche Gebrauch reflektiert die individuelle Interessenslage sowie die Bildrechteproblematik. Der derzeitige Bildbestand von über 25.000 Bildern enthält vornehmlich Material aus den Regionen Frankreich (insbes. Burgund), Italien (insbes. Toskana und Rom), Deutschland sowie des byzantinischen Raums und spiegelt damit kunsthistorische Schwerpunkte der Universität bzw. des Institutes. Diese Schwerpunktsetzung ist zu einem großen Teil Resultat einer Exkursionsdokumentation, die seit drei Jahren betrieben wird. Über 12.000 Originalbilder sind bislang so entstanden, an denen das Institut die Bildrechte hält. Sie bilden den auf Wachstum angelegten Bestand Phoenix-Mz, der an die internationale Gemeinschaft der Prometheus-Nutzer weitergereicht wird und bereits jetzt schon vorteilhaft für einzelne Forschungsarbeiten und studentische Abschlussarbeiten war.
Im Mainzer Institut sind mit dem Aufbau des universitären Datenbestandes Fachpersonal, Wissenschaftler und Studierende gemeinsam beteiligt. Bei allen drei Gruppen ist zu beobachten, dass mit dem Medienwandel zugleich auch eine Veränderung des jeweiligen Arbeitsprozesses einhergeht. Unter anderem wird experimentiert, ob bzw. in welcher Art und Weise sich die zunächst für die Datenverwaltung angeschaffte Software auch für den E-Learning-Bereich eignet. Zwei verschiedene Einsatzbereiche wurden bislang mit Erfolg erprobt.

Beispiel A:

In der Einführungsveranstaltung zur Architektur wird Studierenden des ersten Semesters das Vokabular zur Beschreibung von Bauwerken vermittelt. Entscheidend ist, dass diese Fachterminologie eingeübt und angewendet wird. Dies ist auf Grund der gestiegenen Studierendenzahlen von bis zu 100 Teilnehmern im Seminar nicht mehr durchführbar. Hierfür bietet das Programm eine geeignete Hilfe. In einem eigens eingerichteten Gruppenbereich wird den Proseminaristen Bildmaterial zur Nacharbeitung der jeweiligen Unterrichtseinheit angeboten. Die studentische Arbeit lässt sich leicht und schnell durch Seminarleitung bzw. Tutor kontrollieren und ermöglicht, zeitnah korrigierend einzugreifen. Es zeigt sich, dass die Studierenden angehalten werden, sich intensiver mit den Objekten und dem Vokabular auseinander zu setzen. Ein solches Vorgehen ist nicht ungewöhnlich und lässt sich mit vielen Programmen vornehmen. Der Vorteil liegt jedoch darin, dass es mit dem Datenbanksystem geschieht und somit für die Seminarleitung einfach handhabbar ist und zudem die Studienanfänger mit der Datenbank vertraut werden.

Beispiel B:

In einem thematischen Proseminar bzw. einer Dokumentationsübung müssen die Studierenden teils neben der traditionellen Referatspräsentation ein regionales Objekt (Architektur oder Skulptur) fotografisch bzw. filmisch erfassen und das Bildmaterial in der Datenbank textlich aufarbeiten. Hierdurch gelingt es, neben der Vermittlung von kunsthistorischen Grundkenntnissen auch berufsorientierter auszubilden. So gehört die Objektdokumentation zum Beispiel in der Denkmalpflege und im Museumswesen zum kunsthistorischen Aufgabengebiet. Hier ist der Umgang mit der multimedialen Erschließung der Objekte alltäglich. Leider ist noch immer zu beobachten, dass bei einem großen Teil der Studierenden die Kenntnisse in den neuen Medien nur sehr gering sind, weshalb hier eine Förderung umso wünschenswerter erscheint. Das durch die Studierenden in der Lehrveranstaltung erstellte Material lässt sich mit deren Einwilligung problemlos an Prometheus weiterleiten und ermöglicht so eine dauerhafte, seminarungebundene Nutzung des Veranstaltungsergebnisses. Zugleich bietet diese Online-Publikationsmöglichkeit den Seminarteilnehmern einen Anreiz für Ihre Arbeit.

Am Schluss dieser kurzen Vorstellung des Mainzer Models bleibt festzuhalten, dass innerhalb weniger Jahre erreicht wurde, dass der gesamten Mainzer Universität für die Forschung und Lehre ein Arbeitsinstrument zur Verfügung steht, welches sich zur individuellen bzw. gruppenspezifischen Verwaltung von Multimediadaten eignet. Dabei handelt es sich bei der Mainzer Multimediadatenbank nicht um ein durch Drittmittel gefördertes visionäres Projekt. Durch die kreative Nutzung eines kommerziellen Produktes werden realisierbare Antworten auf die zuvor geschilderte akute Problemlage gegeben. Es ist jedoch bedauerlich, dass sich die ursprünglich angedachte stärkere interdisziplinäre Nutzung der Multimediadatenbank bislang nicht durchsetzen ließ. So besteht weiterhin eine dringende Notwendigkeit, dass der Gesetzgeber für den Hochschulbereich eine adäquate Änderung des Urheberrechtes vornimmt. Ob dies geschehen wird, erscheint zum jetzigen Zeitpunkt eher fraglich.

MIDAS auf Polnisch – Ein deutsches Regelwerk in Forschungs- und Lehrpraxis des Kunsthistorischen Insituts in Wroclaw/Polen

Agnieszka Seidel-Grzesińska

Seit 1996 entstehen im Breslauer Institut für Kunstgeschichte digitale Datenbanken für die schlesische Kunst. Der Anfang wurde dank des 1994 begonnenen Projekts "EDV-gestützte Dokumentation in Forschung und Lehre ausgewählter kunstgeschichtlicher Universitätsinstitute" gemacht. Dieses Projekt wurde vom Bildarchiv Foto Marburg koordiniert und von der Volkswagenstiftung finanziell unterschützt. Der Start für das Vorhaben war in Breslau nicht besonders günstig - zum Beginn des Projekts befand sich im Breslauer Institut ein Personal-Computer und keiner der Institutsmitarbeiter besaß irgendwelche Erfahrungen im Bereich der rechnergestützten Denkmaldokumentation.

Die Voraussetzungen und Ziele des Projekts "EDV-gestützte Dokumentation in Forschung und Lehre ausgewählter kunstgeschichtlicher Universitätsinstitute"

Das Ziel des Projekts "EDV-gestützte Dokumentation in Forschung und Lehre ausgewählter Universitätsinstitute" war vor allem die Einführung der modernen digitalen Technologien als Unterstützung der Forschung. Nicht weniger wichtig war jedoch die Schulung der Wissenschaftler, die mit den neuen Technologien arbeiten und künftig die nächsten Benutzer des Systems ausbilden sollen, wie auch die Vorbereitung eines Unterrichtsprogramms für Studenten. Das Projekt umfasste alle Phasen des Forschungsverfahrens: Die Untersuchung der Denkmäler vor Ort, die wissenschaftliche Bearbeitung des gesammelten Materials, die Vorbereitung der photographischen Dokumentation und die Einführung der Informationen in die Datenbank. Zur Realisierung wurden drei Themen ausgewählt, die die verschiedenen Gruppen von Kunstwerke betrafen, und zwar waren es:

- Steinskulptur in Schlesien 1400-1520 (Leitung: Dr. Romuald Kaczmarek)
- Ausgewählte Beispiele der profanen Architektur in Schlesien 1570-1650 (Leitung: Dr. Piotr Oszczanowski)
- Die religiöse Kunst Schlesiens 1820-1918 (Leitung: Dr. Agnieszka Zabłocka-Kos, Mitarbeit: Dr. Joanna Lubos-Kozieł)

Es wurde im Institut eine Arbeitstelle für Kunstdenkmaldokumentation (Pracownia Dokumentacji Zabytków Sztuki) eingerichtet und aus den Geldmitteln, die das Breslauer Institut im Rahmen des Projekts erhalten hat, ausgestattet.

Die erste Leiterin der Arbeitstelle war Prof. Dr. hab. Zofia Ostrowska-Kębłowska. Im Jahre 2002 übernahm Dr. Elżbieta Kołaczkiewicz diese Funktion.
Zu den Vorausetzungen des Projekts gehörte es, dass alle daran teilnehmenden Institutionen für die Datenerfassung das Regelwerk MIDAS und die Software HIDA benutzten, was die problemlose Zusammenarbeit und der Datenaustausch sichern sollte. Diese Technologien wurden auch in Breslau implementiert. Zuerst war es eine HIDA-Version für DOS, dann - Hida 3.0 für Windows. Die Schulungen für die polnischen Wissenschaftler wurden von einem Mitarbeiter des Bildarchivs Foto Marburg durchgeführt. Die Ausbildungsprache war deutsch.
Bald ergab sich, dass die Sprache der Ausbildung eine sehr wichtige Rolle bei der Durchführung des Projekts spielt. Für die Breslauer Kunsthistoriker war das Projekt der erste Kontakt mit der elektronischen Datenverarbeitung und mit digitalen Datenbanken überhaupt. Das Hauptproblem war daher, dass den polnischen Projektteilnehmern keine polnischen begrifflichen Gegenstücke für die Ausbildungsinhalte, die man auf deutsch vorstellte, bekannt waren. Der erste Fehler, der hier gemacht wurde, war, dass für die Breslauer Kunsthistoriker keine parallele Schulung auf polnisch im Bereich der Datenbanken unternommen wurde. Deswegen wurde erst allmählich in Breslau endeckt, dass einige Tools fehlten, die für die Arbeit mit der Datenbank sehr nützlich, oder sogar notwendig waren, und vor allem - ein polnischer hierarchischer Thesaurus. Dies war die Ursache dafür, dass es anfänglich für Breslauer Forscher einfacher war, die deutschprachigen Dokumente vorzubereiten, als diese in ihrer Muttersprache: auf deutsch besaß man mehrere Beispiele der Objekterfassung und die ausführlichen Listen der Begriffe zu einzelnen Datenkategorien, was für die polnische Version ganz fehlte. Anders sah die Situation der im Projekt mitarbeitenden Studenten aus. Für sie war die Arbeit mit einer Datenbank, die völlig auf einer fremden Sprache beruhte, sehr beschwerlich und es verlangsamte wesentlich den Verlauf des ganzen Projekts. Auch der Studentenunterricht, der sich auf die deutschsprachige Software stützte, war problematisch.
So erwies es sich als eine der wichtigsten Aufgaben in Breslau, das Regelwerk ins Polnische zu übersetzen, das heißt - die Vorbereitung eines polnischen MIDAS-Handbuchs. Bald nach dem Beginn der Datenerfassung ergab sich aber auch, dass es viel bequemer wäre, eine Benutzeroberfläche in der Muttersprache zu haben. Dazu traten noch technische Probleme auf. Das deutsche Programm HIDA in der Version für DOS war wenig benutzerfreundlich, aber stabil. Letzteres konnte man leider über die Version für Windows nicht sagen. Schuld, oder Mitschuld, hatte hier höchstwahrscheinlich eben die Systemplatt-

form selbst[1]. Die nächste in Breslau zu treffende Entscheidung war es also, eine polnische Software für MIDAS zu schaffen.
Im Endeffekt entstanden die digitalen Dokumente in polnischer und deutscher Sprache mit Hilfe der verschiedenen Software. Die deutschspachigen sind heute auf der Seite www.bildindex.de zu sehen. Die polnischen Dokumente bleiben im Breslauer Institut und sind zur Zeit lediglich lokal zugänglich. Leider wurden die Photos, die man im Rahmen des Projekts machte, bis heute nicht digitalisiert. Dies wurde für dieses Jahr geplant.
Der in Rahmen des Projekts vorgesehene Unterricht für polnische Studenten findet im Breslauer Institut seit 1997 statt. Heutzutage ist es ein zweisemestriger Kurs für die Hörer des Grundstudiums unter dem Titel "EDV-gestützte Denkmaldokumentation". Es umfasst vier Themenblöcke: Textverarbeitung, Bildverarbeitung, die Datenbanken und die Standards der Datenverarbeitung in den Geisteswissenschaften, wie auch die Einführung in die Internet-Technologien.

Die Anpassung eines fremdsprachigen Regelwerks an die polnische Forschungs- und Lehrpraxis.

Die zehnjährige Arbeit mit MIDAS auf deutsch und polnisch ermöglicht es uns einige Schlussfolgerungen zu ziehen, die die Verwendung der EDV auf dem Gebiet der kunsthistorischen Dokumentation und Forschung und der internationalen Zusammenarbeit in diesem Bereich betreffen. Die Situation in Breslau ist besonders interessant, da hier die Regionalforschung das vielsprachige Kulturerbe betrifft und da sie häufig parallel auf zumindest zwei verschiedenen Sprachen betrieben wird. Es bietet eine gute Gelegenheit manche damit verbundene Probleme zu beobachten und zu analysieren, obwohl sie nicht immer bewältigt werden können.
Wie gesagt, nach der genauen Erwägung der verschiedenen Möglichkeiten der Verwendung des Regelwerks MIDAS in Polen wurde in Breslau die Entscheidung getroffen, dass dafür ein polnisches Handbuch und eine polnische Software notwendig ist. Sonst ist eine leistungsfähige Nutztung und Popularisierung des Systems unmöglich.
Die polnische Software für MIDAS entstand im Jahre 1999-2000. Das Programm wurde SEZAM genannt, als eine Abkürzung von System für die Inventarisation der Baudenkmäler und Museumsbestände (System Ewidencjonowania Zabytków Architektonicznych i Muzealnych) (Abb. 1-2).

[1] In Polen benutzt man Windows für Ostmitteleuropa, in Deutschland - Windows für Westeuropa. Die Umschaltung zwischen diesen zwei Systemen führt oft zu den Problemen mit den besonderen Schriftzeichen.

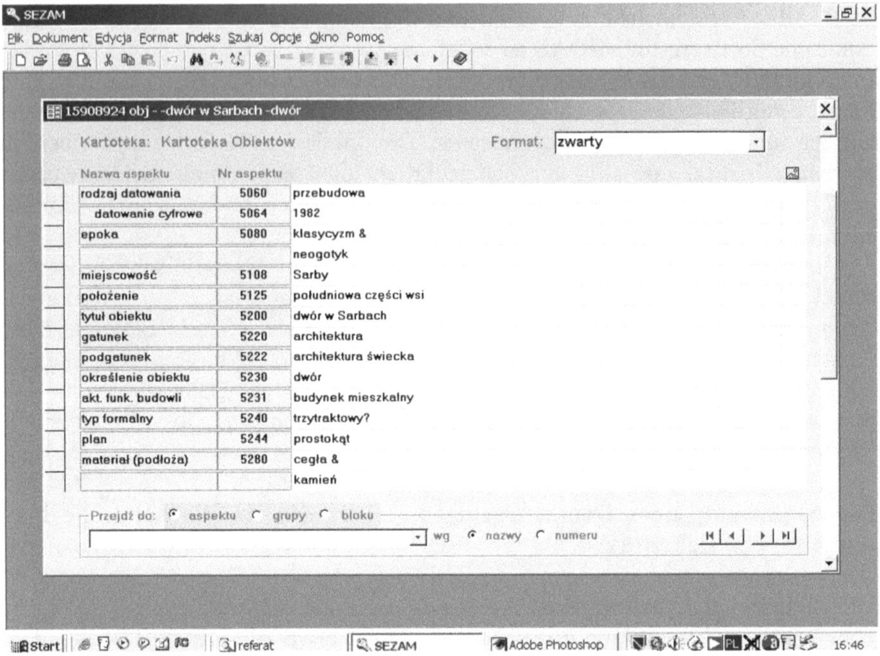

Abb 1. Programm SEZAM. Fragment des Objektformulars.

Die Software wurde von der Breslauer Firma Infoprojekt (heute unter dem Namen Arch-Info[2]) vorbereitet. SEZAM hat man in Microsoft Access programmiert. Diese Lösung war zwar für die Universität ziemlich billig, sie hat aber einige Einschränkungen, die vor allem die Größe der Datenbank betreffen. Heutzutage wird eine neue SEZAM-Version und ein MIDAS-Browser getestet, die sich auf die Technologien Java, XML und PostgreSQL stützen. Eine ähnliche Richtung der Applikationsentwicklung wurde auch in der letzten Ausgabe des MIDAS-Handbuchs empfohlen[3]. Eine grundlegende Voraussetzung für die polnische Software für MIDAS war es, dass die Export-Import-Dateien dem Format von HIDA entsprachen und dass immer ein Datenaustausch zwischen diesen beiden Technologien möglich ist.

Der polnische Text des MIDAS-Handbuches ist zwar bis heute ein Manuskript geblieben, wir haben aber weiterhin vor, eine polnische Version des MIDAS-Handbuchs zu veröffentlichen.

Die Basis für die Übersetzung des Regelwerkes war die dritte Auflage des Handbuchs von Lutz Heusinger aus dem Jahre 1994. Da ergaben sich einige

---

[2] www.arch-info.com.pl

[3] Jens Bove, Lutz Heusinger, Angela Kailus. Marburger Informations-, Dokumentations- und Administrations-System (MIDAS). Handbuch und CD, 4 Aufl. Leipzig 2001, s. 28-33.

Probleme, z.B. für einige spezifische Feldnamen existierten keine entsprechenden polnischen Worte, wie z.B. für den Begriff "Bürgerort". Diese Feldnamen konnten natürlich auf polnisch beschrieben werden, aber es fehlten dann die Definitionen im Handbuch, weil für den deutschsprachigen Leser der Feldname selbstverständlich war. Also sollten einige Abschnitte in der polnischen Version des Handbuches eigentlich neugeschrieben werden. Das wollte man aber nicht machen. Zu der polnischen Wirklichkeit der Denkmaldokumentation und Denkmalpflege passten auch nicht die Formulare der Geographie-Datei und der Dateien für die Verwaltung: Die Inventar- und die Denkmaldatei. Die beiden letzten werden in Polen im sehr beschränkten Umfang verwendet. Diese Dateien werden auch in der 4. Auflage des MIDAS-Hanbuches nicht mehr empfohlen.
Die mangelnde Anpassung der Inventardatei an die polnische Museumspraxis konnte die Ursache dafür sein, dass die Museen in Polen, die sich für MIDAS interessiert haben, sich nicht zu einer Einführung des Regelwerkes entschliessen konnten. Das zeigt, dass die Verwaltung von Objekten im Moment für Museen wichtiger zu sein scheint, als ihre wissenschaftliche Bearbeitung. In Polen wird in Museen also vor allem die einheimische Software benutzt, wie MONA[4] oder MusNet[5], die auf dem Grund der polnischen Museumpraxis entworfen wurden. Die Beschreibung der Denkmäler ist in dieser Software im beschränkten Umfang strukturiert. Jedes dieser Programme wird in Polen an ungefähr vierzig Institutionen eingesetzt.
Ein beständiges Interesse für MIDAS hatten dagegen die Büros der Stadt- und Landkonservatoren. Sehr bemerkenswert war die Einführung von SEZAM im Büro des Stadtkonservators in der Haupstadt Warschau, wo es in Zukunft mit einem Geographic Information System zusammenarbeiten soll[6].
Auf Grund der polnischen Erfahrungen scheint es, dass MIDAS am bestens zu den Forschungsprojekten passt, also zu diesen Vorhaben, wo eine detaillierte Beschreibung des Werkes erwartet wird, und erst in zweiter Linie Fragen der Verwaltung behandelt werden. Das beweisen die Forschungsprojekte, die im Breslauer Institut EDV-gestützt dürchgeführt wurden, und nämlich die digitalen Kataloge zu Dissertationen (wie z.B. von Andrzej Kozieł[7] und Aleksandra Bek[8]), wie auch die digitale Version des Katalogs der Kunstdenkmäler in Schle-

---

[4] Biuro Usług Informatycznych S SOFT – Halina Słomka, Warschau, http://www.jws.com.pl/mona/index.html

[5] Infogenia, Krakau, http://www.infogenia.pl - Link: Nasza Oferta.

[6] Jakub Ławniczak, Agnieszka Seidel-Grzesińska, Ewidencja zabytków stołecznego konserwatora w Warszawie - gromadzenie i multimedialna prezentacja zasobów za pomocą oprogramowania SEZAM, [w:] Samorządy w ochronie zespołów staromiejskich, Lublin 2004, s. 91-96.

[7] Andrzej Kozieł, Rysunki Michaela Willmanna (1630-1706), Dissertation im Institut für Kunstgeschichte Universität Wroclaw, 1998.

[8] Aleksandra Bek, Rzeźba kamienna z lat 1560-1650 w środowisku legnickim, Dissertation im Institut für Kunstgeschichte Universität Wroclaw, 2004.

sien (zur Zeit sind drei Kreise bearbeitet worden: Strehlen, Ohlau und Neumarkt - zur Zeit im Gange). Es kann hier noch ein Projekt genannt werden, bei dem das Breslauer Institut die Beratung zur Anwendung von MIDAS leistete, und zwar das im Kunstinstitut der Polnischen Akademie der Wissenschaften in Warschau realisierte Projekt unter dem Titel: Ostpreußen - Dokumentation einer historischen Provinz. Die photographische Sammlung des Provinzialdenkmalamtes in Königsberg - Prusy Wschodnie – dokumentacja historycznej prowincji. Zbiory fotograficzne dawnego Urzędu Konserwatora Zabytków w Królewcu (Leitung: Jan Przypkowski[9]).

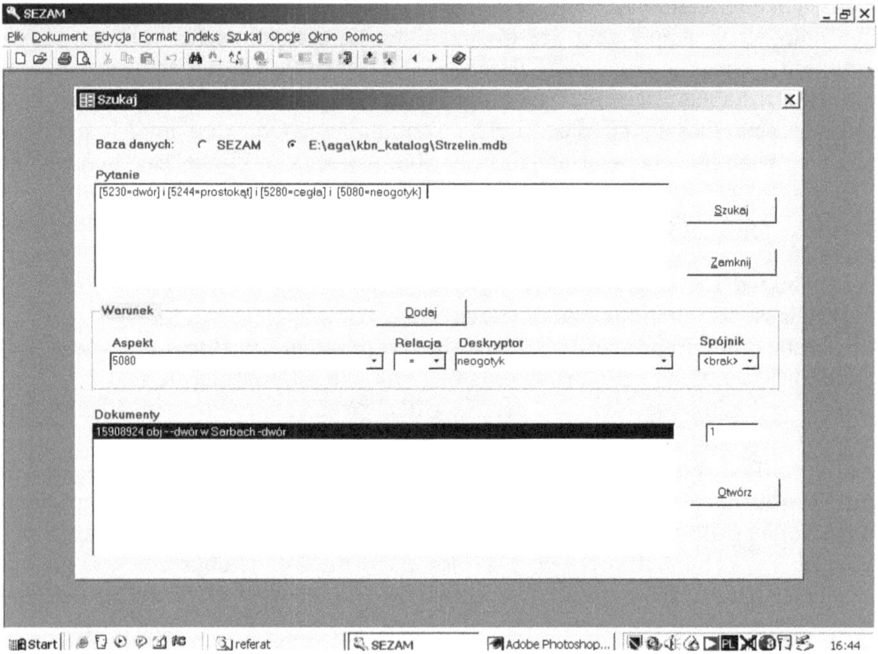

Abb 2. Programm SEZAM. Suchmaske.

In allen obengenannten Fällen waren und sind besonders solche Merkmale von MIDAS wie Offenheit des Systems und der Reichtum der Beschreibungskategorien, aus denen man auswählt, wertvoll. Fast jeder Benutzer kann im System für sich nützliche Felder für die Erfassung des Kuntwerkes finden.

Was die Lehrpraxis angeht, dient MIDAS von Anfang an in Breslau auch als günstiges Tool in der akademischen Didaktik. Die Übungen, die mit Hilfe dieses

[9] Details zu dem Projekt: http://www.ispan.pl/ksiegarnia/index.htm

Systems abgehalten werden, erleichtern es den Studenten der ersten Studienjahre, die Struktur der Werke zu entdecken und die Beschreibungssprache der Kunst zu üben. Gleichzeitig lernen sie auch die Grundlagen der Datenbanken kennen. Letztens wurde MIDAS auch während einer Schulung für Berufstätige eingesetzt. Die Schulung wurde betitelt: „EDV-gestützte Methoden der Pflege und Förderung des Kulturerbes" und war Dank der finanziellen Unterstützung des European Social Fund möglich[10]. Daran nahmen vor allem Museumsangestellte teil. Das Interesse für das System war groß und das System selbst hochgeschätzt. Man bemerkte aber, dass das Erfassen der Daten sehr viel Arbeit und Aufmerksamkeit fordert.

Die Strukturen der Datenformulare in verschiedenen Sprachen und ihr Vergleich

Die Versuche, die Dokumente in der MIDAS-Datenbank parallel in zwei Sprachen anzulegen, bewiesen, dass es oft nicht um die einfache Übersetzung der Deskriptoren geht. Manchmal müssen die Dokumente einfach in einer bestimmten Sprache vorbereitet werden. Ein gutes Beispiel dafür ist das Feld "Grundriss", das in der neuen Version von MIDAS gelöscht wurde. Stattdessen soll man das Feld "Formtyp" verwenden. Für polnische Kunsthistoriker ist eine solche Lösung schwer vorstellbar. Eine ganz wichtige Ursache dafür, ist die lange Dokumentationpraxis, wo Grundriss ein wichtiges Merkmal des Baues ist. Gleichzeitig aber gibt es Probleme mit Deskriptoren. Wenn man doch den Bauplan auf polnisch in Feld "Formtyp" beschreiben wollte, werden hierzu die Begriffe fehlen. Dort, wo die deutsche Sprache über ein einfaches Wort verfügt, wie z.B "kreuzförmig" für die Bezeichnung des Formtyps einer Kirche, die auf dem Grundriss des Kreuzes erbaut wurde, muss die polnische Sprache die Situation beschreiben, was ungefähr folgendermaßen klingen könnte: "auf dem Grundriss eines Kreuzes erbaut". Auf diese Weise entstünden in den Indices Deskriptoren in Form von Redewendungen. So bleibt in polnischen MIDAS-Datenbanken die Beschreibungskategorie "Grundriss" bis heute und wird gern von den Forschern verwendet.

Schließlich soll das Problem erörtet werden, das eigentlich dank MIDAS gelöst werden sollte: der Datenaustausch und die Einrichtung von umfangreichen Datenbanken im Rahmen einer weltweiten Zusammenarbeit, wie es z.B. im Fall vom Bildindex umgesetzt wurde.

Was eine so umfangreiche Unternehmung vor allem erfordert, ist die große Disziplin, besonders im Bereich der Informationsstruktur. Das ist natürlich eine schwere Aufgabe. Während des Verlaufs des Projekts "EDV-gestützte Dokumentation ...", das drei Jahre dauerte, änderte man auch manchmal die Definitionsdatei mit der Informationsstruktur. Das Problem wurde auf diese Weise

[10] www.ihsz.hist.uni.wroc.pl/kurs1.html

gelöst, dass die an dem Projekt teilnehmenden Institutionen von dem Koordinator entsprechende Dateien erhielten, die lediglich an ihren eigenen Computern eingespielt werden sollten. Diese Methode funktionierte aber nur dann richtig, wenn alle Mitarbeiter über dieselbe Software verfügten. Und da in Polen und Deutschland verschiedene Software für Midas verwendet wird, sind die Versionen des Systems in Breslau und Marburg heute nicht mehr gleich und MIDAS in Polen entwickelt sich ein bißchen unabhängig von den deutschen Tendenzen.

Sinvoll wäre aber in diesem Kontext die Frage zu stellen, ob diese Übereinstimmung der Versionen tatsächlich so wichtig ist. Ob MIDAS wirklich als Core Data Standard dienen soll? Vielleicht lohnt es sich, die Unterschiede zu belassen. In SEZAM informiert die Log-Datei den Benutzer, welche Felder nicht in die Datenbank importiert werden können und warum (diese Daten können immer in der Text-Datei eingesehen werden). Es stört den Datenaustausch eigentlich nicht, besonders, wenn die Browser nur über beschränkte Suchmöglichkeiten verfügen.

Die vielsprachigen hierarchischen Thesauri

Aufgrund der bisherigen Erfahrung darf man behaupten, dass die Erfassung großer Datensammlungen gleichzeitig in mehreren Sprachen immer sehr problematisch ist.

Eine Lösung könnten vielleicht mehrsprachige hierarchische Thesauri bieten. Verschiedene Modelle dafür sind schon bekannt, wie z.B. das Vokabular grundlegender Begriffe für die Katalogisierung von Kleidung[11] oder Multilingual Egyptological Thesaurus[12]. Es wären hier aber zwei Hauptprobleme zu nennen. Erstens - die hierarchische Struktur der Begriffe, die mit der Spezifik der Sprache sehr stark verbunden ist, zweitens - die Sonderzeichen, die in einzelnen Sprachen vorkommen. Die Versuche, den deutschen Thesaurus von Bildarchiv Foto Marburg ins Polnische zu übersetzen, gelangen nicht. Außerdem ist die letzte Version dieses Thesaurus, in der man solche Begriffe wie Bauwerk und Brunnen parallel stellte, zur Zeit in Polen nicht zu akzeptieren, obwohl es hier keine bedeutende Alternative gibt[13].

---

[11] www.mda.org.uk/costume/vbt00d.htm

[12] www.ccer.nl

[13] Ein allgemeiner Thesaurus für die Beschreibung des Kulturerbes fehlt in Polen noch immer. Die einzelnen Institutionen bilden eigene Indices, die man meistens nur intern verwendet und nicht veröffentlichen will. Die Sprache der Kunstbeschreibung entwickelt sich in vielen polnischen Institutionen unabhängig, was in nächster Zukunft ein wichtiges Hinderenis für den efektiven Datenaustausch bilden kann.

Die Vorteile und Nachteile von Kodierung der Informationen

Um die Klarheit der Datenbanken zu garantieren und Missverständnisse zu vermeiden, versucht man verschiedene Werte in geisteswissenschaftlichen Datenbanken zu kodieren.
Zu gelungenen Initiativen in diesem Bereich kann man mit Sicherheit Iconclass zählen[14], in dem die einzelnen Bildinhalte und Bildmotive mit der Hilfe von alphanumerischen Kodes geordnet wurden. Ein Beispiel für die Verwendung der Kodes statt der freitextlichen Beschreibung bietet auch die Epigraphische Datenbank Heidelberg, wo die ganzen Merkmale der Denkmäler und der Texte kodiert werden[15]. Das Ziel ist wieder die große Vielfalt der Beschreibungsweisen zu verhindern und auf diese Weise die Suche in der Datenbank zu vereinfachen.
Im MIDAS empfahl man die Kodierung der Sprachzeichen, die sich nicht direkt von Testatur eingeben lassen, z.B.: Józefa Różycka-Bryzek - Jo^B0zefa Ro^B0z^BKycka-Bryzek. Diese Methode, obwohl sicherlich einfach für das System, wird von den polnischen Benutzern für sehr unbequem gehalten. Man kann natürlich auf die Sonderzeichen einfach verzichten, wie es beispielweise im Bildindex zu sehen ist, aber es ändert oft die Information selbst.
Einerseits ist also die Kodierung von Daten für Datenbanken und die Suche sehr günstig, anderseits wird sie von Benutzern als eine Barriere empfunden, die den Weg zu den Informationen kompliziert und verlängert. Sie ändern ihre Meinung, wenn die Kodierung automatisiert wurde. Das konnte man auf dem Beispiel von Iconclass beobachten: bisher musste der Benutzer selbst nach den Kodes suchen und dann sie in anderen Datenbanken einsetzen, das System war in Breslau sehr niedrig geschätzt; seit es im Internet eine bequeme Suchmaschine für die einzelnen ikonographischen Motive gibt und seit ein Illustrated Libertas Browser (wo man die Bilder zu den gewählten Themen findet) online zugänglich ist, wird Iconclass von einer immer weiteren Gruppe der Forscher und Studenten gern benutzt.
Man kann so den Schluss ziehen, dass die Daten natürlich im System kodiert werden können, es müssen jedoch für den Benutzer solche Tools angeboten werden, die ihm den Umgang mit dem Kode erleichtern.

Internationale Datenbanken für das Kulturerbe?

Es besteht die Frage, ob internationale Datenbanken für das Kulturerbe überhaupt möglich und nötig sind? Trotz aller obengenannten Probleme würde ich "ja" sagen. Die Datenbanken sollten aber nicht zentralisiert werden. Sie sollen

---

[14] www.iconclass.nl
[15] Z.B. "V" für: "Denkmal vollig erhalten" oder "FF" für "mehrere Fragmente des Denkmals erhalten".

dort verwaltet und zugänglich gemacht werden, wo sie entstehen. Es würde vor allem garantieren, dass die Daten korrekt sind. Die Suche in den Datenbanken könnte durch die universalen Browser ermöglicht werden, ähnlich, wie es in Bibliotheksystemen funktioniert (wie z.B. Karlsruher Virtueller Katalog KVK[16]). Die richtige Schreibweise könnte durch die "virtuelle" Tasten sicher gestellt werden (Abb. 3). Die Grundlage dafür sind jedoch, außer den allgemeingültigen Regelwerke, die vielsprachigen Thesauri und das scheint eine der wichtigsten Aufgaben, vor welcher die Wissenschaftler jetzt stehen.

Abb 3. Suchmaske des Online Wörterbuchs www.ling.pl mit den virtuellen Tasten für "Sonderzeichen" in verschiedenen Sprachen.

Die Datenbanken für die schlesische Kunst

Die Datenbanken für die schlesische Kunst, die in Wroclaw entstehen, sind hauptsächlich mit zwei Arten von Forschungsvorhaben verbunden: den monographischen Projekten der einzelnen Forscher und den topographischen Denkmalinventarisation, die im Rahmen der in der Arbeitstelle für Denkmaldokumentation realisierten Projekte vorbereitet werden. Die Daten, die zu der ersten Gruppe gehören, dienen vor allem als Hilfe für die Wissenschaftler, die in ihrer Arbeit eine große Menge des Materials ordnen und analisieren müssen. Sie betreffen die nach einen bestimmten Kriterien ausgewählte Denkmale, z.B. die Werke von einem Meister oder aus einer Werkstatt. Die zweite Gruppe bilden diese Daten, die während des Vorbereitens von Katalog der Kunstdenkmäler in Polen (Serie: Katalog Zabytków Sztuki w Polsce) gesammelt werden. Diese be-

[16] www.uni-karlsruhe.de

treffen alle Werke die sich auf dem bestimmten geographischen Bereich befinden (ohne Sammlungsobjekte). Man versucht alle Denkmale möglich sorgfältig und genau zu beschreiben, unter der Berücksichtigung der Inschriften und Wappen, es gelingt jedoch nicht immer. Die meisten Werke sind hinzukommend auch photographisch dokumentiert.
Bis heute wurde in Wroclaw nocht nicht beschlossen, ob die im Ramen von verschiedenen Projekten entstanden Daten eine gemeinsame Datenbank bilden sollen (wie z.B. Bildindex[17]) oder als getrennte Sammlungen funktionieren (wie man es z.B. in der Herzog-August-Bibliothek in Wolffenbütel macht[18]). Es spricht natürlich nichts dagegen, die während der topographischen Inventarisation gesammelten Daten zusammenzubringen. Probleme entstehen allerdings dadurch, dass die Datenbanken, die für die monographischen Forschungsprojekte vorbereitet wurden, die ausgewählten Werke meist nach anderen Kriterien bewertet haben. Von daher ist es sehr problematisch für eine auf solche Weise entstandene Sammlung ein gemeinsames *universe of discours* eindeutig zu bestimmen und die *database integrity* zu bewerten. Anderseits sind doch einige Informationen - wie die geographischen Namen, die Künstler- und Werkstattdaten u.a. - allen diesen Themen oft gemeinsam, was dafür spricht, alle diese Daten in einer Datenbank zu speichern. Heutzutage funktioniert eine gemeinsame Sammlung für die Daten, die während des Projekts "EDV-gestützte Dokumentation..." bearbeitet wurden und die selbständigen Datenbanken für sonstige Projekte. Für dieses Jahr ist eine Korrekturkampagnie vorgesehen, um die obengenanten Probleme schließlich zu lösen. Wahrscheinlich gewinnt die Idee Bedeutung, aus allen Projekten eine Datenbank zu bauen.
Ein unumstrittener Vorteil der Breslauer digitalen Katalogen ist es, dass man überhaupt einen Zugang zu den Informationen über die sonst schlecht dokumentierten Denkmale hat und dass diese Informationen schnell und ziemlich einfach ausgesucht werden können. Teilweise hat die Datenbank auch einen statistischen Wert, weil die Daten, die für den Katalog der Kunstdenkmäler in Polen vorbereitet wurden, fast alle Objekte dokumentieren, die sich auf einem bestimmten Gebiet befinden. Leider ist die Zukunft der Sammlung unsicher: ihr weiterer Ausbau hängt davon ab, ob man für die neuen Inventaristations-projekte die finanzielle Unterstützung findet und ob sich die Breslauer Forscher noch für den Nutzen des Systems für eigene Forschungsvorhaben interessieren werden.

---

17 www.bildindex.de
18 www.hab.de/forschung/projekte

Literaturverzeichnis

Aleksandra Bek, Rzeźba kamienna z lat 1560-1650 w środowisku legnickim, Dissertation im Institut für Kunstgeschichte Universität Wroclaw, 2004

Jens Bove, Lutz Heusinger, Angela Kailus. Marburger Informations-, Dokumentations- und Administrations-System (MIDAS). Handbuch und CD, 4 Aufl. Leipzig 2001

Andrzej Kozieł, Rysunki Michaela Willmanna (1630-1706), Dissertation im Institut für Kunstgeschichte Universität Wroclaw, 1998

Jakub Ławniczak, Agnieszka Seidel-Grzesińska, Ewidencja zabytków stołecznego konserwatora w Warszawie - gromadzenie i multimedialna prezentacja zasobów za pomocą oprogramowania SEZAM, [w:] Samorządy w ochronie zespołów staromiejskich, Lublin 2004, S. 91-96

Digitalisierungsprojekte, Datenbankportale und Literaturmanagement in den Geisteswissenschaften Anforderungsprofile – Softwarelösungen – Realisation

Kay Heiligenhaus / Till Schicketanz

> Ich könnte mir vorstellen, daß die größte Wirkung von Computern nicht darin bestehen wird, Raketen zum Mars zu steuern, Buchhaltungsirrtümer auszuschließen oder Herztransplantationen so genau zu überwachen, daß nichts mehr schiefgehen kann. Nein, die größte Wirkung des Computers wird darin bestehen, daß er einen neuen Typus Mensch schaffen kann – einen Fragensteller.
>
> *John Sculley*

Datenbanksysteme werden in der Praxis gemeinhin als ›Hilfsmittel‹ angesehen, vordefinierte Ziele, deren Umsetzung auf eine komplexe Masse heterogener Informationen rekurriert, effizienter zu erreichen. Ob dies die Bedienung eines Mobiltelefons oder jenen Raumflug zum Mars betrifft – stets oszilliert die Absicht zwischen dem Bedürfnis, dem Individuum das Leben angenehmer zu gestalten, und dem Wunsch, der Menschheit vermeintliche Quantensprünge zu ermöglichen. Wenige Jahrzehnte nach Inbetriebnahme der ersten Großrechneranlagen haben Datenbanken unseren industriestaatlichen Alltag bis ins Privatleben hinein längst vollständig infiltriert. Das bedeutet im Umkehrschluss freilich, dass jeder, der ›konkurrenzfähig‹ werden oder bleiben möchte, sich dieses Werkzeugs bedienen muss, um ›Wettbewerbsvorteile‹ zu behaupten. Dies gilt für alle Bereiche, in denen Datenbanken sinnvoll Anwendung finden können, insbesondere für die Wissenschaften. Die Frage nach dem »Sinn und Nutzen von Datenbanken in den Geisteswissenschaften« stellt sich also nur rhetorisch – verschwiegen werden soll jedoch nicht, dass sich der Geisteswissenschaftler mit einem klaren Ja zu dieser Technologie, neben etlichen Vorteilen, sogleich auch eine ganze Reihe von Herausforderungen einhandelt.

Zieht man allgemeine Betrachtungen zurate, was eine Datenbank diesseits aller Technik darstellt, verwundert es zunächst, warum ihr Nutzen in den Geisteswissenschaften erst vergleichsweise spät erkannt wurde. Als »data structure used to store organized information«[1] bzw. »collection of data, or information, that is specially organized for rapid search and retrieval«,[2] scheinen Datenbanken wie

[1] University of Mary Washington Style Guide: Appendix VI. Computer Terms and E-mail Etiquette, ⟨http://www.umw.edu/policies/style_guide/computer_terms__email_etiq/default.php⟩ (05.07.2006)

[2] Encyclopædia Britannica Online, Artikel »Database«, ⟨http://www.britannica.com/eb/article-9029424⟩ (05.07.2006)

geschaffen dafür, das ureigene Terrain des Geisteswissenschaftlers zu beackern, nämlich systematisch die Bestandteile unseres Weltwissens zu katalogisieren, zueinander in Beziehung zu setzen, Gesetzmäßigkeiten aufzudecken und somit letztlich neues Wissen zu generieren. In diesem Kontext jedoch – weniger in der hartnäckigen Technophobie der Disziplin – findet sich zugleich eine der Hauptursachen, warum Datenbanken im Arbeitsalltag der Geistwissenschaften ihr Schattendasein noch nicht gänzlich überwinden konnten: Das, was die Welt im Innersten zusammenhält, die Relationen zwischen den geistigen ›Elementarteilchen‹ wie auch deren Verhältnis zum Ganzen ist im höchsten Maß ambigue und bedarf stets der erneuten Deutung. Unser Weltwissen als immaterieller Untersuchungsgegenstand der Geisteswissenschaften setzt sich nicht zusammen wie eine Formelsammlung oder ein Telefonbuch. Das Ganze ist mehr als die Summe seiner Einzelteile. Datenbanken in den Geisteswissenschaften liefern keine *Antworten*, wie sie dies millionenfach in alltäglichen Anwendungsbereichen leisten – sie helfen uns letzten Endes nur, unsere *Fragen* präziser zu formulieren. Jede gegenteilige Hoffnung läuft zwangsläufig auf das bekannte Szenario hinaus:

»Er ... good morning, O Deep Thought,« said Loonquawl nervously, »do you have ... er, that is ...«

»An answer for you?« interrupted Deep Thought majestically. »Yes, I have.« [...]

»To Everything? To the great Question of Life, the Universe and Everything? [...] Tell us!« [...]

»Forty-two,« said Deep Thought, with infinite majesty and calm. ...

»Forty-two!« yelled Loonquawl. »Is that all you've got to show for seven and a half million years' work?«

»I checked it very thoroughly,« said the computer, »and that quite definitely is the answer. I think the problem, to be quite honest with you, is that you've never actually known what the question is.«[3]

Zu verlockend ist die Aussicht, eine Datenbank könne auch nur eine der ›großen‹ Fragen beantworten, die uns tagtäglich umtreiben. Aber betrachten wir einmal vorab, was Datenbanken in diesem Bereich heute schon leisten, welches Potential mittelfristig in ihnen steckt und stellen uns die Frage, ob der konsequente, flächendeckende Einsatz der verfügbaren Technologien nicht schon mehr ist, als wir erhoffen können.

* * *

[3] Douglas Adams: The Hitch Hiker's Guide to the Galaxy. London: Pan Books 1979, S. 181.

Datenbanken *speichern* Informationen. Dies nicht etwa in Analogie zu Keilschrifttafeln, Papyrusrollen, Pergamenten, Quipus oder Büchern – sie repräsentieren vielmehr die folgerichtige Weiterentwicklung dieser klassischen Datenspeicher der Menschheit. Zugleich werden die Informationen *gesichert* – im Gegensatz zu »database« hebt die deutsche Bezeichnung dies hervor –, wodurch Datenbanken herkömmlichen analogen Speichermedien deutlich überlegen sind, denn grade ihre Immaterialität erweist sich theoretisch als unschlagbare Stärke: Was physisch nicht existent, aber per Mausklick jederzeit duplizierbar ist, kann auch keinen Schaden nehmen – vorausgesetzt, alle nötigen Vorkehrungen wurden getroffen.[4] Ihre ›Unkörperlichkeit‹ verleiht Datenbanken darüber hinaus einen weiteren, unschätzbaren Vorteil: Sie speichern und sichern Material und Informationen in einer Erschließungs- und Präsentationsform, die in analoger Form gar nicht gegeben ist. Insbesondere retrospektive Digitalisierungsprojekte, die historische Quellencorpora über das Internet zugänglich machen, illustrieren diesen wichtigen Aspekt des datenbankgestützten Speicherns, Sicherns und Kreierens von Materialsammlungen.

Als Beispiel mag das Internetarchiv jüdischer Periodika »Compact Memory«[5] dienen, das auf seinen Webseiten einen strukturierten Zugriff auf die digitalen Abzüge von über 100 deutsch-jüdischen Periodika des 18., 19. und 20. Jahrhunderts anbietet. Insgesamt steht ein etwa 750.000 Originalgraphiken umfassendes Zeitschriftencorpus zur Verfügung, das in unterschiedlicher Erschließungstiefe als Quellenreservoir alle relevanten Lebensbereiche des deutschsprachigen Judentums der Neuzeit dokumentiert. Die Bezeichnung ›Archiv‹ unterstreicht das besondere Merkmal des Angebots: »Compact Memory« stellt nicht nur eine nachhaltige Speicher- und Sicherungsplattform des digitalen Materials dar – das Archiv ist darüber hinaus vollkommen *virtuell*; es bündelt Quellen und kreiert eine Sammlung, die in dieser Vollständigkeit an keinem Ort der Welt realiter existiert. Gesammelt, erschlossen und präsentiert werden Daten und Digitalisate vieler hundert Zeitschriftenjahrgänge, die bislang über Dutzende in- und ausländische Bibliotheken und Archive verstreut waren, nicht mehr in den Leihverkehr gelangten, nun aber als einmalig komplettierter Bestand zentral abgerufen und recherchiert werden können.

[4] Vgl. zum Komplex der ›Nachhaltigkeit‹ z. B. die Arbeit des Kompetenznetzwerkes Langzeitarchivierung *nestor* ⟨http://www.langzeitarchivierung.de⟩ (05.07.2006).

[5] Das von 2000 bis 2006 von der Deutschen Forschungsgemeinschaft geförderte Digi-talisierungsprojekt (www.compactmemory.de) wurde in Kooperation des Lehr- und Forschungsgebiets Deutsch-jüdische Literaturgeschichte an der RWTH Aachen, der Universitätsbibliothek Frankfurt/Main sowie der Bibliothek Germania Judaica e.V., Köln realisiert. Die technische Unterstützung erfolgte von Seiten der semantics Kommunika-tionsmanagement GmbH. Vgl. Till Schicketanz / Kay Heiligenhaus: »Inseln im Meer des Beliebigen«. Architektur und Implementierung eines Internetportals Deutsch-jüdische Periodika. In: Jahrbuch für Computerphilologie 5 (2003), S. 67–96 ⟨http:// computerphilologie.uni-muenchen.de/jg03/schicketanz-heiligenhaus.html⟩ (25.05.2006).

»Compact Memory« verdeutlicht eine weitere zentrale Funktion: Datenbanken *verteilen* Informationen. Vor allem unzureichend überliefertes Material, das bislang eingeschränkt vor Ort zugänglich war, dem Gros der Interessierten verschlossen blieb bzw. dessen Distribution für Bibliotheken und Archive eine enorme Mehrbelastung darstellte, kann global verfügbar gemacht werden. Datenbanken wie jene von »Compact Memory« dienen der allgemeinen Verbesserung der Informations- und Literaturversorgung und stellen dabei nicht nur für Forschung und Lehre einen qualitativ wichtigen Zugewinn dar – in Zeiten leerer Haushaltskassen bieten sie auch ernstzunehmende ökonomische Alternativen und Vorteile. Einerseits tragen solche Digitalisierungsprojekte im Informationszeitalter stets zu einem positiven, öffentlichkeitswirksamen Image der verantwortlichen Institutionen bei. Andererseits können die eingesetzten Technologien kostensparend in vergleichbaren Projekten nachgenutzt werden, ohne unüberschaubare Mehraufwände zu verursachen. Das Schwesterprojekt von »Compact Memory«, das an der Universitätsbibliothek Frankfurt am Main angesiedelte Portal »Jiddische Drucke« illustriert diesen Zusammenhang.[6]

Auf analoger technischer Basis wie »Compact Memory« realisiert, präsentiert »Jiddische Drucke« ein ca. 130.000 Einzelseiten bzw. rund 1.000 äußerst wertvolle Monographien umfassendes Corpus jiddischer und deutsch-jüdischer Alltags- und Gebrauchsliteratur vom 16. bis zum 19. Jahrhundert. Aufgrund ihrer homogenen Datenmodelle wären beide Portale problemlos unter dem gemeinsamen Dach einer ›Virtuellen Bibliothek des Judentums‹ zu vereinigen, wobei die Datenbanken durchaus an verteilten Standorten vorgehalten bzw. über Schnittstellen weitere Datenbanken integriert werden könnten. Hierzu sind selbstverständlich einheitliche, technische Standards erforderlich, an denen es in den Geisteswissenschaften aufgrund allzu vieler ›Insellösungen‹ leider immer noch mangelt. Aus der Inkompatibilität des überwiegenden Teils geisteswissenschaftlicher Datenbankangebote, die uns heute noch wie Jäger und Sammler durch das World Wide Web streifen lässt und oft genug mit Zufallsfunden nach Hause schickt, resultiert eine unumstößliche Lehre: Datenbanken verteilen Informationen nicht allein an Endnutzer aus Fleisch und Blut – sie distribuieren Daten ebenso an andere Datenbanken, Verbünde von Datenbanken oder übergeordnete Portale. Die Entwicklung einer Datenbank hat folglich dem Prinzip der *Ubiquität* zu folgen, was einerseits bedeutet, dass die Datenbestände global verfügbar sein müssen, in gleicher Qualität und Quantität wie am Erfassungsort, unabhängig von individuell genutzten Hard- oder Softwareplattformen. Andererseits ist technisch zu gewährleisten, dass auch die Datenerfassung an

[6] Zum DFG-Projekt *Jiddische Drucke* (www.literatur-des-judentums.de) der Universitätsbibliothek Frankfurt/Main vgl. Rahel Heuberger: Die Bestände der Judaica-Sammlung auf dem Weg ins Internet. Zwei Digitalisierungsprojekte an der Stadt- und Universitäts-bibliothek Frankfurt a. M. In: Tribüne 39 (2000), H. 154 ⟨http:// publikationen.ub.uni-frankfurt.de/volltexte/2005/1313/html/tribuene.html⟩ (05.07.2006); dies., Jiddische Bücher im Internet. In: Jiddistik Mitteilungen, Nr 30, November 2003, S. 15–23.

verteilten Standorten durchgeführt werden kann und die Datenbasis migrationsfähig ist, um sie verlustfrei in Fremdsysteme zu überspielen bzw. Fremddaten ins eigene System zu importieren.
Diese Interoperabilität der Systeme auf der Basis gemeinsamer Standards ist unverzichtbar, wenn eine Datenbank alle potentiellen Nutzer erreichen und auf ebenso konsequente wie effiziente Weise mit Informationen versorgen soll. ›Insellösungen‹, die ausschließlich in ihrer spezifischen Umgebung arbeiten, außerhalb ihres Frameworks aber nicht oder nur unzureichend adressierbar sind, riskieren, früher oder später der Bedeutungslosigkeit anheim zu fallen, da sie den Nutzer mangels Schnittstellen immer wieder zum Wechsel seines virtuellen Arbeitsplatzes nötigen. Dergestalt isolierte Systeme verspielen – unabhängig von ihren konkreten Inhalten – eine wesentliche Stärke der neueren Technologien: Datenbanken *vervielfältigen* Informationen. Dies bedeutet, dass das erschlossene Material nicht exklusiv auf einer Plattform bereitgestellt wird, an die der Nutzer fortan gebunden bleibt, sondern gleichsam ›multipliziert‹ über verschiedene Zugänge abgerufen werden kann. Die Vorteile, welche dieses wichtige Anforderungskriterium nach sich zieht, zeigt ein Blick auf Großprojekte wie die Online-Version der »Bibliographie der deutschen Sprach- und Literaturwissenschaft« (BDSL-Online).[7]
BDSL-Online, die digitale Ausgabe des in der internationalen Germanistik renommierten ›Eppelsheimer-Köttelwesch‹, bietet zunächst die Nutzungs- und Funktionsbreite vergleichbarer, bibliographischer Angebote, die in den letzten Jahren zurecht ihre neue Heimat im World Wide Web gefunden haben: Diverse Eingabemasken ermöglichen die Recherche nach gesuchten Informationen, wobei aufgrund der jahrgangsübergreifend frei kombinierbaren Kategorien (Autor, Titel, Publikationsform, Schlagwort, behandelte Werke usw.) ein deutlicher Mehrwert gegenüber der Druckfassung erzielt wird. Trefferlisten fassen die Suchergebnisse zusammen, deren Detailansicht jeweils alle erforderlichen Titelangaben enthält bzw. auf übergeordnete Werke, Rezensionen, weitere Veröffentlichungen eines Autors oder auf schlagwortidentische Publikationen verweist. Suchrecherchen einer Sitzung werden gespeichert, um später nochmals, ggf. in variierter Form durchgeführt zu werden. Darüber hinaus können Treffer in eine Auswahlliste übernommen und im Anschluss als Textdatei oder im weit verbreiteten Austauschformat Dublin Core auf dem eigenen Rechner abgespeichert werden. Zwei weitere Funktionen der BDSL-Online, die das Prinzip der Interoperabilität verdeutlichen, resultieren aus einem

[7] Die an der Universitätsbibliothek Frankfurt a. M. unter Leitung von Dr. Wilhelm R. Schmidt herausgegebene Online-Version der *Bibliographie der deutschen Sprach- und Literaturwissenschaft* (www.bdsl-online.de) umfasst die Berichtsjahrgänge der gedruckten Fassung des sog. ›Eppelsheimer-Köttelwesch‹ ab 1985. Frei zugänglich sind die mit Förderung der DFG retrodigitalisierten Jahrgänge bis einschließlich 1995; lizenzpflichtige Updates aktualisieren den Datenbestand jeweils in vierteljährlichem Rhythmus.

wichtigen Anforderungsprofil, das berechtigterweise an internet-gestützte Datenbankangebote gestellt wird.
Mehrere Systeme sind interoperabel, wenn sie miteinander ›kommunizieren‹, d. h. Informationen austauschen und somit den Nutzer bei der Literatursuche und -beschaffung so effizient wie nachhaltig unterstützen. Im Fall der bibliographischen Recherche, die in den Geisteswissenschaften zum täglichen Geschäft gehört, sucht der Nutzer in der Regel nach Publikationen, die ihm als Basis seiner eigenen Arbeit dienen. Der Recherche folgt die Beschaffung der gewünschten Quellen, der stets noch eine Verfügbarkeitsprüfung vorausgeht. Machte dies zu analogen Zeiten noch die Konsultation des lokalen Bibliotheks- bzw. der überregionalen Standortkataloge erforderlich, können solche Suchanfragen heute verlust- und verzugsfrei von einem System an ein anderes weitergeleitet werden. Die BDSL-Online integriert zu diesem Zweck sog. ›Linkingservices‹, die dem Nutzer in seiner gewohnten Arbeitsumgebung zum einen per OpenURL den unmittelbaren, standortabhängigen Zugang auf seinen lokalen Online Public Access Catalogue (OPAC) ermöglichen, der Auskunft über die momentane Verfügbarkeit des gesuchten Titels gibt. Zum anderen gewährleistet dieselbe Schnittstelle die parallele Recherche nach lizenzierten und freien elektronischen Volltexten der gesuchten Dokumente im Web bzw. adressiert verschiedene Internet-Buchhandlungen, über die sich das Werk käuflich erwerben lässt.
Über diese konkreten Standortinformationen und Beschaffungsfunktionen hinaus stellen die Linkingservices sicher, dass der Nutzer nicht permanent zwischen unterschiedlichen Internetangeboten wechseln und Rechercheanfragen unter Umständen mehrfach wiederholen muss. Die Vorstellung, Literaturrecherche und -beschaffung redundanzfrei in einer Arbeitsumgebung zu bündeln, mündet in der Idee, ein Maximum von Datenbanken in einem Interface zusammenzufassen, über das sich alle für das eigene Fachgebiet und Forschungsinteresse einschlägigen Angebote individuell konfigurieren und ansteuern lassen. Das Online-Modul »Visual Library .NET«, das zu diesem Zweck entwickelt wurde, setzt an diesem Punkt an und vereinigt als Rechercheportal insgesamt ca. 400 in- und ausländische Allgemein- und Fachdatenbanken, die über eine einheitliche Benutzeroberfläche adressiert werden können.[8] Informations- und Literaturrecherchen, Verfügbarkeitsprüfungen sowie die eigentliche Textbeschaffung werden nicht mehr in verschiedenen Angeboten, sondern zen-

[8] Vgl. www.visuallibrary.net – Neben allgemein ausgerichteten Datenbanken, Katalogen von Internetbuchhandlungen, Lexika und Suchmaschinen sowie den Katalogen nationaler und internationaler Bibliotheksverbünde, Universitätsbibliotheken, FH-Bibliotheken und Spezialbibliotheken sind freie und lizenzpflichtige Angebote zu folgenden Fach- und Forschungsschwerpunkten in der *Visual Library* recherchierbar: Geschichte; Länder & Kulturen; Literatur & Sprache; Medien & Kommunikation; Musik, Kunst & Theater; Naturwissenschaft & Technik; Medizin & Pharmazie; Pädagogik & Psychologie; Philo-sophie & Theologie; Wirtschaft, Politik & Recht.

tral in einer Arbeitsumgebung durchgeführt. Anbindungen an Referenzorgane wie die BDSL-Online oder an Kataloge wie jenen des Gemeinsamen Bibliotheksverbundes (GBV) mit allein mehr als 760 teilnehmenden Bibliotheken bzw. über 45 Millionen erfassten Titeln gewährleisten dabei eine gleichermaßen homogen aufbereitete wie maximale Trefferausbeute. – Auf die »Visual Library« wird weiter unten, im Zusammenhang mit dem Einsatz von Literaturmanagementsystemen in den Geisteswissenschaften, zurückzukommen sein. Ein weiteres, wichtiges Kriterium, das Datenbanken erfüllen müssen und die Aufbereitung bzw. Präsentation von Informationen betrifft, soll vorab kurz skizziert werden.

* * *

Mit dem Einzug von Datenbanken in die Geisteswissenschaften dauerte es einige Jahre, bis Kompromisse gefunden wurden, welche ergonomische Nutzererwartungen hinsichtlich der Datenwiedergabe erfüllen konnten. Eher die Regel als die Ausnahme stellen dagegen oft heute noch Datenbankangebote dar, die in dieser Hinsicht am Endnutzer ›vorbeientwickelt‹ wurden: Wohlbestückt mit hochinteressanten Materialien für das jeweilige Fachgebiet, liefern Rechercheläufe dennoch immer nur periphere Informationen, die den Nutzer über kurz oder lang verzweifeln und die Datenbank irgendwann zum Datenfriedhof werden lassen. Oftmals erhält man auch nur punktuelle Informationen über den Gesamtumfang der erschlossenen Daten und erfasst folglich gar nicht, welche Schätze möglicherweise in der Datenbank ruhen. Unabhängig von zentralen Fragen, die z. B. die Nachhaltigkeit des Datenformats, die Architektur des Systems oder Aspekte der Langzeitarchivierung thematisieren, werden konkrete Nutzererwartungen von den Anbietern nicht selten stiefmütterlich behandelt. Ein Entwicklungsbereich, der diese Problematik besonders deutlich illustriert, betrifft den Gesamtkomplex der Datenpräsentation. [9]

Die heute noch durchaus gängige und oft genug einzige Form, einen gezielten Zugriff auf den Datenbestand eines Systems zu erhalten, bildet eine Eingabemaske zur Suche nach singulären Datensätzen bzw. -teilen: In Interfaces zur »einfachen« oder »erweiterten Suche« erfasst der Nutzer Personen- oder Autornamen, wahlweise Titelangaben oder Schlagworte zur gewünschten Publikation bzw. sonstige die Recherche eingrenzende Angaben. Stimmt nur einer der Parameter nicht mit den hinterlegten Daten überein, liefert das System keine Treffer – umgekehrt formuliert: Der Nutzer muss bereits über ein unter Umständen beträchtliches Wissen darüber verfügen, was er sucht, um überhaupt etwas zu finden.

---

[9] Vgl. Alexander Czmiel / Martin Iordanidis / Pia Janczak / Susanne Kurz / Gesamtredaktion: Manfred Thaller: Retrospektive Digitalisierung von Bibliotheksbeständen. Evaluierungsbericht über einen Förderschwerpunkt der DFG. Universität zu Köln, Januar 2005 ⟨www.dfg.de/forschungsfoerderung/wissenschaftliche_infrastruktur/lis/download/retro_digitalisierung_eval_050406.pdf⟩ (05.07.2006).

So unverzichtbar elaborierte Eingabemasken zum gezielten ›Searching‹ sind – das zukunftsträchtigere Potential moderner Technologien besteht darin, in Datenbanken enthaltene Informationen zu *visualisieren*, d. h. das intuitive ›Browsing‹ nach relevanten Materialien zu unterstützen. Nicht mehr nur die gezielte Suche nach bibliographischen Angaben, die oft einem Stochern im Heuhaufen gleichkommt, fördert eine Treffermenge zutage – der Nutzer hat ergänzend die Möglichkeit, den Datenbestand in toto systematisch und strukturiert auf konkrete Fragestellungen hin zu durchforsten, d. h. ohne exakte Eingaben zu einschlägigen Ergebnissen zu gelangen. Für die »Bibliography of Linguistic Literature / Bibliographie Linguistischer Literatur« (BLLDB), des Schwesterprojekts der BDSL-Online, bedeutete dies eine Klassifikationsstruktur von Fachtermini zu etablieren, entlang denen sich der Nutzer zu den Publikationen seines Interessenschwerpunkts navigieren kann. Die hierarchisch organisierte Visualisierung von Datenbeständen zur Ergänzung herkömmlicher Suchfunktionen stellt ein globales Prinzip dar, das für Datenbanken jedweden Typs Geltung beansprucht. Analog zur gestaffelten Schlagwortnavigation in bibliographischen Angeboten wie BLLDB oder BDSL-Online sollte daher auch in retrospektiven Digitalisierungsprojekten, die schwerpunktmäßig Originalgraphiken historischer Quellen präsentieren, auf eine strukturierte Visualisierung des abrufbaren Materials gesetzt werden.

Die skalierbaren Seitengraphiken der jüdischen Periodika sind in »Compact Memory« gemäß ihrer ›natürlichen‹ Ordnung zugänglich, wobei über den Navigationsbaum im linken Frame zunächst die gewünschte Zeitschrift, dann der Jahrgang und schließlich das gesuchte Heft sowie ein Verzeichnis der darin enthaltenen Einzelbeiträge aufgerufen wird. Datenbankportale sollten den Nutzern grundsätzlich solche ergonomisch sinnvollen, visualisierten und intuitiven Zugriffe auf ihre Datenbestände ermöglichen: Im Fall von »Compact Memory« bedeutet dies, dass auf das internalisierte Wissen der Nutzer rekurriert wird, welches sie sich im Umgang mit periodisch erscheinender Literatur in ›realen‹ Bibliotheken erworben haben. Diese Prämisse gilt allerdings nicht nur für die nutzerseitige Datenausgabe, sondern – wie im Folgenden kurz skizziert werden soll – gleichermaßen für die Datenerfassung.

* * *

Die Entwicklung von Datenbanken, die Katalogisierung und Erschließung eines Datenbestands, dessen Überführung in ein Internetportal sowie die nachhaltige Serverbetreuung – kurz: alle Arbeitsphasen von der Planung über die Realisation bis zum Unterhalt eines solchen Projekts – verschlingen hohe Sach- und Personalkosten und fordern in der Regel ein üppig bemessenes Zeitbudget. Im Gegenzug sind meistens nur Großprojekte, die sich an ein breites und daher in den Geisteswissenschaften vergleichsweise seltenes Publikum wenden, in der Lage, die entstandenen Aufwände durch angemessene Lizenzmodelle abzufedern, falls das Vorhaben nicht ohnehin von der öffentlichen Hand finanziert wird oder dem

Open Access-Modell folgt. Neben dem bereits erwähnten technischen Kriterium der *Ubiquität* ist also jede Institution, die ein solches Projekt erwägt, gut beraten, Planung und Realisation auch unter die Prämissen der *Quantität, Simultanität* und *Simplizität* zu stellen.

Datenbank- und Digitalisierungsprojekte machen aufgrund der hohen, langfristigen Investitionen ökonomisch nur Sinn, wenn eine ›Masse‹ von Daten für eine ›Masse‹ von Nutzern aufbereitet wird. Vorhaben, die lediglich eine überschaubare Klientel bedienen bzw. eine schmale, womöglich sehr spezialwissenschaftliche, niederfrequent genutzte Datenbasis anbieten, rechnen sich nicht, so bedeutsam das Ansinnen auch erscheinen mag. Dies bedeutet nun freilich nicht, dass Projekte, die nicht wenigstens einige Hunderttausend Datensätze bzw. Digitalisate ein paar Tausend potentiellen Nutzern zur Verfügung stellen, bereits in der Planungsphase verworfen werden müssen. Vielmehr sollten in quantitativer Hinsicht ›kleine‹ Projekte möglichst jede technische Eigenentwicklung vermeiden und konsequent und kompromißlos auf die kostengünstigere Nachnutzung bestehender Softwaresysteme setzen – selbst wenn dies heißt, nicht alle Projektziele verwirklichen zu können.

Aber nicht allein aus Kostengründen sollte der Versuchung widerstanden werden, Softwareentwicklungen in Eigenregie vorzunehmen: Die Ergebnisse des vergangenen Jahrzehnts, in dem überproportional viele Digitalisierungsprojekte in den Geisteswissenschaften angegangen wurden,[10] zeigen, dass die Auseinandersetzung mit moderner Softwaretechnologie, insbesondere im Rahmen von Großprojekten, zum einen nicht unbedingt zu den Stärken des Fachs zählt, zum anderen illustriert die Flut der entstandenen ›Insellösungen‹ hinreichend die geringe Nachhaltigkeit sowie die ubiquitäre Beschränkung vieler Angebote. Insbesondere im technischen Bereich, darauf wurde wiederholt hingewiesen, fehlt es an unerlässlichen Synergieeffekten,[11] die vor allem die teilweise gravierend langen Verzugszeiten vermeiden helfen, bis lauffähige Online-Datenbanken ins Netz gelangen – sofern diese Zielmarke überhaupt erreicht wird. Ein zentrales Kriterium wurde in der langwährenden Diskussion über einzuhaltende technische Anforderungen und Richtlinien weitgehend an den Rand der Aufmerksamkeit gedrängt: Simultanität.

Der Umstand, daß in Digitalisierungsprojekten teilweise Jahre zwischen der Erfassung der ersten Digitalisate, Metadaten und Volltexte bis zu ihrer Bereitstellung im Internet vergehen, stellt sich in ökonomischer und repräsentativer Hinsicht um so negativer dar, als heutzutage für diese Verzugszeiten technisch be-

---

[10]Vgl. die Übersicht der von der DFG-geförderten Digitalisierungsprojekte ⟨http://www.dfg.de/forschungsfoerderung/wissenschaftliche_infrastruktur/lis/download/projektuebersicht_orte.pdf⟩ (05.07.2006).

[11]Vgl. z. B. in Reaktion auf den »Evaluierungsbericht« (wie Anm. 9) Monika Wicki: Digitalisierte historische Kinderbücher aus Beständen der Universitätsbibliotheken Oldenburg und Braunschweig (Retrospektive Digitalisierung) [Rezension]. In: H-Soz-u-Kult ⟨http://hsozkult.geschichte.hu-berlin.de/rezensionen/id=90&type=rezwww⟩ (05.07.2006).

trachtet kein Anlass mehr besteht. Verfügbare, professionelle Softwaresysteme gewährleisten mittlerweile, daß der Produktionsprozeß zeitlich auf ein Minimum reduziert wird, ohne irgendwelche verbindlichen, technischen Normen preisgeben zu müssen. Nach dem Prinzip der Simultanität erfolgt die datenbankgestützte Einspeisung der bibliographischen Metadaten weitgehend parallel zur strukturierten Zuordnung und Aufbereitung der graphischen Inhalte, die bei Bedarf in der gleichen Arbeitsumgebung per Optical Character Recognition (OCR) in digitalen Volltext umgewandelt werden. Zu jedem Zeitpunkt eines Arbeitsganges, der von einer Korrektur einzelner Datensätze bis hin zur Digitalisierung einer umfangreichen Vorlage variieren kann, sollte das System in der Lage sein, die gewonnenen Produktionsergebnisse direkt, autark und ohne größere Aufwände auf den Webseiten des Projekts zu aktualisieren. Dabei folgt ein solches System auch dem Gebot der *Simplizität*: Dies bedeutet etwa, Synergieeffekte zu vergleichbar gelagerten Projekten zu nutzen, grundsätzlich also das Rad nicht neu erfinden zu wollen oder im konkreten Fall auf aufwändige Eigenentwicklungen zu verzichten, wenn etablierte, leistungsstarke Software, z. B. OCR-Programme, Bildbearbeitungs-Tools oder Graphikkonverter, modular in die Benutzeroberfläche implementiert werden können. Das Prinzip des »keep it simple« kommt aber auch in der gesamten Benutzerführung und Produktionslinie zum Tragen, deren ergonomisches Design jegliche Redundanzen vermeidet und deren Verständnis keine zeitintensiv zu erwerbenden Vorkenntnisse verlangen darf.

Entsprechend dieses Anwendungsprofils wurde mit der »Library Manager« eine homogene, modular aufgebaute Arbeitsplattform entwickelt, die die strukturierte Erfassung, Indizierung und Volltexterkennung, ferner die Bearbeitung und Bereitstellung beliebiger grafischer und textueller Materialien im Internet unterstützt. Die Software erlaubt es, große Mengen von Grafiken übersichtlich und schnell auf einen lokalen Dokumentenserver zu überspielen und dort systematisch mit den zugehörigen Metadaten der Publikation zu verknüpfen – je nach Vorlage mehrere Tausend Images pro Stunde. Ein Vorschaufenster zeigt dem Bearbeiter den Inhalt des Quellverzeichnisses an, aus dem Images per Drag-and-Drop ins Zielverzeichnis kopiert werden, wobei die Digitalisate im integrierten Graphikbetrachter einzeln oder in Form von Thumbnails aufgerufen und in einem Arbeitsgang von Schattierungen oder Verschmutzungen gereinigt werden. Ein Navigationsbaum, der das Zielverzeichnis des Datenbankservers abbildet, gibt die erfassten, annotierbaren Metadaten wieder, die der Bearbeiter parallel in der »Library Manager« katalogisiert oder vorzugsweise über eine Schnittstelle automatisch importiert hat. Im Anschluss an diese Schritte können die Graphiken mittels eines OCR-Moduls in Volltexte umgewandelt und redaktionell bearbeitet werden, um das erschlossene Material dann per Mausklick in Form von dynamisch generierten Webseiten im Internetportal zur Verfügung zu stellen.

* * *

An die Ausführungen zu den Technologien, die in institutionellen Großprojekten sehr erfolgreich eingesetzt werden, knüpft sich die Frage an, welche Aufgaben Datenbanken für Geisteswissenschaftler im privaten Anwendungsbereich übernehmen können? Die Fortschritte, die im Großen verzeichnet werden, strahlen allmählich auf diesen Entwicklungssektor aus und bieten dem Privatanwender in Form von Desktop-Lösungen zunehmend mehr Möglichkeiten, sein wichtigstes Gut zu schützen – Zeit. Darüber hinaus wird er in die Lage versetzt, sich den Grundlagen seiner Fachdisziplin wie auch der Erschließung neuer Forschungserträge umfassender, strukturierter, ökonomischer und flächendeckender zu widmen, als dies ausschließlich mit Hilfe traditioneller Medien realisierbar war. Dabei ist der Stellenwert, den die ›Neuen Medien‹ und ihre Entwicklungswerkzeuge im vergangenen Jahrzehnt gewonnen haben, zweifellos dem Quantensprung gleichzustellen, den in den Geistwissenschaften zuletzt Gutenbergs Erfindung des Buchdrucks auslöste.
Die ›Elektronische Datenverarbeitung‹ galt in den Geisteswissenschaften lange als ureigenstes Ressort technisch interessierter Forscher und gelangte ohne Mithilfe versierter Informatiker selten zum Einsatz. Mit dem Personal Computer begann der Rückzug der Schreibmaschine vom Arbeitsplatz des Geisteswissenschaftlers, aber die ersten Entwicklungsgenerationen der Textverarbeitungsprogramme revolutionierten die althergebrachten Arbeits- und Publikationsweisen noch nicht im Kern. Dies geschieht erst, seitdem leistungsstarke, erschwingliche Literaturmanagementsysteme eingeführt wurden, welche – in Kombination mit den Informationsangeboten im Internet – grundsätzlich neue Wege der fachwissenschaftlichen Produktions- und Publikationsmethoden eröffnen. Im Produktionsstadium basieren diese modernen Technologien dennoch weiterhin auf den klassischen *rhetorices partes* und berücksichtigen damit die internalisierten, humanistischen Arbeitsmethoden, um deren konkrete Umsetzung mit Hilfe von datenbankgestützten Anwendungen einschneidend und umfassend zu optimieren.
Hier setzt das Literaturmanagementsystem »Visual Composer .NET« an, das auf derselben technischen Plattform aufsetzt wie dessen auf Digitalisierungsprojekte spezialisiertes Derivat, die »Library Manager«:[12] Die Datenbank dieser Literaturverwaltung enthält mit bibliographischen Metadaten, ihnen zugewiesenen, systematisch archivierten und indexierten Exzerpten oder Volltexten, ferner den Referenzen zu sachverwandten oder übergeordneten Quellen sowie den Publikationen, Projekten, Konzepten und Gliederungen des Nutzers eine umfassende, auf die individuellen Forschungsinteressen zugeschnittene Materialbasis. Sie dient im übertragenen Sinn jener ›Auffindung des Stoffes‹ (*inventio*), die den Ausgangspunkt eines aktuellen Projekts bildet, um mit der Zeit kontinuierlich anzuwachsen – u. a. durch neues, fachbezogenes Material, das mit Hilfe des integrierten Online-Moduls »Visual Library«

[12]Zu näheren Informationen vgl. http://www.visualcomposer.net.

systematisch aus dem Internet gefiltert und in die Datenbank importiert werden kann.
Die ›Gliederung des Stoffes‹ (*dispositio*), ließe sich sagen, geschieht in der Projektverwaltung des »Visual Composers«: Der Nutzer legt zunächst ein neues ›Projekt‹ an – dies kann jede Form einer geplanten Publikation, eines Forschungsvorhabens oder eines Digitalisierungsprojekts sein. Alle relevanten Daten und Materialien, die zur Realisation erforderlich sind – Metadaten, eigene Exzerpte, zugehörige Dokumente, Graphiken oder sonstige Referenzen – werden per Drag & Drop systematisch einer frei konfigurierbaren Gliederungsstruktur zugewiesen, welche den argumentativen, organisatorischen oder logistischen Aufbau des Projekts widerspiegelt. Hier wie schon bei der vorangegangenen Datenerfassung spielt das Prinzip der Visualisierung eine maßgebende Rolle: Die Datenbank präsentiert sich nicht als ›Black Box‹, die dem Nutzer an der Arbeitsoberfläche immer nur einen beschränkten Ausschnitt seiner Datenbasis abbildet, sondern ihm einen visualisierten Zugriff auf alle Bereiche seines Corpus bietet, auf das er zudem wechselnde Sichtweisen erzeugen kann.
Bildet ein Text das Produktionsziel, wie dies bei Geisteswissenschaftlern die Regel ist, steht dem Nutzer im »Visual Composer« ein Editor zur Verfügung, der alle Kernfunktionen herkömmlicher Textverarbeitungsprogramme bietet. Darin bearbeitet er sein gegliedertes Konzept nach textuellen Kriterien und bereitet es unter sprachlichen Gesichtspunkten für die eigentliche Publikation vor (*elocutio*). Dieser Produktionsschritt widmet sich vorrangig der rhetorischen Durchgestaltung und kommunikativen Intention des Textes, verlangt allerdings aufgrund des wissenschaftlichen Anspruchs stets die Beachtung zahlreicher formaler Elemente und Kriterien. Typographische und bibliographische Vorgaben wechselnder Stylesheets, wie z. B. variierende Richtlinien hinsichtlich der Zitation von Quellen, müssen in diesem Arbeitsgang ebenso berücksichtigt werden wie technische Anforderungen, etwa die zunehmend geforderte Bereitstellung der Dokumente in spezifischen Formatsprachen oder deren Indexierung entsprechend moderner Auszeichnungssysteme. In Literaturmanagementprogrammen wie dem »Visual Composer« entfallen diese redundanten Tätigkeiten weitgehend: Spezifische Gliederungsstrukturen oder homogenes Datenmaterial, z. B. Literaturangaben oder Fußnoten, werden automatisch erstellt, mitgeführt und aktualisiert, wobei vorgegebene oder individuell konfigurierbare Stylesheets die Einhaltung typographischer bzw. formatsprachlicher Vorgaben gewährleisten.
Eine gänzlich neue Dimension gewinnt der rhetorische Akt der *memoria* durch den Einsatz von Datenbanken in den Geisteswissenschaften: Hatte sich der klassische Orator seine Rede für den freien, öffentlichen Vortrag einzuprägen, ›memoriert‹ die Datenbank nicht nur eine konkrete, situationsabhängige Ergebnisstufe, sondern auch sämtliche direkten und indirekten Vorstufen sowie alle über- und untergeordneten Elemente des Produktionsprozesses des Textes. Die Bestandteile, aus denen das Arbeitsergebnis letztlich resultiert, werden im

»Visual Composer« getrennt von einander in nicht-proprietärer Form systematisch archiviert, um entweder bei Bedarf separat aktualisiert zu werden oder in neue Projekte einzugehen.

* * *

Das Einsatzgebiet von Datenbanken, dies sollten die Anmerkungen zum »Visual Composer .NET« ebenfalls verdeutlichen, kann sich in den Geisteswissenschaften nicht auf die Verwaltung homogener, hochstrukturierter Materialbestände, z. B. bibliographische Metadaten, beschränken. Die spezifische Stärke datenbankgestützter Literaturmanagementsysteme, die mittlerweile auch ›kleine‹ Desktoplösungen für den Privatanwender auszeichnen, liegt vielmehr darin, effizient und ergebnisbezogen Materialien und Informationen zu synthetisieren, deren formale Charakteristika ebenso wie ihre konkrete Nutzanwendung z. T. hochgradig variabel sind. Dieses Potential – kombiniert mit der multiplen Einsatztauglichkeit dieser Systeme, welche nicht zuletzt aus ihrer modularen Architektur und ihrem ergonomischen Design resultiert – gewährleistet, dass solche Anwendungen praktisch sämtliche Aufgabenschwerpunkte ihrer Nutzer abdecken bzw. begleitend unterstützen. Auf der Grundlage einer erweiterbaren Datenbasis kann der Geisteswissenschaftler in einer einheitlichen, webaktiven Softwareumgebung alle Arbeiten durchführen, die sich im Rahmen von Studium, Lehre und Forschung ergeben – Datenverwaltung bzw. -archivierung, Informationsrecherche, Verfügbarkeitsprüfungen, Literaturbeschaffung, Textauswertung und -verarbeitung, Veranstaltungs- bzw. Projektorganisation, Publikationsmanagement usw.

Der Fokus all dieser Tätigkeiten und Anstrengungen, die den Tagesablauf des Geisteswissenschafters bestimmen, richtet sich in der Regel letztlich darauf, erstellte Lehrmaterialien oder gewonnene Forschungsergebnisse zu veröffentlichen. Das Spektrum möglicher Publikationstypen ist dabei grade in den ›Humanities‹ denkbar breit und reicht von der Rezension oder Miszelle über den Essay, die Dissertation oder Habilitation bis zu großangelegten Projekten wie umfangreiche Einzelstudien, kommentierte Quelleneditionen, fachwissenschaftliche Nachschlagewerke und datenbankgestützte Webportale. Diesen Veröffentlichungsformen gesellt sich in den Geisteswissenschaften der nicht unbedeutende Bereich der sog. Grauen Literatur zur Seite: in der Lehre z.B. Seminar- und Examensarbeiten, aber auch Arbeitsblätter, Lektürelisten, Reader oder sonstige Studienvorlagen, dagegen in der Forschung beispielsweise Tagungsunterlagen, Institutsschriften oder Quellenmaterialien und Dokumentationen, wie sie auf vielfältige Weise im Rahmen von Forschungsprojekten gesammelt werden. Publikationswürdige Akten, Nachlässe, unveröffentlichte Forschungsbeiträge oder alte, rare Druckwerke, die aus Kosten- bzw. Absatzgründen nicht neu aufgelegt werden, ergänzen diese fast endlose Liste.

Zweifellos ist nicht grundsätzlich alles, was geschrieben, aufgezeichnet oder überliefert wurde, wert, auch veröffentlicht zu werden. Eine verquere Subventionspolitik hat in den letzten Jahren indessen in den Geisteswissenschaften eine

Publikationslandschaft geschaffen, die an Absurdität kaum zu überbieten ist: Die öffentliche Hand bezuschusst zunächst Verlage mit hohen Beträgen, Forschungsergebnisse der steuerzahlenden Allgemeinheit zugänglich zu machen. Liegen diese Druckwerke dann vor, ›erwirbt‹ sie die Öffentlichkeit zu überteuerten Preisen tatsächlich ein *zweites* Mal, um sie in steuerfinanzierte Bibliotheken einstellen zu können. Überspitzt ließe sich formulieren: Veröffentlicht wird an geisteswissenschaftlicher Fachliteratur möglicherweise nur noch, was einen Druckkostenzuschuss erhält, wobei dessen Bewilligung nicht notwendig aus der Güteklasse der Publikation resultieren muss. Die ›Todesspirale‹ der erwerbspolitischen Zwangsentscheidungen der Hochschulbibliotheken, wie sie z. B. in den Massenkündigungen von Zeitschriftenabonnements zutage tritt, stellt nur eine der schwerwiegenden Folgen dieser Abwärtsentwicklung dar.

Aus technischer und ökonomischer Sicht sind Datenbanken ein wirkungsmächtiges Werkzeug, dieser bildungs- und forschungspolitischen Dauermisere erfolgreich Paroli zu bieten und qualifizierte, nachhaltige Auswege aus der Krise zu weisen. Datenbanken *publizieren* Informationen – im World Wide Web sehr viel aktueller, umfassender, funktionaler und preiswerter als jedes Druckwerk, das zudem immer mit Verzugszeiten und medial bedingten Abstrichen zu kalkulieren hat, sich im Umfang des Gebotenen beschränken muss und kaum zu rechtfertigende Kosten verursacht. Der besondere Vorzug, dass webbasierte Publikationen sehr viel mehr Öffentlichkeit erzeugen und Leser erreichen als kostspielige, standortgebundene Fachliteratur in Kleinstauflagen, muss nicht eigens hervorgehoben werden.

Hat der Geisteswissenschaftler seine bibliophilen Bedenken nun erfolgreich fallengelassen und die rationalen Argumente, die für eine (parallele) Webveröffentlichung sprechen, akzeptiert, stellt sich ihm die Frage, wo er in den Weiten des Internet seine Texte plazieren soll. Auch wenn die Publikationsmöglichkeiten zahllos erscheinen mögen – im Wesentlichen reduzieren sie sich auf vier Alternativen: der Veröffentlichung auf einem institutionellen, ggf. fachbezogenen Dokumentenserver, der Bereitstellung seiner Texte auf einer privaten Homepage, der Einspeisung seines Materials in ›offene Wissensportale‹ wie »Wikipedia« oder der Publikation auf einer synergetischen Plattform, welche die individuellen Vorteile dieser drei erstgenannten Möglichkeiten vereint. Mit »Bibliopedia« wurde der prototypische Versuch unternommen, auf der Basis der *MediaWiki*-Software die Stärken der Einzelalternativen zu bündeln und eine fachspezifische Publikationsplattform aufzusetzen, welche die inhaltlichen, technischen und ergonomischen Erwartungen des Geistwissenschaftlers bezüglich einer Veröffentlichung im Netz erfüllen soll.

Die Entscheidung, »Bibliopedia« technisch in unmittelbarer Nähe zur »Wikipedia« anzusiedeln, fiel einerseits aufgrund des praxisbewährten Softwareprofils der »MediaWiki«, ihres Funktionsumfangs sowie ihres ergonomischen Designs, das selbst Laien in kürzester Frist in die Lage versetzt, Texte jedweder Art online zu publizieren. Ausschlaggebend war andererseits, dass eine fachorientierte, interaktive, allgemein zugängliche Publikationsplattform nach dem Vorbild der »Wikipedia« grundsätzlich dem Prinzip der allseitigen Offenheit folgen muss, um die Diskursfreiheit der Geisteswissenschaften zu sichern bzw. die Qualität der eingebrachten Einzelbeiträge im Autorenkollektiv zu sichern und womöglich zu steigern. Daraus resultiert ein weiteres Kriterium, das bei der Systemwahl eine zentrale Rolle spielte: Bei der Entwicklung der »MediaWiki« als eines verteilten Redaktionssystems stand, neben der ›Philosophie der Offenheit‹, die Indexierung der Inhalte bei Suchmaschinen und bestmögliche Plazierung in den Ergebnislisten im Vordergrund – der Google-Faktor. In dem Maß nämlich, in dem ein Text Öffentlichkeit erzeugt und mittels automatischer Suchtechniken global leichter verfügbar ist, wird er als Plagiat unattraktiv. Es reicht aus, eine entsprechende Textstelle zu ›googeln‹.

Aufgrund ihrer enzyklopädischen Ausrichtung und ihres kollektiven Redaktionsprinzips eignet sich »Wikipedia« selbst allerdings nur ansatzweise als fachspezifische Publikationsplattform – ja, will dies auch gar nicht sein: Um den diesbezüglichen Erwartungen und Anforderungen eines Geisteswissenschaftlers zu genügen, wurde in »Bibliopedia« eine Reihe von Standardisierungen implementiert, die ihr Profil als Fachportal schärfen, das gesamte Spektrum der disziplineigenen Publikationstypen zulässt bzw. mittels einer ergonomisch optimierten Benutzerführung inhaltliche und funktionale Mehrwerte generiert. Dies impliziert zunächst, daß die Artikelkonventionen in »Bibliopedia« weitaus liberaler gehandhabt werden, als es in »Wikipedia« der Fall ist: In dieser Hinsicht werden also nicht nur objektive ›Lexikonartikel‹ sanktioniert, sondern auch Beiträge autorisiert, die stilistisch und inhaltlich sowohl das konkrete Erkenntnisinteresse ihres Verfassers widerspiegeln als auch in der äußeren Form den spezifischen Erfordernissen des Mitgeteilten entsprechen dürfen und sollen. Vordefinierte Einsprungspunkte – im Portal ›Literaturwissenschaft‹ etwa *Autoren*, *Werke*, *Epochen* und *Themen* – erleichtern einerseits die Plazierung des eigenen Texts gemäß den einschlägigen Kategorien der jeweiligen Fachdisziplin. Nach dem Prinzip der Visualisierung unterstützt dieses Feature andererseits die Navigation im Gesamtdatenbestand bzw. dessen systematische, kontextbezogene Anreicherung mit detailspezifischen Materialien. Die Integration verschiedener Module, z. B. zur Verschlagwortung der eingebrachten Texte oder normierten Erfassung bibliographischer Titelangaben, erleichtern dabei vorrangig die Dateneingabe, tragen darüber hinaus aber wesentlich dazu bei, dass die statisch-enzyklopädische Modellierung der »Wikipedia« gleichermaßen flexibel wie homogen den besonderen Interessen geisteswissenschaftlicher Nutzer angepasst wird. Nicht an letzter Stelle fällt in diesen Bereich die Alternative, dass Publikationen wie in der »Wikipedia« sowohl im Kollektiv redigiert als auch gemäß geltenden Urheberrechts ganz oder teilweise gesperrt werden können.

* * *

Ziel dieses ›Werkstattberichts‹ war es, aus entwicklungstechnischer Sicht an einigen konkreten Beispielen das Einsatzgebiet zu umreißen, in dem Datenbanken heute in den Geisteswissenschaften genutzt werden. Neben Fragen, die der praktischen Realisation von Datenbankprojekten und den ihnen zugrunde liegenden Anforderungsprofilen galten, sollte gezeigt werden, dass sich der Anwendungsbereich dieser Technologien zunehmend ausweitet und in Zukunft noch stärker ausdehnen wird: Großvorhaben, z. B. Digitalisierungsprojekte, sind ohne Datenbankunterstützung nicht denkbar, wobei festzuhalten bleibt, dass sich deren technologische Basis – verbunden mit allem zusätzlichen Aufwand und Nutzen – in wachsendem Maß spezialisiert, also professionelle Kompetenzen erfordert. Ausgehend von EDV-gestützten Katalogsystemen ›erobern‹ Datenbanken in den letzten Jahren ferner Publikationstypen, die bislang mangels Alternativen dem Buchdruck vorbehalten waren: Fachbibliographien oder Referenzorgane stehen diesbezüglich aufgrund ihrer hochstrukturierten und homogenen Daten an erster Stelle, zumal der ›elektronische Zugriff‹ und moderne Technologien einen erheblichen Mehrwert offerieren, den analoge Medien auch langfristig nicht werden bieten können. Eine zentrale Rolle übernimmt in diesem Kontext selbstverständlich das Internet, das potentiell jede Datenbank der Welt standortunabhängig verfügbar macht, um als Medium zugleich – »Wikipedia« und ihre Derivate wurden genannt – Datenbanken als fachspezifische Diskussions- und Publikationsplattformen vorzuhalten. Von der wachsenden Popularität und der stetig steigenden Entwickler- und Benutzerfreundlichkeit profitieren schließlich nicht zuletzt die Endanwender: So werden Datenbanken im Großen nicht nur für Benutzerkreise anwendungstauglich, denen diese Technologien bislang mangels tieferer Kenntnisse verschlossen bleiben mussten. Der Trend geht zudem in die Richtung, daß datenbankgestützte Literatur- und Dokumentenmanagementsysteme immer mehr Individualanwender finden und die Abkehr von traditionellen Arbeitsprozessen in den Geisteswissenschaften wohl nicht mehr lange auf sich warten lassen wird.
Die Frage nach dem »Sinn und Nutzen von Datenbanken in den Geisteswissenschaften« stellt sich also vielleicht doch nicht nur rhetorisch: Der Aufbau von Datenbanken sowie der Umgang mit diesen ›Wissenspeichern‹ prägen und schulen eine neue Art des Suchens, Findens und Verarbeitens von Antworten und Erkenntnissen. Datenbanken in diesem Sinn wären folglich nicht nur ›Forschungswerkzeuge‹, sondern in gleichem Maß genuine ›Forschungsgegenstände‹ der Geisteswissenschaften im 21. Jahrhundert.

Literaturverzeichnis

Adams, Douglas: The Hitch Hiker's Guide to the Galaxy. London: Pan Books 1979.

Heuberger, Rahel: Die Bestände der Judaica-Sammlung auf dem Weg ins Internet. Zwei Digitalisierungsprojekte an der Stadt- und Universitätsbibliothek Frankfurt a. M. In: Tribüne 39 (2000).

Schicketanz, Till und Heiligenhaus, Kay: »Inseln im Meer des Beliebigen«. Architektur und Implementierung eines Internetportals Deutsch-jüdische Periodika. In: Jahrbuch für Computerphilologie 5 (2003).

Thaller, Manfred: Retrospektive Digitalisierung von Bibliotheksbeständen. Evaluierungsbericht über einen Förderschwerpunkt der DFG. Universität zu Köln, Januar 2005.

Aggregieren und indizieren statt selbst produzieren
Der Aufbau einer Rezensionsdatenbank bei Clio-online

Daniel Burckhardt

Historische Rezensionen online (HRO) ist eine auf geschichtswissenschaftliche Rezensionen fokussierte Suchmaschine. Sie berücksichtigt ausschließlich fachwissenschaftliche Besprechungen, die online im Web veröffentlicht wurden und ohne Zugangsbeschränkungen im Volltext zur Verfügung stehen. Eingebunden in das Fachportal des DFG-geförderten Kooperationsprojektes Clio-online sind gegenwärtig über eine einfache Suchmaske mehr als 30'000 Rezensionen zu über 25'000 Publikationen im Volltext recherchierbar.[1]

Die Spezialisierung auf eine Textsorte mit einer entsprechend hohen „signal-to-noise ratio" sowie die Aggregation der Rezensionen um die in der Verbunddatenbank des GBV bereits erfassten bibliografischen Informationen, die gezielte Suchabfragen nach bestimmten Autoren oder eingeschränkt auf einzelne Themenbereiche ermöglichen, bilden die „evolutionäre Nische" von HRO gegenüber kommerziellen Suchmaschinen.

HRO ist eine Metadatenbank, die – statt unter hohem Aufwand Daten zu erstellen oder manuell aufzubereiten – bereits vorhandene Texte und Katalogdaten voll automatisiert sammelt, verknüpft und in einem zentralen Suchindex aufbereitet.

Im Folgenden werden einige grundsätzliche Überlegungen zum Aufbau thematischer Suchmaschinen im Web angestellt. Ein kurzer Abriss über die wichtigsten Veränderungen im Rezensionswesen beim Medienwandel vom Druck zur elektronischen Distribution in den letzten zehn Jahren erläutert die Ausgangslage für den Aufbau eines zentralen Nachweissystems. Danach werden das Angebot von HRO und die technischen Schritte bei Umsetzung genauer erläutert. Am Schluss steht eine kurze Nutzungsanalyse sowie eine Vorschau auf angestrebte Erweiterungen.

1 *Die Bedeutung thematischer Suchmaschinen*

Die zentrale Rolle von Suchmaschinen bei der Informationsrecherche sowie die aktuelle Dominanz von Google führten besonders in Frankreich nach dem viel beachtetem Auftritt des Direktors der Bibliothèque nationale zur Forderung nach öffentlichen Geldern zum Aufbau von Alternativen zu den kommerziellen An-

[1] http://www.clio-online.de/hro [12.06.2006].

bietern.[2] Zentral für das Gelingen eines solchen Projekts sind aber nicht so sehr zusätzliche Mittel für Forschungsvorhaben sowie zur Implementierung entsprechender Suchalgorithmen[3], sondern das Know-how sowie ein Geschäftsmodell für den Aufbau und dauerhaften Betrieb einer massiv-parallelen Suchinfrastruktur mit Speicherkapazitäten von mehreren Dutzend Terabyte sowie genügend Rechenleistung zur Bearbeitung von mehreren tausend Suchanfragen pro Sekunde.[4] Die Umsetzung eines entsprechenden Clusters ohne kommerzielle Interessen ist vermutlich nur dann realisierbar, wenn es gelingt, analog zu verteilten Rechenprogrammen wie Seti@home und Peer-to-Peer-Anwendungen wie BitTorrent die Speicher-, Rechen- und Übertragungskapazitäten auf jeden einzelnen Nutzer einer solchen Suchlösung aufzuteilen.[5]

Ganz anders präsentiert sich die Ausgangslage für spezialisierte Suchlösungen: Die Rechen- und Speicherkapazität eines handelsüblichen PC reichen für die Beantwortung einer Suchanfrage pro Sekunde über mehrere Millionen Dokumente. Nach Beschränkung auf bestimmte Themen, Anbieter oder Textsorten sowie der Fokussierung auf einen eingeschränkten Nutzerkreis ist der Aufbau

---

[2] Jeanneney, Jean-Noël: Googles Herausforderung. Für eine europäische Bibliothek. Berlin 2006. In Deutschland veröffentlichte die Bundestagsfraktion von Bündnis 90/Die Grünen im März 2005 ein ausführliches Thesenpapier mit dem Titel „Suchmaschinen: Das Tor zum Netz", http://www.gruene-bundestag.de/cms/publikationen/dokbin/63/63265.pdf [12.06. 2006]. Zu den Bestrebungen zum Aufbau einer europäischen Suchmaschinen-Infrastruktur siehe auch Bager, Jo: Google. Die Gegenbewegung. In: c't 10/2006, S. 172, http://www.heise.de/ct/06/10/172/ [12.06.2006].

[3] Die grundsätzliche Funktionsweise von Google ist bis auf einige Details zum PageRank gut dokumentiert, unter anderem in einem Paper der beiden Gründer: Brin, Sergey; Page, Lawrence: The anatomy of a large scale hypertextual web search engine. In: Proc. 7th WWW, 1998, http://www.db.stanford.edu/~backrub/google.html [12.06.2006]. Einen äußerst instruktiven Überblick über die einzelnen Schritte und Problemstellungen bei der Implementierung einer Volltextsuche bietet die Artikelfolge „On Search" von Tim Bray, http://www.tbray.org/ongoing/When/200x/2003/07/30/OnSearchTOC [12.06.2006]. Kosteten vor wenigen Jahren kommerzielle Lösungen von Anbietern wie Autonomy oder Verity noch fünfstellige Euro-Beträge, sind mit Lucene bzw. dem darauf aufbauenden Nutch heute vergleichbare Lösungen unter der Apache-Lizenz frei verfügbar, http://lucene.apache.org/nutch/ [12.06.2006].

[4] Einen groben Überblick über die Hardware-Anforderungen einer umfangreichen Internet-Suche bietet http://www.zdnet.co.uk/insight/hardware/0,39020433,39175560,00.htm [12.06. 2006]. Zu den Anforderungen und Schwierigkeiten beim Betrieb eines solchen Rechner-Clusters siehe Cringely, Robert X.: Google-Mart. Sam Walton Taught Google More About How to Dominate the Internet Than Microsoft Ever Did, 17.11.2005, http://www.pbs.org/cringely/pulpit/pulpit20051117.html [12.06.2006], sowie Brown, David J.: A Conversation with Wayne Rosing. In: ACM Queue vol. 1, no. 6 - September 2003, http://www.acmqueue.org/modules.php?name=Content&pa=showpage&pid=62 [12.06.2006].

[5] Sietmann, Richard: Wider die Monokultur. P2P-Strategien gegen die Suchmaschinen-Monopolisierung. In: c't 16/2005, S. 52, http://www.heise.de/ct/05/16/052/ [12.06.2006].

eines solchen Angebots somit auch für kleinere Projekte, insbesondere aus dem Wissenschaftsbereich, mit hochwertigen, aber bislang nur unzureichend erschlossenen Informationen, möglich und sinnvoll.[6] Entscheidend dabei ist eine geschickte Wahl der zu indizierenden Daten: Die Auswahl sollte einerseits breit genug sein, damit die wichtigsten Bestände aus dem gewählten Bereich abgedeckt werden, andererseits auch eng genug, damit auch bei schlechteren Ranking-Algorithmen als denen von Google die auf den ersten Seiten angezeigten Treffer dem Nutzer relevant erscheinen.[7] Solange das Semantic Web, also die Anreicherung der Inhalte einer Web-Seite mit maschinenlesbaren Auszeichnungen, eine Vision mit ungewissen Realisierungschancen bleibt, gilt dabei:

- Die wichtigsten Informationen über einen Text stecken im Text selbst. Oder anders formuliert: Effizienter als die aufwändige manuelle Erfassung von Metadaten über eine Web-Seite ist in der Regel die Volltextindizierung des Seiten-Inhalts. Einerseits sind die Nutzer durch die bekannten Suchmaschinen darauf konditioniert, insgesamt seltene, für ihre Fragestellung aber mit hoher Wahrscheinlichkeit im Text enthaltene Begriffe einzugeben. Diese Begriffe tauchen aber nicht unbedingt im Titel der Ressource oder in manuell erfassten Schlagworten und Klassifikatoren auf. Zudem ist die Erfassung des Volltexts und nicht nur von Metadaten Voraussetzung für ein sinnvolles Ranking der Trefferlisten.
- Statt auf zukünftige maschinenlesbare Zusatzinformationen zu hoffen, lohnt es, nach bereits vorhandenen Informationen zu suchen, die für die Formulierung von Suchanfragen und zur Aufbereitung der Trefferlisten wertvoll sein könnten. Der entscheidende Durchbruch beim Einsatz von Suchmaschinen im Web erfolgte nicht etwa durch den Einsatz von Methoden der Künstlichen Intelligenz zur Erfassung und Klassifizierung von

---

6 Eine aktive Rolle wissenschaftlicher Bibliotheken bei der Erschließung wissenschaftlicher Datenbestände im Internet fordert etwa Lossau, Norbert: Search Engine Technology and Digital Libraries. Libraries Need to Discover the Academic Internet. In: D-Lib Magazine, June 2004 (Vol. 10 Nr. 6), http://www.dlib.org/dlib/june04/lossau/06lossau.html [12.06. 2006]. Einen Überblick über das von kommerziellen Suchmaschinen unzureichend abgedeckte „Deep Web" oder „Invisible Web" bietet Bergman, Michael K.: The Deep Web. Surfacing Hidden Value. In: The Journal of Electronic Publishing, August, 2001 (Vol. 7, Iss. 1), http://www.press.umich.edu/jep/07-01/bergman.html [12.06.2006].

7 Zwei übliche Messgrößen für die Qualität einer Suchlösung lauten „Recall" und „Precision". *Recall* misst, wie viele der für eine Suchanfrage relevanten Dokumente in der Treffermenge tatsächlich auftauchen. *Precision* erfasst, wie viele der angezeigten Treffer für die ausgeführte Suchanfrage tatsächlich von Bedeutung sind, http://www.tbray.org/ongoing/When/200x/2003/06/22/PandR [12.06.2006]. Für HRO erfordert ein hoher Recall bei der Suche nach Besprechungen zu einem bestimmten Titel oder Thema die Einbindung aller wichtigen Anbieter; eine hohe Precision soll durch die Beschränkung auf vorwiegend geschichts-wissenschaftliche Rezensionen gewährleistet werden.

Seiteninhalten, sondern durch eine systematische statistische Auswertung der durch Verweise zwischen den verschiedenen Seiten implizit kodierten Netzwerktopologie.[8] Im Fall von HRO, das sich auf Buchrezensionen beschränkt, ist diese Zusatzinformation die ISBN einer Publikation.

2 *Rezensionswesen im Internet*

Eine wichtige Rolle für die Verbreitung der „neuen Wissenschaft" bildeten zeitnah zu den Akademien gegründete Gelehrtenzeitschriften wie das 1665 in Paris etablierte Journal des Sçavants oder die 1682 erstmals in Leipzig erschienenen Acta eruditorum. Sie bestanden zu einem Großteil aus Ankündigungen, Auszügen, Besprechungen sowie Debatten von Neuerscheinungen.[9] Bis heute bilden Zusammenfassungen und Besprechungen neuer Arbeiten einen festen Bestandteil wissenschaftlicher Kommunikations- und Publikationspraxis, wobei gewisse Unterschiede zwischen den Natur- und den Geisteswissenschaften zu beobachten sind: Liegt der Fokus beim 1931 gegründeten Zentralblatt der Mathematik oder den seit 1907 bestehenden Chemical Abstracts in erster Linie auf präzisen inhaltlichen Kurzzusammenfassungen[10], spielt in den Geisteswissenschaften zusätzlich die Einordnung und Bewertung des Werks eine wichtige Rolle. So fordern etwa die Review Guidelines des H-Net unter dem Punkt „Evaluation": "Reviews should go beyond description to evaluate the strengths and weaknesses of the work, paying attention to the use of sources, methodology, organization, and presentation."[11]

In beiden Bereichen hat im letzten Jahrzehnt ein Wandel von den gedruckten zu den elektronischen Medien stattgefunden. Noch Mitte der 1990er Jahre bezogen deutschsprachige Historikerinnen und Historiker ihre Informationen über Neuerscheinungen fast ausschließlich aus gedruckten Publikationen. Zeitnah zur Veröffentlichung berichteten die Feuilletons der überregionalen Tages- und Wochenzeitungen (Frankfurter Allgemeine Zeitung, Süddeutsche Zeitung, DIE

[8] "This means that if we want better search (and we do), we'd better not count on AI voodoo or linguistic juju or semantic mojo. We need to work with good sound statistical techniques, and be clever about generating and using metadata, and we need to get our APIs right." http://www.tbray.org/ongoing/When/200x/2003/06/24/IntelligentSearch [12.06.2006].

[9] Zur Rolle der Gelehrtenjournale in der Frühen Neuzeit siehe etwa Israel, Jonathan I.: Radical Enlightment. Philosophy and the Making of Modernity 1650-1750. Oxford 2001, S. 142-145.

[10] Siehe etwa die Review-Hinweise des Zentralblattes: "A review of a mathematical work should give a brief and clear account of its contents. [...] The reviewer has, in principle, no responsability of checking the correctness or novelty of the original, [...]." http://www.zblmath.fiz-karlsruhe.de/MATH/reviewers/guidelines [12.06.2006].

[11] http://www.h-net.org/reviews/style/ [12.06.2006].

ZEIT) sowie politische Magazine (Rheinischer Merkur, Der Spiegel). Aktuelle Besprechungen englischsprachiger Sachbücher boten Magazine wie „The New York Review of Books“ oder das „Times Literary Supplement“.[12] Bis zur Besprechung in fachwissenschaftlichen Rezensionsjournalen (The American Historical Review, Neue politische Literatur), renommierten epochenübergreifenden Fachjournalen (Historische Zeitschrift, Archiv für Sozialgeschichte, Zeitschrift für Geschichtswissenschaft) oder spezialisierten Fachorganen der verschiedenen Themen und Epochen konnten dagegen mehrere Jahre vergehen. Die beschränkte Seitenzahl dieser Druckerzeugnisse erforderte zudem strikte Vorgaben zum Umfang der Rezension. Eine höhere Aktualität sowie der Wegfall von Längenbeschränkungen galten deshalb als zwei entscheidende Vorteile beim Übergang zur Veröffentlichung per E-Mail oder Web, die in der ersten Hälfte der 1990er Jahre mit ersten Angeboten in den USA und in der zweiten Hälfte dann auch in Europa zu beobachten war. So lesen wir wiederum in den Review-Guidelines des H-Net:

> “While print journals generally take a year or more to review new works, H-Net obtains and distributes professional reviews in a matter of months. [...] With no printing costs involved, reviewers are able to write in more depth analyses than most print journals would allow.”[13]

Die erste elektronische Fachzeitschrift in den Geisteswissenschaften, Postmodern Culture, herausgegeben von John Unsworth und Eyal Amiran, veröffentlichte bereits in der ersten Ausgabe im September 1990 einen Review Essay und baute diese Rubrik in der Folge kontinuierlich aus.[14] Wenige Wochen später startete Bryn Mawr Classical Review (BMCR), der bis heute größten Anbieter von Rezensionen zur Alten Geschichte. 1993 nahm Bryn Mawr Medieval Review (seit 1997: The Medieval Review, TMR) ihre Publikationstätigkeit auf.[15] Im August selben Jahres wurde die erste Rezension eines Buches über eine Liste des H-Net-Verbundes[16] veröffentlicht.[17]

---

[12] Helmberger, Peter: Historische Rezensionen im Internet. Entwicklung – Potentiale – Chancen. In: zeitenblicke 2 (2003), Nr. 2, http://www.zeitenblicke.de/2003/02/ helmberger.htm [12.06.2006].

[13] http://www.h-net.org/reviews/style/ [12.06.2006].

[14] http://www3.iath.virginia.edu/pmc/contents.all.html [12.06.2006]. Einen Einblick in den Aufbau dieses Angebotes bietet http://www.iath.virginia.edu/~jmu2m/pmc.html [12.06. 2006].

[15] http://ccat.sas.upenn.edu/bmcr/ sowie http://www.hti.umich.edu/t/tmr/ [12.06.2006].

[16] Das H-Net wurde von Richard Jensen im Dezember 1992 angekündigt. Der Versand von Listenmails begann im Februar 1993 über H-Urban, im April und Mai folgten ‚Holocaust‘ und H-Women. In einer Phase schnellen Wachstums hatten sich bis Ende des Jahres bereits 21 verschiedene Listen etabliert, im Oktober 1994 gab es 38 Listen mit ca. 14’300 Teilnehmerinnen und Teilnehmern aus mehr als 50 Ländern und etwa einer Million Beiträge pro Monat. Hohls, Rüdiger; Helmberger, Peter: H-Soz-u-Kult. Eine Bilanz nach drei Jahren. In:

Für die deutschen Geschichtswissenschaften brachte der Start der Listen H-German (September 1994) bzw. H-Soz-u-Kult (November 1996) den Durchbruch für die E-Mail als Distributionsmedium.[18] H-German veröffentlichte im März 1995 erste Rezensionen[19], während die erste über H-Soz-u-Kult publizierte Rezension im April 1997 erschien.[20] Anfängliche Vorbehalte, die sich sowohl in der fehlenden Bereitschaft zur Überlassung von Rezensionsexemplaren durch gewisse Verlage als auch in der Zurückhaltung potentieller Rezensentinnen und Rezensenten gegenüber der Veröffentlichung in einem ungewohnten Publikationsorgan äußerten, konnten durch die hohe Akzeptanz des neuen Angebots bei den Leserinnen und Lesern bald ausgeräumt werden. Deutlich lässt sich der Erfolg des Rezensionsdienstes von H-Soz-u-Kult an der zahlenmäßigen Entwicklung ablesen: Wurden 1998 rund 100 Rezensionen veröffentlicht, waren es im Jahr 2000 bereits über 250. Wiederum zwei Jahre später – nach Anlauf der DFG-Förderung im Rahmen des Kooperationsverbundes Clio-online – waren es bereits über 500, eine Zahl, die sich bis 2005 wiederum fast verdoppelte. Eine ähnliche Entwicklung ist auch bei den seit 2001 monatlich im Web veröffentlichten Sehepunkten[21] zu beobachten. Ein allgemeiner Trend zur elektronisch veröffentlichten Buchrezension zeigt sich auch daran, dass einige Anbieter ihre Besprechungen mittlerweile vorab elektronisch veröffentlichen[22] und sowohl H-Soz-u-Kult als auch die Sehepunkte über Kooperationen vormals gedruckt veröffentlichte Besprechungen anderer Anbieter in ihre Angebote integrieren konnten.[23] Ähnliche Verschiebungen sind auch in benachbarten geisteswissenschaftlichen Disziplinen wie den Literaturwissenschaften zu beobachten, wo seit 1998 mit IASL online[24] und literaturkritik.de zwei bedeutende deutschsprachige Angebote entstanden sind.

Der Übergang von der gedruckten zur elektronischen Veröffentlichung erhöhte aber nicht nur die Aktualität der Besprechungen, sondern führte auch zu einer inhaltlichen Neuausrichtung und einer deutlichen Aufwertung dieses Genres.

Historical Social Research/Historische Sozialforschung, 24(3), S. 7-35, http://hsr-trans.zhsf.uni-koeln.de/hsrretro/docs/artikel/hsr/hsr1999_485.pdf [12.06.2006].

[17] http://www.h-net.org/reviews/showrev.cgi?path=2321851704466 [12.06.2006].

[18] http://www.h-net.org/~german/, http://hsozkult.geschichte.hu-berlin.de/ [12.06.2006].

[19] http://www.h-net.org/reviews/showlist.cgi?sort=date&lists=H-German [12.06.2006].

[20] Es handelte sich um eine Besprechung von Siegfried Weichlein zur Festschrift zum 65. Geburtstag Hans-Ulrich Wehlers: http://h-net.msu.edu/cgi-bin/logbrowse.pl?trx=vx &list=h-soz-u-kult&month=9704&week=d&msg=RmkNkYaiXfWkhUbHkFnHdw &user=&pw [12.06.2006].

[21] http://www.sehepunkte.de/ [12.06.2006].

[22] Archiv für Sozialgeschichte online, http://www.fes.de/afs-online/ [12.06.2006].

[23] Arbeitskreis Historische Friedensforschung, http://www.akhf.de/rezensionen.htm sowie Vierteljahrshefte für Zeitgeschichte, http://www.ifz-muenchen.de/vierteljahrshefte/ [12.06.2006].

[24] http://iasl.uni-muenchen.de [12.06.2006].

Lange als minderwertige Textsorte betrachtet, können „good scholarly reviews" als veröffentlichte Peer Reviews zu veröffentlichten Publikationen betrachtet werden, die durch angemessene Darlegung des Forschungskontextes unter Hinzuziehung weiterer Literatur eine notwendige Kontextualisierung im Forschungsfeld vornehmen und über die Analyse von Stärken und Schwächen der Veröffentlichung hinaus Forschungsperspektiven für das jeweilige Themenfeld herausarbeiten.[25]

3 *Historische Rezensionen online (HRO)*

Die wachsende Zahl von Anbietern online zugänglicher Rezensionen steigerte aber auch den Aufwand für Nutzerinnen und Nutzer, die an einem umfassenden Überblick über Besprechungen zu einem bestimmten Buch, Autor oder Themenbereich interessiert sind. Mangels eines zentralen Nachweises mussten die sehr unterschiedlichen Web-Sites der verschiedenen Anbieter mit oft nur unzureichenden Recherche-Möglichkeiten jeweils einzeln durchsucht werden. Die Idee für den Aufbau von HRO entstand aus der Beobachtung, wonach sich die erschöpfende Suche nach den unter dem Banner der freien Zugänglichkeit angetretenen Besprechungen[26] paradoxerweise fast aufwändiger gestaltete, als nach solchen in gedruckten Fachzeitschriften, für die mit der IBR[27] schon länger ein zwar kostenpflichtiges, aber in vielen Universitätsnetzen und wissenschaftlichen Bibliotheken freigeschaltetes Nachweissystem zur Verfügung steht.

Erste Überlegungen für den kooperativen Aufbau einer entsprechenden Datenbank gingen von einer einheitlichen Metadaten-Auszeichnung der Rezensionen durch die verschiedenen Anbieter im HTML-Header nach Dublin-Core aus.[28] Lokal bereits in einer Datenbank erfasste Angebote hätten alternativ eine OAI-

[25] Zu dieser Entwicklung insbesondere Mey, Günter: Editorial Note. Das Internet als „scholarly review resource". Einige Überlegungen zum E-Reviewing anlässlich des „Special Issue: FQS Reviews IV". In: Qualitative Social Research, 7(2), http://www.qualitative-research.net/fqs-texte/2-06/06-2-42-d.htm. May übernimmt den Begriff der „good scholarly review" aus den Review-Guidelines des H-Net, http://www.h-net.msu.edu/ reviews/style/ [12.06.2006].

[26] So nennt Helmberger als einen der drei „offiziellen" Beweggründe für Rezensionen im Internet „Die Bereitstellung unabhängig von den Öffnungszeiten (und Anschaffungsetats) der örtlichen Bibliotheken", Helmberger, Peter: Historische Rezensionen, http:// www.zeitenblicke.de/2003/02/helmberger.htm [12.06.2006].

[27] Internationale Bibliographie der Rezensionen, http://gso.gbv.de/DB=2.14/ [12.06.2006].

[28] http://dublincore.org/documents/dces/, http://dublincore.org/documents/dc-citation-guidelines/ [12.06.2006].

Schnittstelle[29], wie sie für die Einbindung der Rezensionen von H-Soz-u-Kult in die Metasuche von Clio-online bereits erfolgreich realisiert worden war, einrichten können. Die große Heterogenität der bereits erfassten Angaben, die sich besonders deutlich bei den bibliografischen Angaben der besprochenen Werke zeigt, hätte jedoch eine zeitaufwändige Nachbearbeitung erfordert. Eine Umsetzung des Nachweissystems nach diesem Modell hätte auf jeden Fall die *aktive* Mithilfe aller Kooperationspartner vorausgesetzt.

Die entscheidende organisatorische Vereinfachung brachte die Einsicht, dass in den Geisteswissenschaften nicht Einzelartikel, sondern fast ausschließlich Monografien und Sammelbände besprochen werden, die über eine eigene ISBN verfügen. Eine Durchsicht der wichtigsten Rezensionsanbieter zeigte, dass die ISBN zumindest bei neueren Besprechungen bei fast allen mit aufgelistet wird. Da sowohl Amazon[30] als auch Bibliothekskataloge Web-Services zur Abfrage von bibliografischen Angaben bereitstellen, reicht es aus, auf den Seiten der verschiedenen Anbieter die ISBN sowie – soweit möglich – Angaben zum Rezensenten sowie dem Veröffentlichungsdatum auszulesen. Die besonderen Eigenschaften einer ISBN als zehnstellige Zahl mit eingebauter Prüfziffer[31] erlauben die automatisierte Extraktion dieser Angaben mit hoher Zuverlässigkeit.[32]

Ein erster „proof of concept", der Rezensionen von drei Anbietern einsammelte und über Amazon mit den entsprechenden bibliografischen Angabe anreicherte, zeigte die grundsätzliche Machbarkeit dieses Vorgehens, das nur die *passive* Mitarbeit der Partner im Sinne einer Zustimmung zur automatisierten Abfrage und Nachnutzung ihrer Daten erfordert. Bei dieser ersten Zusammenführung von rund 10'000 Rezensionen im Volltext zeigte sich aber auch sehr deutlich die hohe Bedeutung von erweiterten Anfrageoptionen sowie eines geeigneten Rankings bei Suchanfragen mit größeren Treffermengen. Die Volltextsuche des SQL Server 2000 wurden deshalb durch Lucene, eine Programmbibliothek für Volltextsuchen aus dem Apache-Projekt ersetzt.[33] Gleichzeitig konnten Dank Unterstützung des GBV die im Vergleich zu Amazon wesentlich detaillierteren bibliografischen Daten aus dem PICA-Verbundkatalog in die Rezensionsdatenbank eingebunden werden.

---

[29] Die Open Archives Initiative spezifiziert ein unter wissenschaftlichen Dokumenten-servern verbreitetes Metadata Harvesting Protokoll, http:// www.openarchives.org/OAI/ openarchivesprotocol.html [12.06.2006].

[30] Zum Amazon E-Commerce Service (ECS) siehe http://www.amazon.com/gp/browse.html?node=12738641 [12.06.2006].

[31] http://www.german-isbn.org/isbn_mb_text.html [12.06.2006].

[32] Als Nebeneffekt dieses Extraktionsvorganges wurden einige Dutzend falsch eingegebener ISBN bei verschiedenen Anbietern erkannt.

[33] Lucene unterstützt auf einfache Weise die Einschränkung der Suche auf einzelne Felder, Phrasensuche sowie verschiedene Trunkierungsoperatoren, http://lucene.apache.org/ java/docs/queryparsersyntax.html [12.06.2006].

Das Interface folgt den üblichen Erwartungen an einen solchen Dienst: eine Textbox zur Eingabe von einem oder mehreren Suchbegriffen, darunter ein „Suchen"-Knopf, der zu einer neuen Seite mit einer nach Relevanz geordneten[34] Resultatliste führt.[35] Diese einfache Suche wurde später durch eine „Erweiterte Suche" ergänzt, die Eingabemasken für die gezielte Recherchen nach Autoren, Rezensenten oder nur im Titelfeld zur Verfügung stellt.[36] Bei jedem Treffer werden Titel, Autor/innen, Ort und Jahr des Buchs, ein kurzes Exzerpt aus dem Rezensionstext, das den Suchbegriff enthält, sowie die URL zum Volltext angezeigt. Ein Klick auf den Titel der Publikation führt zu einer Detailansicht, die nicht nur eine vollständige Übersicht sämtlicher Besprechungen dieses Werks bietet, sondern auch Zusatzangebote wie etwa gescannte Inhaltsverzeichnisse im GBV verknüpft und vordefinierte Suchabfragen im KVK, der Clio-Metasuche sowie im GBV zur Bestandsabfrage in lokalen Bibliotheken oder im Buchhandel ermöglicht.

4 *Die technischen Schritte im Einzelnen*

Die Implementierung von HRO folgt dem Design-Prinzip einfacher, sequentiell hintereinander ausgeführter Programme[37], wobei die Zwischenergebnisse im Gegensatz zu üblichen UNIX-Filtern nicht reine Textdateien, sondern in einem SQL-Server abgelegte Datensätze in zwei Tabellen – Review und Publication –

[34] Das Treffer-Score bei Lucene ist kein absoluter Wert, das sich zwischen verschiedenen Suchanfragen vergleichen lässt. Nur das Verhältnis vom höchsten Score zu den nachfolgenden Werten ist von Bedeutung: "The ratio of a score to the highest score returned is meaningful, but there is no absolute calibration for the highest score returned, at least at present, so there is not a way to determine from the scores what the quality of the result set is overall." http://article.gmane.org/gmane.comp.jakarta.lucene.user/12076 [12.06.2006].

[35] Der Usability von Suchangeboten widmet sich Jakob Nielsens Alertbox-Kolumne vom 9. Mai 2005: "Users expect search to have three components: A box where they can type words; A button labeled 'search' that they click to run the search; A list of top results that's linear, prioritized, and appears on a new page – the search engine results page (SERP)", http://www.useit.com/alertbox/20050509.html [12.06.2006].

[36] "Nobody Uses Advanced Search... ...Except the People who Do" lautet Tim Brays griffige Zusammenfassung der Problematik von „Erweiterten Suchen": "Every search engine has an 'advanced search' screen, and nobody (quantitatively, less than 0.5% of users) ever goes there. [...] What most people want is to have a nice simple field into which they will type on average 1.3 words and hit Enter, and have the result come back to them. [...] Of course, the people who do use Advanced Search are your most fanatical users, the professional librarians, spooks, and private investigators. [...] These people tend to be loud-mouthed and aggressive and will get in your face if you don't have advanced search or it's not real good." http://www.tbray.org/ongoing/When/200x/2003/06/17/ SearchUsers [12.06.2006].

[37] Eric S. Raymond bezeichnet dieses Architektur-Muster als „Rule of Composition", http:// www.catb.org/esr/writings/taoup/html/ch01s06.html#id2877684 [12.06.2006].

sind. Verknüpft werden diese beiden Tabellen über die ISBN, die als Primärschlüssel in der Publication-Tabelle dient.

Aufgrund der ausgefeilten Unterstützung regulärer Ausdrücke, Konvertierungsfunktion für eine Vielzahl von Zeichensatzkodierungen sowie einer Reihe äußerst hilfreicher CPAN-Module wurden sämtliche Programmschritte bis auf die Textindizierung in Perl realisiert.

Die ersten drei Schritte implementieren über die LWP-Module eine Familie von speziell an die einzelnen Anbieter von Rezensionen oder bibliografischen Angaben angepassten Web-Robots: [38]

1. *Einsammeln der URLs der einzelnen Rezensionen*: Aus den meist chronologisch geordneten Archivseiten werden die URLs sämtlicher Rezensionen eines Jahrgangs oder einer Ausgabe extrahiert. Für jede besprochene Publikation wird diese URL, die ISBN und – soweit vorhanden – zusätzliche Metadaten wie etwa der Rezensent oder Ausgabe oder Datum der Besprechung als Datensatz in die Review-Tabelle eingefügt.
2. *Einsammeln der Rezensionen im HTML-Format*: Für jeden im ersten Schritt angelegten Datensatz wird der Seiteninhalt der angegebenen URL abgerufen und im entsprechenden Feld ergänzt.
3. *Abfrage der bibliografischen Informationen anhand der ISBN*: Für sämtliche ISBN in der Review-Tabelle, für die noch kein entsprechender Eintrag in der Publication-Tabelle steht, wird im GBV, der Library of Congress oder – falls in keinem dieser beiden OPACs verfügbar – bei Amazon ein bibliografischer Datensatz abgefragt und im MODS-Format[39] in die Publication-Tabelle eingefügt. Zur Optimierung der anschließenden SQL-Abfragen werden die wichtigsten Angaben (Titel, Autor/Hrsg., Ort, Jahr) in Einzelfeldern abgelegt.

Vor der Indizierung erfolgt in einem Zwischenschritt für sämtliche Review-Einträge eine:

4. *Transformation der Rezensionen vom HTML-Format nach Klartext*: Dabei werden nicht zur eigentlichen Rezension gehörige Seitenbereiche wie zum Beispiel eine Navigationsleiste entfernt, bevor über das Modul

[38] Eine kurze Einführung in die LWP-Module bietet http://search.cpan.org/dist/libwww-perl/lwpcook.pod [12.06.2006]. Darauf aufbauend erleichtert besonders WWW::Mechanize die „Screen scraping" genannte Technik zur Analyse von Bildschirminhalten und Daten-Extraktion per Programmcode, http://www.perl.com/pub/a/ 2003/01/22/mechanize.html [12.06.2006].

[39] MODS: Metadata Object Description Schema (XML-Schema für bibliografische Datensätze), http://www.loc.gov/standards/mods/ [12.06.2006].

HTML::FormatText[40] die Konvertierung nach Klartext ohne HTML-Auszeichnungen erfolgt.

Keiner dieser Schritte bietet grundlegende technische Schwierigkeiten. Viel Detail-Arbeit entstand aber durch die Notwendigkeit der Konvertierung der verschiedenen Zeichensätze sowie HTML-Entitäten nach UTF-8[41] und durch die Variabilität der Einzel-Rezensionen bei all jenen Anbietern, die ihre Web-Präsenz nicht dynamisch aus einer Datenbank generieren, sondern als Einzelseiten in einem HTML-Editor aufbereiten. Die aufwändigste Prozedur bei der Abfrage bibliografischer Informationen über ein REST-Interface[42] war wiederum die Konvertierung der im Pica-Zeichensatz vorliegenden Daten aus dem GBV nach UTF-8, die den manuellen Aufbau einer entsprechenden Konversionstabelle erforderte.[43]

Nach diesen Schritten stehen im SQL-Server sämtliche Daten zum:

5. *Aufbau des Volltextindexes:* Durch Aufrufe der Lucene-Bibliothek[44] wird ein gefelderter Volltextindex über den Rezensionstext sowie die bibliografischen Informationen der entsprechenden Publikation aufgebaut. Da der Index sowohl deutsch- als auch englischsprachige Besprechungen umfasst, wurde auf ein sprachabhängiges „Stemming“ zur Reduktion morphologischer Varianten eines Wortes auf einen gemeinsamen Wortstamm verzichtet.[45]

---

[40] http://search.cpan.org/~sburke/HTML-Format-2.04/ [12.06.2006].

[41] Neben UTF-8 verwenden die eingebundenen Rezensions-Anbieter den west- und osteuropäischen sowie den Windows-Zeichensatz (ISO 8859-1, ISO 8859-2, Windows-1252). Zu den Problemen im Umgang mit verschiedenen Sprachen und Zeichensätzen in Suchanwendungen siehe auch http://www.tbray.org/ongoing/When/200x/2003/10/11/SearchI18n [12.06.2006].

[42] REST: Representational State Transfer (Web-Schnittstelle, bei der meist alle Anfrageparameter direkt in die URL einkodiert werden, worauf die entsprechende Antwort ohne zusätzliche Abstraktionsebenen als einfach strukturiertes XML- oder HTML-Dokument zurückgegeben wird).

[43] Eine Kurzübersicht zum Pica-Format bietet http://www.allegro-c.de/formate/kap104.htm, eine entsprechende Zeichensatztabelle liefert http://www.ub.uni-marburg.de/it/pica/tabellen/Pica-charset.html [12.06.2006].

[44] Bei HRO wird die in C# geschriebene Lucene.Net-Variante eingesetzt, http://incubator.apache.org/lucene.net/. Für eine Kurzübersicht der nur in der Klassen- und Methodenbenennung leicht abweichenden Java-Version siehe http://www.tbray.org/ongoing/When/200x/2003/11/16/SearchAPIs [12.06.2006]. Einen guten Einstieg bietet Naber, Daniel: Herr der Suche. Eigene Anwendungen mit Volltextsuche erweitern. In: c't 7/05, S. 196, die definitive Referenz ist Gospodnetić, Otis; Hatcher, Eric: Lucene in Action. Greenwich, Conn. 2005, http://lucenebook.com/ [12.06.2006].

[45] Ein Beispiel wäre die Transformation von „Häuser” nach „Haus”. Neben der Schwierigkeit der Sprachbestimmung bei kurzen Suchanfragen kann der Informationsverlust beim

Das Nutzer-Interface für die Recherche in HRO wurde im .NET-Framework mittels Lucene-API realisiert und als Web-Service in das Portal von Clio-online sowie die Metasuche eingebunden.

5 *Nutzerakzeptanz*

Bereits im ersten Monat nach Ankündigung von HRO über H-Soz-u-Kult Anfang August 2005[46] erwies sich die Rezensionsdatenbank als eines der meist genutzten Angebote im Web-Portal von Clio-online. Der direkte Vergleich mit entsprechenden Rezensionsaufrufen bei H-Soz-u-Kult stützt die Erwartung, dass mit wachsender Bekanntheit die Nutzungshäufigkeit noch deutlich steigt; insbesondere fehlen bisher englischsprachige Nutzer fast vollständig.

Aus der Auswertung der Logfiles über 32'000 Suchanfragen in den ersten sechs Monate ergeben sich erste Hinweise auf die Interessen der Nutzerinnen und Nutzer. Knapp 12'000 unterschiedliche, fast ausschließlich deutschsprachige Begriffe wurden ins Suchfeld eingegeben. Unter den besonders häufig nachgefragten Suchbegriffen finden sich sowohl Epochenbezeichnungen, Themen, geografische Bezeichnungen als auch Autoren- und Personennamen.[47] Eine ähnliche Mischung ergibt sich auch bei einem zufällig gewählten Ausschnitt, der sowohl mehrfach als auch nur ein einziges Mal eingegebene Begriffe umfasst.[48]

6 *Erweiterungsperspektiven*

Sowohl die Logfile-Analyse als auch eine Reihe von Rückmeldungen zeigen, dass ein zentraler Rezensionsnachweis für die Geschichtswissenschaften breiten Zuspruch findet. HRO ist auch in Zukunft bestrebt, Rezensionen weiterer Anbie-

---

„Stemming" besonders bei Familiennamen zu Verwirrung führen. So würden bei der Suche nach „Männer" in HRO auch die über hundert Treffer zu Mitgliedern der Familie Mann mit angezeigt werden. Aus solchen Gründen verzichtet vermutlich auch Google auf diese auf den ersten Blick recht nützlich erscheinende Funktion, http://www.tbray.org/ongoing/When/200x/2003/06/29/Inflexion [12.06.2006].

46 Siehe dazu die entsprechende Redaktionsmitteilung, http://h-net.msu.edu/cgi-bin/logbrowse.pl?trx=vx&list=H-Soz-u-Kult&month=0508&week=b&msg=947dcHEPi2Km%2bqw6kY6DbA &user=&pw= [12.06.2006].

47 Die häufigsten Begriffe (in Klammern die Zahl der Abfragen) waren: geschichte (373), weltkrieg, deutsche (81), mittelalter, ddr (78), nationalsozialismus (76), mommsen (75), revolution (73), deutschland (71), zeitgeschichte, aly (64), burgund (61), krieg (54), europa (53).

48 Herrscherideologie, spital, balkan, sichtweise, rösener, hochgeschwender, voth, festkultur, kunstkammer, noiriel, islam und abendland, karl der große.

ter mit einzubinden. Als Reaktion auf Vorwürfe mangelnder Neutralität bei der Verlinkung von Besprechungen in den Verbundkatalogen[49], sollen in nächster Zeit die Links auf die Besprechungen bei H-Soz-u-Kult durch solche auf HRO ersetzt werden. Damit tritt die Pluralität bei der Rezeption eines Werkes deutlicher hervor, ohne einen einzelnen Anbieter oder Rezensenten zu privilegieren.

Die größte Schwäche des aktuellen Datenmodells mit einem separaten Eintrag in der Review-Tabelle für jede ISBN zeigt sich im Dubletten-Handling: Besonders englischsprachige Publikationen erscheinen häufig zeitgleich in verschiedenen Ausgaben (Hardcover, Paperback) und Verlagen (USA, England) unter entsprechend vielen verschiedenen ISBN. Durch eine passende Abfrage des xISBN-Dienstes[50] sollten die daraus resultierenden Mehrfachanzeigen künftig vermieden werden. Über einen geeigneten „fuzzy-hash"-Algorithmus[51] könnten auch Mehrfachanzeigen von Sammelrezensionen, die für jeden besprochenen Titel unter einer separaten URL abgelegt werden, vermieden werden.

Besonders sinnvoll scheint die Erweiterung des Such-Dialogs um eine geeignete Nutzerschnittstelle für die Abfrage nach den bei vielen Publikationen über die Katalogabfrage bereits mitgeführten Klassifikatoren.[52] Kombiniert mit geeigneten Sortier- und Export-Optionen für Trefferlisten, könnten so thematische Bibliografien angeboten werden, die sich direkt in Literaturverwaltungen wie EndNote importiert lassen. Die technisch wenig aufwändige Aufbereitung solcher Anfragen in Form eines nach Datum der Besprechung geordneten RSS-Feeds würde auch die Beobachtung von neuen Veröffentlichung zu einem Themenbereich stark erleichtern.

Mit solchen Dienstleistungen soll dazu beigetragen werden, dass die zunehmende Verbreitung von elektronischen Fachpublikationen auch weiterhin von Wissenschaftlerinnen und Wissenschaftler als nützliche Unterstützung ihrer Forschungstätigkeit und nicht etwa als drohende Informationslast erlebt wird.

---

49 Markner, Reinhard: Kampfplatz Katalog. Die Verzeichnisse der Bibliotheken werden fragwürdig „angereichert". In: Süddeutsche Zeitung, 2. Mai 2005, S. 16.

50 http://www.oclc.org/research/projects/xisbn/ [12.06.2006].

51 http://samba.org/ftp/unpacked/junkcode/spamsum/README [12.06.2006].

52 Über Anfragen der Form bk:Historiographie werden bereits jetzt thematische Suchen unterstützt. Für eine vollständige Liste der im GBV benutzten Basisklassifikation siehe http://www.gbv.de/vgm/info/mitglieder/02Verbund/01Erschliessung/02Richtlinien/05Basisklassifikation/index [12.06.2006].

Bibliografie

Bray, Tim. On Search, the Series. In: ongoing 2003, http://www.tbray.org/ongoing/When/200x/2003/07/30/OnSearchTOC.

Gospodnetić, Otis; Hatcher, Eric: Lucene in Action. Greenwich, Conn. 2005.

Helmberger, Peter: Historische Rezensionen im Internet. Entwicklung – Potentiale – Chancen. In: zeitenblicke 2 (2003), Nr. 2, http://www.zeitenblicke.de/2003/02/helmberger.htm.

Hohls, Rüdiger; Helmberger, Peter: H-Soz-u-Kult. Eine Bilanz nach drei Jahren. In: Historical Social Research/Historische Sozialforschung, 24(3), S. 7-35, http://hsr-trans.zhsf.uni-koeln.de/hsrretro/docs/artikel/hsr/ hsr1999_485.pdf.

Hohls, Rüdiger: H-Soz-u-Kult: Kommunikation und Fachinformation für die Geschichtswissenschaften. In: Historical Social Research/Historische Sozialforschung, 29(1), S. 212-232, http://hsr-trans.zhsf.uni-koeln.de/hsrretro/docs/artikel/hsr/hsr2004_609.pdf.

Mey, Günter: Editorial Note. Das Internet als „scholarly review resource". Einige Überlegungen zum E-Reviewing anlässlich des „Special Issue: FQS Reviews IV". In: Qualitative Social Research, 7(2), http://www.qualitative-research.net/fqs-texte/2-06/06-2-42-d.htm.

Naber, Daniel: Herr der Suche. Eigene Anwendungen mit Volltextsuche erweitern. In: c't 7/05, S.196.

Raymond, Eric Steven: The art of unix programming. Boston, MA 2004, http://www.catb.org/esr/writings/taoup/html/

Pfadfinder durch die Geschichte der Kunst
Eine Präsentation der Bibliographie d'Histoire de l'Art (BHA)

Kristina Lowis

Die geisteswissenschaftliche Datenbank, die hier vorgestellt werden soll, könnte sich in Kürze anmaßen, ihren hundertsten Geburtstag zu begehen. Sie gehört also nicht zu der Gruppe von Projekten, die sich gegenwärtig aus den neuen Möglichkeiten der Datenverarbeitung und -präsentation erst ergeben. Mit eben denen will und soll sie aber Schritt halten, und so hat sie sich im Laufe ihrer Geschichte gründlich verändert.

Es geht um die Bibliographie d'Histoire de l'Art, oder Bibliography of the History of Art (BHA), Produkt einer franko-amerikanischen Kooperation, die in dieser Form seit 1991 besteht.
Zurück geht diese fortlaufende Bibliographie auf zwei Vorgängerbibliographien: das Répertoire d'Art et d'Archéologie (RAA), das seit 1910 existierte[1] (und das also in 4 Jahren Hundert würde...) und das Répertoire International de la Littérature de l'Art (RILA), seit 1975 in den USA erstellt[2].
Beide schlossen sich 1989 zusammen[3]. Seither besteht eine Gemeinschaftsproduktion zwischen dem französischen Institut d'information scientifique et technique INIST, Teil der nationalen Forschungsbehörde CNRS, und dem amerikanischen Getty Research Institute des J. Paul Getty Trusts. Zu gleichen Teilen bestreiten die Mitarbeiter der beiden Teams die fortlaufende Bearbeitung der internationalen Literatur zur Kunstgeschichte.

Hiermit entsprechen sie einem bereits 1969 auf einem internationalen Kongress in Paris formulierten Desiderat. Kunsthistoriker und Bibliographen aus 15 Ländern diskutierten bei diesem Anlass die internationalen An- und Herausforde-

---

[1] Französisch. Entstanden mit der Unterstützung von Jacques Doucet, dem Begründer der gleichnamigen Kunstbibliothek, die heute dem Institut National d'Histoire de l'Art angehört, welches auch die BHA beherbergt. Das RAA wurde 1965 in den CNRS aufgenommen, die Daten 1973 aufbereitet und über die Sammeldatenbank FRANCIS abfragbar gemacht.

[2] Amerikanisch. Entstanden in Folge eines Kongresses der College Art Association 1972, produziert zunächst vom Clark Art Institute, dann seit 1981 vom J. Paul Getty Trust, Art History Information Program.

[3] Unter der Leitung von Maryse Bideault für das französische und von Michael Rinehart für das amerikanische Büro, gemäss eines 1985 unterzeichneten Abkommens. Zur Geschichte der Kunstbibliographien siehe auch Hilda Lietzmann 1992.

rungen einer laufenden kunsthistorischen Bibliographie[4]. Dabei wurden die Zusammenarbeit verschiedener bereits existierender Repertorien, die Normierung von Indexen und die Probleme ikonographischer Verschlagwortung erwogen. Deutlich wurden auch damals schon die Herausforderung der internationalen Zusammenarbeit und die notwendige Qualifikation der Redakteure. Dass eine generelle Bibliographie zwangsläufig selektiv arbeiten würde, war offensichtlich, was durch die Qualität des wissenschaftlichen Inhalts der Eintragungen ausgewogen werden sollte. Heute tagt ein internationaler wissenschaftlicher Beirat jährlich über grundlegende Fragen der Bearbeitung.

In den 1990er Jahren war die BHA auch räumlich ein wichtiges Element jeder kunsthistorischen Bibliothek: die Reihe der dicken blauen Bücher wuchs seit ihrem ersten Erscheinen 1991 jährlich um einen knappen halben Meter. Bestehend aus Schlagwortverzeichnissen und den Teilbänden mit den nummerierten Einträgen, ließ sich die Papierversion nur raumgreifend und umständlich handhaben. Die Geste der Recherche hatte dementsprechend bisweilen den Effekt einer gymnastischen Übung.
Damit war Schluss, als 1999 die Druckversion zugunsten einer CD-ROM und Online-Versionen aufgegeben wurde. Seither beziehen die Kunden - meist Bibliotheken, Museen oder Fachinstitute - die Bibliographie als CD-ROM oder über verschiedene Datenbankanbieter[5]. Dies sind Plattformen, welche nach Eingabe ihrer Benutzername/Passwort-Kombination oder über Identifizierung anhand der IP-Adresse den Abonnenten den Online-Zugang ermöglicht. BHA ist dann Teil einer Datenbankauswahl, die auf die Bedürfnisse der einzelnen Institutionen zugeschnitten ist[6].

Was kann man nun in dieser Bibliographie finden? Die lapidare Antwort muss lauten: eine Menge. Nichts weniger - zumindest lautet so der Anspruch - als eine laufende Mitschrift der internationalen Fachliteratur zur westlichen Kunst. Damit sind die europäische Kunst seit der Christianisierung und die nordamerikanische seit dem Einzug der Europäer gemeint. Beinhaltet sind auch von westlicher Tradition direkt beeinflusste Formen außerhalb dieses geographischen Zentrums. Unter Kunst werden Formen künstlerischen Ausdrucks, also die traditio-

---

[4] Leider scheint es zu keiner Drucklegung der Akten gekommen zu sein. Das Protokoll des Kongresses ist aber in der Bibliothek des Institut National d'Histoire de l'Art (INHA) in Paris einsehbar.

[5] Anfang 2006 sind dies RLIN, Nisc, Dialog, Silverplatter und CSA.

[6] Die BHA selbst produziert also nur die Daten (die in ein aus den 1980er Jahren stammendes Datenverarbeitungssystem namens Psilog eingegeben werden). Die Bereitstellung dieser Daten überlässt sie den Anbietern. Präsentation und Suchfunktionen hängen, ebenso wie fehlende diakritische Zeichen, von diesen ab.

nelle bildende Kunst samt Architektur, Kunsthandwerk, Archäologie und Volkskunst verstanden. Über 1600 Jahre Bilder im weitesten Sinne.

Zu diesem nicht eben schmalen Themengebiet publizieren Kunsthistoriker in vielen Sprachen und vielen Ländern. Sie tun dies in den verschiedensten Druckerzeugnissen wie Ausstellungskatalogen, Fachzeitschriften, Kongressakten, Monographien, Werkverzeichnissen und so weiter. Um diesen Dschungel von Material zu veranschaulichen, in dem die Bibliographen, um beim Bild zu bleiben, als Pfadfinder unterwegs sind, hier ein paar Zahlen:
Aktuell verzeichnet die BHA bei einem jährlichen Wachstum von ungefähr 24.000 Einträgen ungefähr 330.000 Dokumente in insgesamt 48 verschiedenen Sprachen. Davon entfällt jedoch die starke Mehrheit auf die fünf wichtigsten:
39% Englisch, 17% Deutsch, 16% Französisch, 14% Italienisch, 5% Spanisch, (gegen 9% Andere).
Ein Eintrag besteht aus den bibliographischen Angaben der Publikation[7] (Autor samt Funktion wie Herausgeber, Mitarbeit, Verfasser des Vorwortes o. ä., Titel, Verlag, Seitenzahl, ISBN, Abbildungen etc.), sowie einem Resümee, einer generellen chronologischen und thematischen Klassifikation und der Verschlagwortung. Bei Büchern eines einzelnen Autors entfällt das Resümee aus naheliegenden Gründen; ebenso bei Rezensionen, aus Gründen der Objektivität.

Die Dokumentarten sind wie folgt verteilt:
54% Zeitschriftenartikel, 32% Bücher, 11% Ausstellungskataloge, 10% Kongressakten[8].
Die BHA deckt mehr als 2000 Zeitschriften ab[9]. Davon ist ein großer Teil interdisziplinär ausgerichtet und gehört somit nicht zum kunsthistorischen Rezeptionsstandard.
Durch diese Textmenge schlagen sich insgesamt etwa 15 Vollzeitbeschäftigte beider Teams sowie mehrere externe Mitarbeiter. Die Bearbeitung ist zwischen den USA und Frankreich geographisch aufgeteilt, so werden von dem Pariser Team Frankreich, ein Teil Italiens, Belgien, Spanien und Portugal bearbeitet, sowie Russland, Polen, Ungarn und weitere zentraleuropäische Länder. Die Autorin ist für Deutschland, Österreich und die Schweiz zuständig, wobei im Falle Deutschlands für die neuen Bundesländer, Baden-Württemberg und Bay-

[7] nach ISBD
[8] Daraus ergeben sich über 100% aufgrund der Schnittmengen zwischen diesen Gruppen. Zeitschriften und Ausstellungskataloge können Kongressakten beinhalten usw.
[9] Der wissenschaftliche Beirat der BHA hat seine Sitzung im Dezember 2005 der Behandlung der Zeitschriften gewidmet. Besondere Erwähnung fanden hier die breite thematische Fächerung der Publikationen (populärwissenschaftlich, regionalhistorisch, sehr spezialisiert etc.). Die Desiderata jeden Landes sollen nun in Zusammenarbeit mit den jeweiligen kunsthistorischen Instituten der verschiedenen Sprachbereiche genauer definiert werden.

ern die amerikanischen Kollegen verantwortlich sind. Die skandinavischen und englischsprachigen Länder werden in Los Angeles bearbeitet.

Diese Angaben umreißen das Volumen und die thematische Breite der Datenbank und wollen illustriert werden. Ein konkretes Suchbeispiel für den Leipziger Workshop könnte heißen: wie nimmt man das Leipziger Museum und seine Sammlungen im Ausland wahr? Die Suche in der BHA über Nisc erlaubt drei Suchmodi: eine schlichte Volltextsuche, eine sogenannte Fortgeschrittenensuche, deren übersichtliche und über Index abfragbare und kombinierbare Vielfeldmaske die Vielfalt der möglichen Fragen wohl am besten visualisiert, und schließlich der Expertenmodus, mit einer über Thesaurus und Index zu füllenden Feldliste, deren Suchergebnisse sich beliebig kreuzen lassen. Wählt man mit Hilfe des Index das Museum der bildenden Künste in Leipzig aus und als Publikationsland nicht Deutschland (mittels Boole'scher Logik.), so bleiben von den 98 Einträgen zu diesem Museum noch 26, die auf Deutsch, Englisch, Französisch, Italienisch, Tschechisch verfasst sind. Unter den Dokumenten finden sich Zeitschriftenartikel, Ausstellungskataloge und Ausstellungsrezensionen.

Die Erfahrungen mit den beiden Vorgängerbibliographien RAA und RILA wie die unter anderem auf dem Kongress 1969 festgehaltenen Beobachtungen bilden die Grundlage für die Arbeit der BHA. Ihr Ziel ist es, Kunsthistorikern, Museumsleuten und Bibliothekaren in aller Welt eine breite internationale Referenzsammlung anzubieten. Angesichts der Menge an Publikationen und der Spannbreite des Materials muss eine Auswahl stattfinden. Diese unterliegt nicht nur dem Gutdünken des jeweiligen Redakteurs, sondern auch objektiven Kriterien wie der Wissenschaftlichkeit des Inhalts und dem Raritätswert der Information der zur Bearbeitung vorliegenden Dokumente. Die thematische Grenze der BHA (westliche Kunst seit der Christianisierung, also keine Antike vor dem 4. Jahrhundert, unter anderem keine islamische, asiatische oder ozeanische Kunst) wird nur überschritten, wenn der Gegenstand der Überlegungen Einfluss solcher Kunst auf den von der BHA thematisierten Bereich ist (z. B. Antikenrezeption in der europäischen Kunst und Kunsttheorie, Mudejar Kunst und Architektur, Japonismen in der Kunst des 19. Jahrhunderts, Chinoiserien usw.) Zu eindeutig populärwissenschaftliche oder ausschließlich aus Illustrationen bestehende Publikationen werden nicht in die Bibliographie aufgenommen. Enthält jedoch ein großenteils aus Abbildungen bestehendes Dokument seltene Daten zu Objekten oder Künstlern, wird es aufgrund dieser verzeichnet. Ebenso werden von Laien verfasste Artikel, wenn sie neue Daten für die Kunstgeschichte bringen, in die Bibliographie aufgenommen.[10]

[10] So bergen Ausstellungskataloge oder in eher regionalhistorischen Zeitschriften zu findende Artikel regelmäßig Erstinformationen zu Künstlern, und viele historische Quellen werden von der regionalen und lokalen Geschichtsforschung aufgearbeitet.

Auch die Abstracts sind der Objektivität verschrieben. Sie fassen den Inhalt der Publikation zusammen. Sie sollen dem Datenbankbenutzer ein informativer Wegweiser sein, bevor er sich auf die Suche nach einem schwer erhältlichen Werk macht, das sein Forschungsgebiet letzten Ende nicht betrifft, oder ihm im Gegenteil eine seine Fragestellung betreffende Arbeit anzeigen.

An dieser Stelle sei der Hinweis erlaubt, dass eine über eine Datenbankabfrage erstellte Bibliographie keinesfalls in Konkurrenz zu einem herkömmlichen, von einer ganzen Forschungstradition abhängigen Literaturverzeichnis zu verstehen ist. Sie erlaubt es aber, über den Tellerrand des in Denkschulen organisierten und bisweilen autoreferenziellen Forschens zusätzliche Publikationen zumindest wahrzunehmen. Darüber hinaus will sie dem Neuling eines Forschungsgebietes ermöglichen, sich umfassend über die Forschungslage und vielleicht sogar die historischen Trends in der Erforschung seines Bereiches zu informieren. Dies alles in einer internationalen Perspektive.

Eine so allgemein veranschlagte Bibliographie, wie die BHA es ist, muss sich qualitativ durch die maximale Anzahl möglicher Fragestellungen auszeichnen. Im funktionalen Unterschied dazu sind spezialisierte, nicht fortgeschriebene Bibliographien unersetzliche Sammelwerke, die die Publikationslage zu einem Fachgebiet - bisweilen sehr autorenabhängig - einfrieren. Weitere fortlaufende Bibliographien sind zumeist spezifischen Epochen, Künsten oder Regionen gewidmet, und bergen dementsprechend umfassende Verzeichnisse – soweit ihr Forschungsinteresse betroffen ist. Andere Datenbanken zur Kunstgeschichte (ob Verbundkataloge von Fachbibliotheken oder spezialisierte Repertorien) verzeichnen zumeist lediglich die Titel, bisweilen Schlagwörter, und so gut wie nie Kurzreferate des Inhalts[11].

Die BHA bahnt, wenn auch nicht ganz zeitgleich zum Veröffentlichungsgeschehen[12], beharrlich Wege durch die Literatur zur Kunstgeschichte, die eine Übersicht über thematische Bereiche und auch eine Einsicht in verdeckte Bereiche ermöglichen: so ist die systematische Analyse von Kongressakten, Festschrift- und Zeitschriftenartikeln sicher oft der einzige Weg, die dort publizierten Arbeiten sichtbar oder zumindest nachvollziehbar werden zu lassen. Oft sind deren Titel so nichtssagend, dass man viel Zeit seiner Recherche damit verbringen muss, die Spreu zunächst vom Weizen zu trennen. Hinter pompösen Auf-

---

[11] Zu Vergleichen der Bearbeitung von Literatur zur zeitgenössischen Kunst von BHA mit Art Bibliographies Modern (ABM) siehe Jeffrey Weidman 1991 und Harry Bellet (Hg.) 1993.

[12] Von der Bearbeitung bis zum Erscheinen vergehen etwa 9 Monate. Dazu kommt, dass nach im Dezember 2005 erhobenen Statistiken 15% der Publikationen aus dem aktuellen Jahr, 40% aus dem vorhergegangenen stammen, wiederum 40% zwei bis fünf Jahre alt und nur 5% mehr als 6 Jahre alt sind.

machungen verbirgt sich doch so manches Mal eine für die eigenen Forschungen allzu spezialisierte oder zu abwegige Studie. Im Gegenzug können nichts- oder wenigsagende Titel auch Juwelen verbergen. Dies wollen die Resümees ausgleichen. Sie sind das wesentliche Element dieser Bibliographie[13].
Diese Texte sind, je nachdem ob sie in Paris oder Los Angeles verfasst werden, Französisch oder Englisch. Manchmal nur Zweizeiler, bisweilen auch 20 Zeilen lang, versorgen sie die Suchende oder den Suchenden mit den grundlegenden Informationen über das jeweilige Dokument: Das zentrale Thema, bei Kunstwerken insbesondere Titel, Medium, Datum, Aufbewahrungsort, und die groben Züge der Darlegung. Diese wichtigsten Punkte in Prosa werden von der Klassifikation und von Schlagworten aus dem komplett zweisprachigen Thesaurus begleitet. Auf diese soll im Folgenden etwas genauer eingegangen werden.

Die Klassifikation ist ein grobes Raster, das bereits zur Zeit der Papierversion der BHA existierte. Es sieht chronologische, medienspezifische, geographische und personenbezogene Informationen vor.
Zeitlich: 300-1400, 1400-1800, 1800-1945, und 1945 bis heute, sowie Allgemeine Kunstgeschichte.
Die Medien werden wie folgt spezifiziert: Architektur, bzw. Architektur und Ausgrabungen für die Zeitspanne 300-1400, Angewandte Kunst, Installationskunst, Neue künstlerische Formen, Malerei und graphische Künste, Skulptur, Theater und Feste für die Zeit vor 1945, Theater und Performance für die Zeit nach 1945[14].
Die Klassifikation wird erst vollständig durch die geographische Verortung, d.h. das Land der Kreation, und die Angaben zur Person (soweit notwendig), Künstlername samt Lebensdaten[15].

Nachdem die Information in diesem Schritt, der klar der Drucktradition verpflichtet ist, sozusagen gerastert wird, fächert der nächste die Publikation in Schlagworte auf. Dabei wird eine möglichst feine Indexierung angestrebt[16]. Dies ist insbesondere von Bedeutung für diejenigen Dokumente wie Monographien

[13] Ganz anders sah dies Hilda Lietzmann 1992, nach deren Einschätzung die Abstracts die BHA unnötig aufblähten und die Berichterstattung verzögerten.

[14] Diese Hauptgruppen können wiederum unterteilt werden. Dabei gibt es natürlich Medien, die nicht kombiniert werden können. Die Untergruppen lauten: Keramik und Glas, Digitale Kunst, Film und Videokunst, Möbel, Gartenkunst, Städtebau, Elfenbein, Buchmalerei, Metallkunst, Mosaik, Andere Medien & Formen, Malerei und Zeichnung, Druck und Illustration, Photographie, Glasmalerei, Textil und Mode.

[15] Desweiteren ist eine Klassifikation unter Allgemeines vorgesehen, für Kategorien außerhalb der obenstehenden: Archäologie, Ausstellungen, Historiker und Kritiker, Ikonographie, Museen und Museologie, Mäzenat und Sammlungen, Private Sammlungen, Referenzwerke, Kunstwissenschaften, Technische Analyse, Pflege und Erhaltung.

[16] Hierzu ausführlicher Maryse Bideault 1996 und Michael Rinehart 1991.

oder Besprechungen, die keine Zusammenfassung aufweisen und für die Suche nichts als den Titel hergäben. Aber auch andere Studien lassen sich so systematisch erfassen, hier wird der Text des Abstracts in Begriffe aus dem Wörterbuch gegliedert. So wird die Publikation über ein kontrolliertes Vokabular in einen sachlichen Zusammenhang gebracht, das thematische Feld der jeweiligen Suche. Neben den Standardinformationen (wer, was, wann, wo?) können hier sehr spezifische Begriffe zum Einsatz kommen. Der komplett zweisprachige Thesaurus (dessen hierarchische Priorität dem Englischen zukommt) wird nach Standardregeln laufend angereichert[17]. Dieses Vokabular, um ein Vielfaches umfangreicher als beispielsweise der Schlagwortkatalog einer Bibliothek, stellt schon für sich genommen ein Hilfswerkzeug zur Kunstforschung dar. Die Terminologie wird gewissenhaft geprüft und normiert. Ihre Zweisprachigkeit ist eine nicht zu unterschätzende Besonderheit. Während das Resümee entweder auf Französisch oder auf Englisch verfasst ist, ist der Index dem Dokument in beiden Sprachen zur Seite gestellt.

Die Indexterminologie ist in große Gruppen unterteilt:
Personen[18], Organisationen[19], geographische Einheiten[20], Themen[21]. Die Epochen werden generell jahrhundertweise zugeordnet (etwa 1800-2000), können aber auch nach Jahrzehnten spezifiziert werden (wie 1960-1970).

---

[17] Die terminologische Aufsicht über die Normdateien führt das Getty Research Institute, das auch den weithin genutzten Art and Architecture Thesaurus (AAT) produziert, in den Teile des BHA-Vokabulars einfließen.

[18] Der umfassende biographische Index beinhaltet die Personen, die in den analysierten Dokumenten zur Sprache kommen, natürlich die Künstler, die Mäzene und Auftraggeber, die Porträtierten etc. Die Angabe umfasst die Lebensdaten, welche soweit wie möglich in Referenzwerken verifiziert werden (Beispiel: Allgemeines Künstlerlexikon, Nationale Biographische Indexe etc.) Das Internet ist hier, wie überall, mit Vorsicht zu genießen. Nicht selten ist die von der BHA bearbeitete Publikation die erste, die verlässliche biographische Angaben zu Personen enthält. Historische Forschungen werden so umgehend Teil des Wörterbuchs.

[19] Institutionen, Verbände, Gebäude usw. Architektonische Einheiten werden soweit möglich geographisch zugeordnet (z.B. Leipzig (DEU)//Universität Leipzig), ortsungebundene Institutionen oder Gruppen werden unter ihrem Namen in Originalsprache eingetragen, z.B. das Internationale Komitee für Kunstgeschichte CIHA oder Der Blaue Reiter.

[20] Hier werden sowohl Kommunen als auch Regionen, Länder und Flüsse und Berge eingetragen, für Deutschland gilt als Hauptreferenz Müllers Grosses Deutsches Ortsbuch.

[21] Das wohl breit gefächerteste Feld des Thesaurus. Hier findet man Schlagworte zu Medien (z.B. Malerei, Skulptur), Dokumenten (Tagebuch, Testament), Historischen Ereignissen (30jähriger Krieg, nicht aber Veranstaltungen wie Weltausstellungen, diese werden der jeweiligen Stadt zugeordnet), allgemeinen Themen (das Erhabene, das Nichts, Gender Studies, Ironie), zu menschlichen Gruppen (Kunsthistoriker, Trinker, Heilige), Ikonographie, Stilen, Bewegungen und Perioden (Bauhaus, Barock), Arbeitstechniken (Röntgenaufnahme, Restaurierung), Visuellen Attributen (z. B. Volute, Ornament).

Kunstwerke werden mit ihrem englischen und französischen Titel, wie er in offiziellen Quellen (beispielsweise Manuskriptkataloge der jeweiligen Bibliotheken, Museumskataloge) erscheint, eingetragen. Werke nach 1945 werden in der Originalsprache belassen. Zu den Werken gehören neben Gemälden auch Bücher und Handschriften.
Dem Nutzer der Datenbank steht so neben den bibliographischen Angaben eine Vielfalt an terminologischen Informationen zur Verfügung, die von der Übersetzung eines Stilbegriffs bis zur Normierung eines Titels gehen.

Mit dieser kontrollierten Terminologie lässt sich weitgehend System in das weite Feld der Kunstgeschichte bringen. Geisteswissenschaftlern, und Kunsthistorikern insbesondere, wird ja nun hin und wieder gern ein gewisser Hang zur Weitschweifigkeit nachgesagt – sollte es diese geben, bekommt sie hier zumindest Struktur! Die Sichtbarmachung der „harten Fakten" mittels der Schlagworte hilft auch, den roten Faden der Recherche nicht aus den Augen zu verlieren. Das ist durch die EDV noch klarer geworden.

Um aus der Material- und Themenfülle nur ein Exempel herauszugreifen, möchte ich Ihnen nun den Bereich der Ikonographie etwas näher erläutern.
Durch die systematische Verzeichnung kunsthistoriographischer Arbeiten ist eine vor allem zahlenmäßig spannende Facette der Datensammlung entstanden, die eine quantitative Einsicht in die Forschungslage zu einer Vielzahl an Themen erlaubt. So sind für die Ikonographie skurrile Zahlenkonstellationen entstanden, welche sich möglicherweise auf lange Sicht als veritable Fundgrube erweisen werden:
Die Bibliographie registriert über 40'000 Dokumente im Zusammenhang mit dem Schlagwort Ikonographie. Davon spricht etwa ein Viertel von Porträts, ca. 10% von Landschaft, und - ihrem Prinzip der westlichen und vor allem christlichen Kunsttradition treu - knapp 7% von Jesus Christus. Dessen Darstellung ist in über 250 ikonographische Typen aufgeteilt. Das erlaubt eine sehr fein verästelte Suche. Für Marienbilder sind etwas weniger als 200 Typen verzeichnet. Hiervon entfallen wiederum etwa 50 auf Maria mit dem Kind-Darstellungen.
Ein so gestalteter Index trägt seiner eigenen Tradition (und der Interessenlage seiner Gründer und Vorgänger) Rechnung. Um zu einer ähnlich raffinierten Terminologie in neuen Bereichen zu gelangen, braucht es Zeit[22].

Diese Zeit ist ein wichtiger Faktor bei generellen Überlegungen zu Sinn und Nutzen einer Datenbank wie der BHA. Es handelt sich eindeutig um ein lang-

[22] So dürfte die geplante Ausweitung des von der BHA bearbeiteten Bereichs auf die ganze Welt in verschiedenen Bereichen terminologische Probleme bereiten, denn den wenigsten Redakteuren sind ozeanische oder afrikanische Kunst hinreichend bekannt. Kann die BHA in ihrer heutigen Form eine solche Analyse leisten?

fristig angelegtes Unternehmen, dessen Bedeutung auch darin liegt, die Geschichte der Kunstgeschichte nachvollziehbar werden zu lassen: welche Themen werden zu welcher Zeit bevorzugt behandelt? Oder: was hat jene Kunsthistorikerin oder jener Kunsthistoriker im Laufe ihres oder seines Lebens publiziert und wie wurden ihre oder seine Schriften rezipiert? Um diesem Auftrag gerecht zu werden, bedarf es einer soliden Organisation, die in unserem Fall sowohl von einem staatlichen Unternehmen als auch von einer privaten Stiftung abhängt. Die Wirtschaftlichkeit des Produktes kann kein Faktor sein, der über die Fortführung oder die Effektive entscheidet[23]. Auch ist, aufgrund des fachlichen Anspruchs der Arbeit, eine Bearbeitung durch weniger qualifizierte Mitarbeiter - womöglich in tariflich günstigeren Ländern, wie es gängige Praxis anderer Grossunternehmen insbesondere bei Bildarchiven ist – undenkbar.

Ein weiterer Faktor im Bezug auf die Sinn- und Nutzenfrage der Datenbank ist ihr Bekanntheitsgrad, wobei sich nur die abonnierten Institutionen verlässlich und dauerhaft zählen und identifizieren lassen, nicht aber die Benutzer, und auch nicht die Häufigkeit und die Art der Nutzung[24]. Einzig die Qualität und der Nutzen für die Wissenschaft können ausschlaggebende Kriterien sein. Der Nutzen hängt eben auch von dem Wissen um die Existenz solcher Hilfsmittel wie der BHA seitens der Studenten und der Forscher ab. Während Kunsthistoriker, die an die Präsenz der blauen Volumen der BHA in den Regalen ihrer Bibliothek gewöhnt waren, bisweilen den Übergang dieser Bibliographie auf digitale Medien mit ihrem Verschwinden gleichgesetzt zu haben scheinen (aus den Augen, aus dem Sinn), werden Studenten der Kunstgeschichte noch lange nicht systematisch im Umgang mit zur Verfügung stehenden Datenbanken geschult. Geisteswissenschaftler, denen die Möglichkeiten der Datenbanknutzung für ihren Bereich nicht vermittelt wurden, scheinen besonders resistent gegen digitale Informationsbeschaffung zu sein. Umso mehr scheint es dringende Aufgabe der Lehre und auch der Forschung, die Internet-Suchmaschinen-Logik zugunsten eines bewussteren Umgangs mit digitalen Medien aufzubrechen.[25]

[23] Siehe Fallstudien von Joseph A. Busch u. Angela Giral 1997. Andere große aber kommerzielle Datenbankunternehmen machen das Fortbestehen eines Produkts mitunter von Nachfragezeitspannen von weniger als 5 Jahren abhängig.

[24] Natürlich könnten einzelne Institute die Nutzung nachvollziehen. Umfassende Informationen zum Nutz- und Suchverhalten fehlen jedoch. Ein wichtiger Schritt zur Beantwortung dieser Frage ist die Serie von Untersuchungen, die Marcia Bates vom Getty Research Institute für die Dialog-Datenbanken durchgeführt hat.

[25] Eine aufschlussreiche, von belgischen Forschern 2001 durchgeführte Studie vergleicht die Qualität von im Internet verfügbaren bibliographischen Informationen. Die BHA erfüllt, im Gegensatz zu den untersuchten Online-Katalogen, sämtliche Suchkriterien. Zu dieser Studie : Maike Somers und Paul Nieuwenhuiysen 2004.

Die Möglichkeit, kunsthistorische Literatur aus einem internationalen Forschungszusammenhang zu rezipieren, war nie grösser als heute. Dies birgt auch die Chance einer methodischen Öffnung der Historiographie. So wird, beispielweise, der Vergleich der Erforschung eines Bauwerks in Frankreich, Deutschland und Grossbritannien nicht nur quantitative Unterschiede, sondern auch andere Interessenlagen zeitigen.

Wenn die BHA als Recherchehilfe weiterhin und besser bestehen will, muss sie den Entwicklungen der Wissenschaft Kunstgeschichte Rechnung tragen. Konkret heisst dies, einem erweiterten Kunstbegriff gerecht zu werden und neue Kunstformen auch terminologisch widerzuspiegeln. Kunsthistoriographisch aktive Länder insbesondere Südamerikas und Zentraleuropas sollten stärker beachtet werden. Zeitgenössische Kunst ist global. Wissenschaftliche Texte zur Kunst werden mitunter ausschließlich im Internet publiziert. Dies und mehr gilt es zu beachten.
Darüber hinaus gibt es neue technische Herausforderungen, die in Zusammenarbeit mit den Anbietern gemeistert werden wollen: wenn auch das Identifizieren (Online-Verbinden zum Bild) von Kunstwerken nicht nur aufgrund der unklaren Autorenrechtslage, sondern auch wegen Zuschreibungsfragen und Titelhäufung (Beispiel: Madonna mit Kind von Raffael) unmöglich ist, ist die Verbindung des BHA-Datensatzes zum Katalog der genutzten Bibliothek und der Signatur des eventuell vorhandenen Werkes wohl ein realisierbarer Zusatz.
Dabei muss die BHA jedoch ihren Prinzipien (es geht um wissenschaftliche Literatur zur Kunst, mit hohen qualitativen Standards der Bearbeitung, die zeit- und personalintensiv sind) Rechnung tragen. Eine Beschleunigung der Produktion (nicht des Datenverarbeitungsprozesses, sondern des Bearbeitungsrhythmus bei gleichbleibender Personalstärke) zöge unweigerlich einen Abfall in der Qualität der Selektion und Analyse nach sich. In Zeiten von Wikimedia, dem Beispiel für unkontrollierte Vervielfältigung der Informationsquellen, ist diese wissenschaftlichen Ansprüchen entsprechende Qualität aber das ausschlaggebende Merkmal einer Datenbank wie der BHA.

Bibliographie

Ball, Rafael und Küsters-Schah, Ursula: Bibliographieren und bibliographische Instrumente im Spannungsfeld traditioneller und neuer Medien, in: Bibliothek 22, 1998, n° 3, S. 324-331

Bellet, Harry (Hg.): Art moderne et bibliographie : le dépouillement des périodiques et l'histoire de l'art du XXe siècle dans les répertoires bibliographiques : rapport de synthèse, Paris: BPI, 1993

Bideault, Maryse: Bibliographie d'histoire de l'art : indexation et thesaurus, in: Bulletin d'informations de l'Association des bibliothécaires français, 1996, n° 174

Bonfait, Olivier: Rezension von „Répertoire d'Art et d'Archéologie (RAA) CD-ROM, (1973-1989). International Repertory of the Litterature of Art (RILA) CD-ROM (1975-1989). Bibliographie d'Histoire de l'Art CD-ROM (1991-1996). The Getty Art Information Program, INIST", in: Revue de l'Art, 1997, vol. 118, n°118, S. 86-87

Busch, Joseph A. und Giral, Angela: Subsidising end-user access to research databases : from card file to the World Wide Web, in: Art Libraries Journal, 1997, vol. 22, n°1, S. 38-42

CNRS (Hg.): Protokoll des Kolloquiums „Bibliographie d'Histoire de l'Art", Paris, 1969

Kohle, Hubertus : BHA digital, in: Kunstchronik, 1997, vol. 50, n° 11, S. 642-643

Kropmanns, Peter: Die Datenbank BHA, in: Weltkunst, 2003, vol. 73, S. 1151-1152

Lietzmann, Hilda: Rezension von „BHA, Bibliography of the History of Art/Bibliographie d'Histoire de l'Art, vol. 1.1 – n° 1-3851 und vol. 1.2 – n° 3852-9907, Santa Monica, J. Paul Getty Trust; Vandoeuvre-lès-Nancy: CNRS, 1991, in: Kunstchronik, 1992, vol. 45, n° 8, 1992, S. 361-371

Salling, Emma: The Bibliography of the History of Art and the Nordic countries, in: Art Libraries Journal, 1991, vol. 16, n° 2, S. 14-16

Schich, Maximilian: Rezension von „Datenbanken in den Geisteswissenschaften, Arbeitsgespräch in der Bibliotheca Hertziana", H-Soz-u-Kult, H-Net Reviews 2003. URL http://www.h-net.msu.edu/reviews/ showrev.cgi?path=459

Somers, Maike und Nieuwenhuysen, Paul: Finding bibliographic information about books on the WWW : an evaluation of available sources, in: Online Information Review, 2004, vol. 28, n° 1, S. 33-42

Weidman, Jeffrey: The BHA : a review article, in: Art Libraries Journal, 1991, vol. 16, n° 4, S. 20-30

Prior, Barbara Q.: Rezension von: BHA CD-ROM, 1989-1995, in: Art Documentation, 1996, vol. 15, n° 2, S. 54-55

Rinehart, Michael: A bibliography and its languages : the Bibliography of the History of Art, in: Art Libraries Journal, 1991, vol. 16, n° 2, S. 10-13

Autorenverzeichnis

Kerstin Albrecht, geb. 1973. 1993/1994 Au-pair-Aufenthalt in Italien. Seit 1994 Studium der Kunstgeschichte, Klassischen Archäologie und Italienischen Philologie in Saarbrücken und Trier. 1998 wissenschaftliche Hilfskraft am FB Kunstgeschichte (Uni Trier). 1999 Praktika im Germanischen Nationalmuseum Nürnberg sowie im Museum für angewandte Kunst, Wien. 2000 Abschluss als Magistra Artium (M.A.). Seit 2001 forschend und lehrend als wissenschaftliche Mitarbeiterin am FB Design der Hochschule Anhalt (FH) tätig, Bearbeitung des Forschungsprojektes „Digitales Design Archiv". Promotionsprojekt an der Universität Trier (Prof. Dr. Gerhard Wolf (KHI Florenz (MPI)) mit dem Thema "Sammlungswesen und Bilddokumentation im Bereich des Design" (Arbeitstitel).

Dr. Katrinette Bodarwé (geb. 1966); 1992 Staatsexamen in Mathematik und Geschichte; Mitarbeit in frauengeschichtlichen Ausstellungsprojekten, u.a. "Stadt der Frauen", Bonn 1994, "Politeia", 1999; 1997 Zweites Staatsexamen Mathematik, Geschichte, Informatik; Einrichtung der Kontakthomepage zur Erforschung mittelalterlicher Frauenklöster www.frauenkloester.de; 2002 Promotion, "Schriftlichkeit und Bildung in ottonischen Frauenkommunitäten"; seit 2002 Wiss. Assistentin am Lehrstuhl für Frühes Mittelalter, Georg-August-Universität Göttingen; Mitarbeit an dem Ausstellungsprojekt "Krone und Schleier"; Einrichtung der Datenbank mittelalterlicher Frauenklöster.

Dipl. Math. ETH Daniel Burckhardt, M.A. war Wissenschaftlicher Mitarbeiter an der Philosophischen Fakultät I der Humboldt-Universität zu Berlin. Er war verantwortlich für die technische Konzeption und Realisierung von Historische Rezensionen online.
E-Mail: burckhardtd@geschichte.hu-berlin.de

Dr. Holger Gast studierte Informatik an der Universität Tübingen und promovierte dort 2005 mit einer Arbeit zu Programmiersprachen. Seine Interessen liegen in der Architektur und Realisierung von Software, sowie ihrer Anwendung auf nicht-technische Probleme. Holger Gast ist wissenschaftlicher Mitarbeit am Wilhelm-Schickard-Institut für Informatik der Universität Tübingen.
Kontakt: gast@informatik.uni-tuebingen.de

Kay Heiligenhaus, M.A. (geb. 1969), Studium der Germanistik und Wirtschafts- und Sozialgeschichte; wiss. Angestellter am Institut für Sprach- und Kommunikationswissenschaft der RWTH Aachen (1998–2000); freier Softwareentwickler; Gründer und Geschäftsführer der *semantics Kommunikationsmanagement GmbH.*
Kontakt: k.heiligenhaus@semantics.de

Dr. Kristina Lowis, geboren 1974, studierte Kunstgeschichte, Medienwissenschaften und Französische Literatur in Düsseldorf, Wien und Paris. Ihre Maîtrise schrieb sie über den französischen Photographen Robert Demachy (1859-1936) (Paris, Sorbonne, 1999), und promovierte mit einer Dissertation zur Ästhetik der Kunstphotographie um 1900 (Düsseldorf, Heinrich-Heine-Universität, 2003). Sie ist seit 2003 bei der BHA für deutschsprachige Publikationen zuständig.
Das französische Team der BHA gehört zum Institut d'information scientifique et technique (INIST), einer Abteilung des Centre national de recherche scientifique (CNRS). Sitz ist das Nationale Institut für Kunstgeschichte, INHA, 2 rue Vivienne, in 75002 Paris.

Dr. Almut Mainka-Mehling studierte Ur- und Frühgeschichte, Kunstgeschichte und Empirische Kulturwissenschaft in Würzburg und Tübingen und promovierte 2003 im Fach Ur- und Frühgeschichte über archäologische Lebensbilder. Nach Volontariaten im Landesmuseum für Vorgeschichte Dresden und beim Verlag Spektrum der Wissenschaft ist sie im Moment hauptberuflich Mutter.
Kontakt: almut_mehling@web.de

Dr. Karin Orchard, geboren 1961. Studium der Kunstgeschichte, Geschichte und Literaturwissenschaft in Hamburg, Edinburgh und London. 1988 Promotion über Androgynie in der Kunst des 16. Jahrhunderts. 1984 bis 1991 Mitarbeit und Volontariat an der Hamburger Kunsthalle, unter anderem bei den Ausstellungen *Zauber der Medusa. Europäische Manierismen* (für die Wiener Festwochen, 1987) und *Europa 1789. Aufklärung, Verklärung, Verfall* (1989). Seit 1991 Kuratorin im Sprengel Museum Hannover, verantwortlich unter anderem für die Ausstellungen *Die Erfindung der Natur. Max Ernst, Paul Klee, Wols und das surreale Universum* (1994), *BLAST. Vortizismus – Die erste Avantgarde in England 1914–1918* (1996) und *Aller Anfang ist Merz. Von Kurt Schwitters bis heute* (2000). Seit 1994 Leiterin des Kurt Schwitters Archivs im Sprengel Museum Hannover, Mitherausgeberin des *Catalogue raisonné Kurt Schwitters* (2000–2006). Publikationen zur Kunst des 16. und 20. Jahrhunderts.

Dana Pflugmacher, Studium der Niederländischen Philologie und Linguistik (allgemeine und deutsche Sprachwissenschaft) an der FU Berlin. Seit Januar 2006 wissenschaftliche Mitarbeiterin an der Universität Leipzig, Mitarbeit am DFG-Projekt „Bibliographie der niederländischen Literatur in deutscher Übersetzung“, angesiedelt im Institut für Germanistik, Niederlandistik der Universität Leipzig.

Dr. Stefanie Rüther, Studium der Geschichte und Germanistik an der Westfälischen Wilhelms-Universität in Münster; 2000 Promotion in Mittlerer Geschichte mit einer Dissertation zur Repräsentation der Lübecker Ratsherren in Mittelalter und früher Neuzeit; seit 2000 als wissenschaftliche Mitarbeiterin im SFB 496 „Symbolische Kommunikation und gesellschaftliche Wertesysteme vom Mittelalter bis zur Französischen Revolution" mit der Konzeption und Koordination der projektübergreifenden wissenschaftlichen Datenbanken betraut; Forschungsschwerpunkte: Städtegeschichte, Krieg und Gewalt im Spätmittelalter, Symbolische Kommunikation; zur Zeit Arbeit an einer Untersuchung über „Städte im Krieg. Konflikt und Kommunikation im Süden des Reiches im ausgehenden 14. Jahrhundert"; Publikationen u.a.: *Prestige und Herrschaft. Zur Repräsentation der Lübecker Ratsherren in Mittelalter und Früher Neuzeit, Köln (u.a.) 2003; Raum und Konflikt. Zur symbolischen Konstituierung gesellschaftlicher Ordnung in Mittelalter und Früher Neuzeit, Münster 2004.* (hg. mit Christoph Dartmann und Marian Füssel).

Agnieszka Seidel-Grzesińska, seit 2001 Adjunkt im Institut für Kunstgeschichte der Universität Wroclaw, Mitarbeiterin der Arbeistelle für Denkmaldokumentation und in der Abteilung für die Kunst der Frühen Neuzeit und des Protestantismus; die Forschungsschwerpunkte: die Kunst der Frühen Neuzeit, mit besonderer Berücksichtigung der ikonographischen Fragen, neuzeitliche Emblematik und ihre gegenwärtige "Nachleben" und die EDV-gestützte Denkmaldokumentation.
Kontakt: aseidel@adm.uni.wroc.pl.

Till Schicketanz, M.A. (geb. 1967), Studium der Germanistik und Anglistik, wiss. Angestellter am Institut für Germanistische und Allgemeine Literaturwissenschaft der RWTH Aachen; Koordinator des DFG-Projekts »*Compact Memory* – Retrospektive Digitalisierung jüdischer Periodika im deutschsprachigen Raum« (2000–2006); wiss. Projektleiter der *semantics Kommunikationsmanagement GmbH.*
Kontakt: till.schicketanz@semantics.de

Dr. Klaus T. Weber M.A., Geb. 1966. Seit 1994 tätig als freiberuflicher Kunsthistoriker u. a. für das Bistum Limburg, Internationale Tage / Ingelheim und das Landesamt für Denkmalpflege Rheinland-Pfalz. Seit SS 2001 Lehrbeauftragter an der Universität Koblenz-Landau und wissenschaftlicher Mitarbeiter am Institut für Kunstgeschichte der Johannes Gutenberg-Universität Mainz. Zu seinen Aufgaben gehören der Aufbau und die Koordination der Mainzer Multimediadatenbank im Bereich der geisteswissenschaftlichen Fächer.